此书受"双一流"学科建设经费资助，中央高校基本科研业务费专项资金资助，教育部人文社会科学研究一般项目资助（项目号：19YJA710026），中国政法大学校级科学研究规划项目资助（项目号：14ZFG81002）。

黑格尔辩证法视野下的法权哲学研究

罗朝慧◎著

RESEARCH ON THE PHILOSOPHY OF RIGHT FROM THE
PERSPECTIVE OF HEGEL'S DIALECTICS

中国政法大学出版社

2020·北京

声　明　　1. 版权所有，侵权必究。

2. 如有缺页、倒装问题，由出版社负责退换。

图书在版编目（ＣＩＰ）数据

黑格尔辩证法视野下的法权哲学研究/罗朝慧著. —北京：中国政法大学出版社，2020.7
ISBN 978-7-5620-8133-3

Ⅰ.①黑… Ⅱ.①罗… Ⅲ.①黑格尔(Hegel, Georg Wilhelm Friedrich 1770-1831)-法哲学-研究 Ⅳ.①B516.35②D90

中国版本图书馆 CIP 数据核字(2020)第 125382 号

出　版　者	中国政法大学出版社
地　　　址	北京市海淀区西土城路 25 号
邮寄地址	北京 100088 信箱 8034 分箱　邮编 100088
网　　　址	http://www.cuplpress.com (网络实名：中国政法大学出版社)
电　　　话	010-58908586(编辑部) 58908334(邮购部)
编辑邮箱	zhengfadch@126.com
承　　　印	北京中科印刷有限公司
开　　　本	720mm×960mm　　1/16
印　　　张	17
字　　　数	280 千字
版　　　次	2020 年 7 月第 1 版
印　　　次	2020 年 7 月第 1 次印刷
定　　　价	66.00 元

前言/Preface

本书试图"激活"黑格尔"精神"的概念逻辑或辩证法,把其具体化、现实化为活生生的人的现实的自由意识和自由行动,即人类追求自身自然、道德和理性三种根本自由本性及其基本权利全面实现和存在的实践创造活动,具体呈现为家庭、市民社会和国家三种基本的和现实的伦理生活,由此将黑格尔法权哲学从概念逻辑的"囚禁"中解放出来。黑格尔的法权体系不应仅仅理解为自由概念自我运动的结果或既定逻辑学方法的应用,黑格尔的法和国家学说并不是无人身或无主体的概念运动、逻辑演绎,也不是纯粹实证的和经验的政治学理论。黑格尔辩证法视野下的法权哲学,既不是个人主义的自由主义所主张的个人权利至上,当然也不是淹没个人自由和权利的国家整体主义、极权主义。

黑格尔哲学体系核心的"精神"概念,在政治社会领域中作为人类自由标准的现实性和真理性,正是在于人自身具体而现实的整体性存在与发展,即所有个人自身自然、道德和理性三种根本自由本性或根本存在方式,获得肯定、尊重、保护和全面实现,也就是每个个人客观的和物质的生命权、生存权和私有财产权,内在的或精神的主观自由、自我决定和自我负责的自治权利、意图自身或他人福利的主体权利,以及渴求公正公平的宪法和法治秩序与权威的理性权利,通过家庭、市民社会和国家这三种基本伦理生活形态,获得不同程度、不同方式的具体实现和满足。黑格尔所谓"法的体系"作为"实现了的自由王国",本质上正是个人自身自由意志本质的全面实现和客观存在,即个人自身现实存在的全部生命力量及活动内容的整体性实现与获得。政治社会中的法—道德—伦理以及家庭—市民社会—国家,与其说是抽象的概念运动或逻辑演绎结果,不如说正是人的三种根本自由本性在现实社会中全面实现和解放的历史与逻辑过程。

本书将黑格尔"自由理念的现实化"逻辑，即"法的体系"的形成逻辑，与人自身的自然、道德和理性三种根本本性具体实现和现实发展的逻辑，对应或同一起来，进入辩证法视野的法权哲学研究框架，将黑格尔"精神"自我实现的自由意识哲学与自由实践的法权哲学，或"主观精神"与"客观精神"，从"形式的"结合，即纯粹逻辑意义上概念与存在的抽象统一或本质统一，外在化、具体化为历史和现实意义上的内在统一。黑格尔的法权哲学既是个人自由本质全面实现和发展的逻辑，同时也是家庭、市民社会和国家三种基本伦理生活共同体自我生成发展的历史，也就是说个人自由、权利的具体实现与发展，事实上也是家庭、社会和国家三种基本伦理生活共同体秩序的建构，二者是一体两面的内在统一关系。

黑格尔辩证法的主体性本质在于人类自由自我意识的历史和逻辑，实践本质在于人类自由—权利全面实现的历史与逻辑，亦即家庭、社会和国家三种基本伦理生活共同体不断发展完善的历史与逻辑。黑格尔的法权体系，包括法—道德—伦理，和家庭—市民社会—国家，这实际上正是人类寻求自身自然、道德和理性三种根本自由本性及其权利获得全面实现的自我建构与实践创造，法和国家并不是外在于个人自由本性的社会存在。在对黑格尔辩证法的主体本质和实践本质理解的基础上，本书重点阐释了黑格尔辩证法视野下的财产权、道德权利、市民社会、伦理国家等基本概念的本质意涵，澄明个人自由与伦理共同体是外表对立分离下的内在统一、相生发展关系，个人物质权利、道德主体权利与伦理生活秩序，都是人自身自由本质的外在实现和具体存在，伦理国家正是个人自由与权利获得具体实现和制度性保障的理性普遍性秩序，个人权利及家庭和市民社会在其中生动活泼地自由自主发展。法—道德—伦理，家庭—市民社会—国家，正是每个自由的人的现实存在方式和生活内容，任何一个单一孤立的环节和存在状态，都不是真正的自由，而是对人的自由和理性精神的违背、扭曲。这就是黑格尔辩证法视野下的法权理论。

黑格尔的法权哲学，相比近代自然法传统自由观、经典自由主义政治哲学以及后现代政治哲学而言，更强调对现实的人的整体性自由与权利的尊重，他认为人的自由意志本质和理性精神的全面实现，就是人的自然、道德和理性三种根本自由本性的全面实现和存在，具体表现为法—道德—伦理、家庭—市民社会—国家等现实的生活内容和共同体秩序。以波普尔为代表的黑格尔批评者给黑格尔贴上国家主义、极权主义的标签，实际上是将人的自由意志和理性精神静止僵化成了科学主义的理智理性，不理解黑格尔所说的辩证法实际上正是人自身自由和理性精神自我实现、自我创造自己的生活内容和社会制度的历史活动。在黑格尔的众多后继者中，马克思算得上是最了解黑格尔，同时也是最成功地克服和超越了黑格尔观念的历史辩证法。马克思认为黑格尔法和国家学说的辩证法，实际上最深刻地描述和揭示了人通过自己的劳动自我创造、自我生成自身生活世界和社会秩序的自由实现历史，教给了人们对自身及其所创造的现实世界各种社会构造物的本质真理，然而无法触动和改变人们当下身处的不合理的现实社会政治环境，给人类自由实现的历史和现实社会蒙上了一层"神秘外壳"。正是在此意义上，马克思从作为直接的自然存在物的人，即自然的和肉体的人的生命需要及其物质生活出发，将人类自由实现的社会历史描述为物质生产力的发展与消灭阶级、消灭贫困的感性实践活动，揭开黑格尔罩在人类社会历史上的"精神"的"神秘外衣"，关注和描述直接呈现在人们眼前的和地上的世俗利益、关系与实践行动，开创了经济—阶级辩证法的历史唯物主义实践哲学。马克思的辩证法运动的目的或结果不再像黑格尔那样不断生产"精神的货币"或概念知识，而是不断生产满足人们生命需要的物质生活资料，真正达到每个个人衣食住行等物质需要在质和量上的保证和满足，以及在此基础上每个个人生命力量和个性才能的提高完善及自主体现和发挥，消灭阶级、消灭贫困，最终实现物质生活与自主劳动同一，以及日渐扩大的世界性自由交往与联合。

目 录

CONTENTS

导　论

第一节　黑格尔的法权哲学研究概况

一、国外学界的黑格尔法权哲学研究

黑格尔逝世之后，不同的研究者从不同立场为黑格尔贴上了不同的标签。从黑格尔的门徒与追随者开始，到青年黑格尔左派与右派的分立，然后到存在主义、法西斯主义，甚至民族主义与国家社会主义的政治思潮与派别，不论是激进的、革命的与保守的、改良的，理性主义的与非理性主义的，或是赞扬的与批判的，都从自身目的出发，在黑格尔那里找到满足各自论证需要的支持的同时，渐渐疏离、割裂了黑格尔原有的哲学体系。如阿尔都塞所说，"在这位大师逝世十年之后，其理论成果就开始遭殃了，它们被割裂开来，在相反的方向上被加以发展，进而演变成了一个战场"，"黑格尔真理的主体部分却只是在历史过程中展现其衰败的一具尸体，就像一个没有概念的实存，一个没有形式的内容，一个被已经异化了的形式所抛弃的内容所做的一样"。[1] 卡西尔也表明了黑格尔哲学对后世乃至全世界的深远影响，尤其是在政治思想方面影响的范围更大，"但它的整体性和内在和谐却丧失了，它不再是一个清晰、齐一、首尾一贯的政治思想体系了。不同的学派和党派都借助于黑格尔的权威……法西斯主义和国家社会主义已把黑格尔的体系分解、切割得支离破碎了，他们为了争夺残余的掠夺物互相吵闹不休"[2]。

---

〔1〕 ［法］路易·阿尔都塞：《黑格尔的幽灵：政治哲学论文集》，唐正东、吴静译，南京大学出版社 2005 年版，第 22、24 页。

〔2〕 ［德］恩斯特·卡西尔：《国家的神话》，范进等译，华夏出版社 1998 年版，第 303 页。

　　黑格尔在当代政治哲学中被卷入不同思想立场的争论与分歧之中，如自由主义与反自由主义、自由主义与保守主义，以及国家主义、社群主义等的争论。比如，肯定黑格尔为自由主义者的人，像伯林[1]、贝拉米[2]等，主要从黑格尔对个体性、特殊性以及主体性的辩护获得证据；认为黑格尔是反自由主义者或极权主义代表的人，如波普尔[3]、霍布豪斯[4]等，则主要抓住黑格尔的伦理和国家学说对个人特殊性、个体性、独立性、自治性等的压抑倾向来阐述。黑格尔的法权体系被不同立场、不同口味的自由观分裂开来，脱离开其政治哲学贯穿始终的自由现实性和总体性原则，把黑格尔关于自由与权利实现的各个特殊性历史环节或阶段，如个人权利、道德权利和伦理体系，如家庭、市民社会和国家等，当作单一的独立环节，作为自由实现的最后真理，对之加以批评指责或支持辩护。各种立场的解读与评价，将黑格尔精神概念的形而上自由意识哲学与其实践的法权哲学分离开来。然而，黑格尔政治哲学的真理基础或理性根基正在于永恒运动的"精神"的自由本性，更直接和具体地在于人自身的自由意志本质。黑格尔法和国家学说的政治哲学体系作为"实现了的自由王国"，正是人类不断努力获得和实现自身全部自由本性及其具体权利的整体性存在的认识和实践活动所创造的，因而法和国家中的各种伦理政治构造物，如法、道德和伦理，以及家庭、市民社会和国家等伦理共同体的真理和本质，必然根据人自身理性精神或自由意志本质及其现实化来理解。

　　进入 20 世纪中后期，国外学界对于黑格尔政治学研究相较从前显得更加开放、自由和活泼了，一方面承认黑格尔哲学体系的历史开放性，认为其体系中涉及的许多问题及其解决方式，在当代政治社会许多现实问题的政治学研究中仍然放射出耀眼光芒；另一方面，国外学界已经认识到黑格尔精神概念的形而上哲学，特别是其辩证逻辑学与其法权体系的政治思想，不是孤立、

---

〔1〕　[英] 以塞亚·伯林：《自由及其背叛》，越国新译，译林出版社 2005 年版。

〔2〕　[英] 理查德·贝拉米：《重新思考自由主义》，王萍等译，江苏人民出版社 2005 年版。

〔3〕　[英] 卡尔·波普尔：《开放社会及其敌人》，陆衡等译，中国社会科学出版社 1999 年版。

〔4〕　[英] L. T. 霍布豪斯：《形而上学的国家论》，汪淑钧译，商务印书馆 1997 年版。

分裂的两个互不相干的领域，并逐渐将二者结合起来研究[1]，部分学者明确强调要将黑格尔精神概念与其法权哲学不可分离地结合起来理解和研究。如阿伦·伍德（Allen Wood）认为，"实际上，黑格尔的理论是建立在一种自我概念的体系上的，这个自我概念体系决定了'权利哲学'的'权利体系'"，"黑格尔的'权利哲学'是'客观自由'的体系，反映了精神、自我或理性在不同环节或阶段上实现的自我意识程度"[2]。鲍·弗兰克（Paul Franco）以黑格尔精神现象学中所形成的道德和政治思想为基础和准备，考察黑格尔的权利哲学，指出黑格尔权利哲学的两个方法论观点和基础在于：第一，"'理性的就是现实的，现实的就是理性的'"；"第二个方法论观点关于黑格尔作为概念分析的哲学，即'逻辑学'"[3]。K. H. 伊尔廷（K. H. Ilting）指出"黑格尔的权利哲学是作为一种对自由意识的现象学解释。……黑格尔形式和内容的统一因此意味着权利哲学的内容是通过逻辑的辩证方法从权利概念发展形成的"[4]。亚瑟·科特卡维塔（Jussi Kotkavirta）认为黑格尔的政治哲学是其自由概念的客观存在和实现，指出"权利思想是自由，因而必须在它的概念和概念的存在中来认识。权利哲学的目的是精心论证自由意志的概念和

〔1〕 把黑格尔精神的哲学方法与自由和权利研究的政治哲学相结合的文献主要有：Adriaan T. Peperzak，*Modern Freedom Hegel's Legal*，*Moral*，*and Political Philosophy*，Kluwer Academic Publishers London，2001./David Lamb（ed.），*HEGEL*，vol Ⅰ，Ashgate Publishing Company，1998./ Alan Patten，*Hegel's Idea of Freedom*. Oxford University Press，1999./ Merold Westphal，*Hegel*：*Freedom and Modernity*，State university of New York Press，1992./ Z. A. Pelczynski（ed.），*The State and Civil Society*：*Studies in Hegel's Philosophy*，Cambridge University Press，1984./ Paul Franco，*Hegel's Philosophy of Freedom*，Yale University Press New Haven，1999. 在哲学与政治统一的方法论原则下，将黑格尔政治哲学与其他的政治哲学思想和派别对比起来研究，如 Patrick Riley，*Will and Political Legitimacy*：*A Critical Exposition of Social Contract Theory in Hobbes*，*Locke*，*Rousseau*，*Kant and Hegel*，Harvard university Press，Cambridge，Massachusetts，1982./ Tony Burns，*Natural law and Political Ideology in the philosophy of Hegel*，Avebury，1996./ Robert R. Williams（ed.），*Beyond Liberalism and Communitarianism*，*Studies in Hegel's Philosophy of Right*，State University of New York Press，2001. / Gary K. Browning，*Hegel and the History of Political Philosophy*，First Published in Great Britain，1999.

〔2〕 Allen Wood，"Hegel's ethics"，Frederick C. Beiser（ed.），*The Cambridge Companion to HEGEL*，pp. 217~219.

〔3〕 Paul Franco，*Hegel's Philosophy of Freedom*. Yale University Press，1999. p. 120.

〔4〕 K. H. Ilting，"The dialectic of civil society"，Robert Stern（ed.），*HEGEL*：*Critical Assessments*（volume Ⅳ）：*Hegel's Philosophy of Nature and Philosophy of Spirit*，London and New York，1993，p. 275.

作为意志概念存在的权利总体。"[1]阿迪瑞安·T. 普泽克（Adriaan T. Peperzak）[2]也认为黑格尔权利是自由思想的客观实现或具体存在的内在必然性联系路径，并详细地阐释分析了从黑格尔精神现象学的自由意识哲学到黑格尔权利哲学的全过程。

总体看来，对黑格尔权利哲学解读的形而上学哲学视野和经验、实证的政治学视野仍然是分离的，二者并没有在"精神"自身真理的现实性活动中实现和解。学界对于黑格尔法权哲学的研究，虽然与自由概念的逻辑运动相融合，联系了权利得已生长的"精神"土壤或地基，但是这个"精神"是死的或僵化的概念运动，没有将精神复活为现实个人活的自由本性来论证和解释黑格尔的法权体系，最终黑格尔形而上的辩证逻辑与其实践的法和国家学说实际上还是分离的。比较流行的黑格尔法权哲学研究"倾向于按照标准的政治理论或政治主题，如主权地位、合法化权威等更加实证的、制度性的研究，把黑格尔政治哲学中的'是什么（what）'与'怎样是（how）'分割开来，认为无需涉及黑格尔的形而上学，便可以理解、研究黑格尔的政治思想"。[3]倾向于实证主义的研究"把政治学作为一种更加现代的实证的研究方法，倾向于把黑格尔的形而上学当作一种神秘主义或幻想而弃置一边，认为黑格尔的价值在于其认识论、伦理学、政治学和美学"[4]。如 Z. A. 皮尔兹尼斯基（Z. A. Pelczynski）[5]、夏洛姆·阿维洛利（Shlomo Avineri）[6]集中于黑格尔传统政治观点而排除黑格尔政治哲学的激进含义，泰勒（Charles Taylor）"共同体"或社群主义的黑格尔解读[7]，阿伦·伍德（Allen Wood）浪漫主义有机统一体的黑格尔伦理思想[8]，几乎丢弃了黑格尔的形而上学和

[1] Jussi Kotkavirta, "Happiness and Welfare in Hegel's Philosophy of Right", Jussi Kotkavirta (ed.), Right, Morality, Ethical Life—Studies in Hegel's Philosophy of Right, University of Jyvaskyla, 1997, p. 77.

[2] Adriaan T. Peperzak, Modern Freedom: Hegel's Legal, Moral, and Political Philosophy, Kluwer Academic Publishers London, 2001.

[3] Harry Brod, Hegel's Philosophy of Politics: Idealism, Identity, and Modernity, Intrduction, p. 5.

[4] Frederick C. Beiser, "Introduction: Hegel and the problem of metaphysics", Frederick C. Beiser (ed.), The Cambridge Companion to HEGEL, Cambridge University Press, 1993.。

[5] Z. A. Pelczynski (ed), The State and Civil Society: Studies in Hegel's Philosophy, Cambridge University Press, 1984.

[6] Shlomo Avineri, Hegel's Theory of the Modern State, Cambridge at the University Press, 1972.

[7] [加]查尔斯·泰勒：《黑格尔》，张国清译，译林出版社 2012 年版。

[8] [美]阿伦·伍德：《黑格尔的伦理思想》，黄涛译，知识产权出版社 2016 年版。

逻辑学，鲍·弗兰克（Paul Franco）的黑格尔自由哲学[1]，同罗伯特·皮平（Robert Pippin）[2]一样，寻求黑格尔与卢梭、康德等的现代自治思想的联系，论证黑格尔对现代自治问题的创造性解决，不知不觉抛开了黑格尔的辩证法与逻辑学，进入纯粹的政治学研究。科耶夫主要从人欲望的解放的"人本学"视角来解读黑格尔的主人—奴隶辩证法、历史的终结、人的自由实现[3]，具有浪漫主义色彩。然而在黑格尔那里，扬弃自然对象或外在物、争取平等的互主体地位的承认斗争，只是个人自由实现的一个发展阶段与环节而已，并不意味着历史的"终结"，即自由的全面实现与解放。霍耐特的"承认斗争"理论和"自由的权利"[4]局限于微观领域身份承认的斗争，紧紧抓住个人本真或人格概念的普遍性本质，要求平等的互主体承认，局限于抽象思维，没有从人自身自由意志本质的现实性、具体性和整体性来谈权利及法和国家的政治构造，实质上是停留在黑格尔自由—权利辩证法中的一个单一发展环节，即争取获得他人对自身主体性地位的承认，扬弃自身物的或肉体的自然性存在方式。福山作为科耶夫的弟子，继承了科耶夫的黑格尔解读方法，尤其是福山的"历史终结论"[5]更是将科耶夫对黑格尔的浪漫主义政治解读发挥到极致，继续将世界历史发展的动力视为"争取承认的斗争"，实现人之为人的高贵的自由意志本质。福山认为西方自由民主制度作为"人类最后一种政治形式"和"人类社会意识形态发展的终点"，便是黑格尔所谓的人的自由实现的历史的终结，表现出一种为西方自由民主制度辩护、恢复自由主义绝对话语权的强烈冲动。福山过度诠释了黑格尔，将黑格尔的历史哲学政治实证化和经验化，一定程度上误解了黑格尔的历史终结论。黑格尔的历史终结论是一种历史辩证法的哲学命题，即没有终点的终点，因为每一个历史发展阶段的终点同时又是下一个历史发展阶段的起点，没有任何人或任何民族、国家可以傲慢自负地声称自己把握了自由真理的终极话语权，除了上帝或世

---

　〔1〕　Paul Franco, *Hegel's Philosophy of Freedom*, Yale University Press , 1999, Preface.

　〔2〕　[美] 罗伯特·皮平：《黑格尔的观念论——自意识的满足》，陈虎平译，华夏出版社 2006年版。

　〔3〕　[法] 科耶夫：《黑格尔导读》，姜志辉译，译林出版社 2005 年版。

　〔4〕　[德] 阿克塞尔·霍耐特：《为承认而斗争》，胡继华译，上海人民出版社 2005 年版。

　〔5〕　[美] 弗朗西斯·福山：《历史的终结及最后之人》，黄胜强、许铭原译，中国社会科学出版社 2008 年版。

界精神。

国外 20 世纪中后期以来的黑格尔法权哲学研究，表现出将黑格尔形而上的精神哲学或逻辑学与法权体系的政治哲学相联系的趋势，努力将黑格尔精神的自由意识哲学和法权哲学沟通融合起来，充分体现自由概念与其客观存在——权利的统一。然而，两种基本的研究路径，即形而上的哲学视野和实践的法和政治学视野似乎还没有实现黑格尔所期待的真正和解与统一。一方面形而上的精神哲学，还是主要被当作自由意识发展的哲学或概念发展的逻辑；另一方面，黑格尔的政治哲学被当作其既定方法论或逻辑学的技术性应用与实践，或概念的自我运动。当代国外学界对黑格尔辩证法、逻辑学与其法权政治哲学的内在关系的基本认识主要有：①权利哲学是黑格尔逻辑学方法的实践应用；②它是黑格尔自由概念的"现象学"发展；③它是黑格尔从自由意识的精神现象学到自由客观实现和存在的必然运动；④它必须依据自由概念实现和存在的运动发展体系来了解。可见，黑格尔以自由与权利为核心概念的政治哲学，仍然主要被了解为概念运动的结果或逻辑学方法的应用，法和国家的权利体系的本质真理只是通过僵化的概念发展体系来理解。这就将活生生的人类追求自身自由与权利全面实现的创造性实践活动僵化为自由概念的运动和发展。这样，黑格尔政治哲学中最灵动的理性精神或自由—权利的辩证法就被窒息和僵化了，仅仅局限于黑格尔政治哲学的概念描述和本质解释的抽象表达方式本身，不了解概念运动或逻辑演绎之所以可能和现实的根本动力或生命活力，最根本地在于个人不断追求自身自由意志本质获得全面实现和整体性发展的认识和实践活动。

二、国内学界的黑格尔法权哲学研究

国内学界关于黑格尔法和国家学说的政治哲学研究，主要表现为四种研究途径和视野：一是从实践的政治学或法学视野研究黑格尔的市民社会理论、国家学说、权利理论、财产权思想、契约理论、犯罪学说、刑罚理论、道德和伦理学说，等等；二是从当代西方政治哲学的理论视野研究和论证黑格尔的自由主义或反自由主义、保守主义以及社群主义思想；三是从马克思历史唯物主义的实践哲学立场研究马克思与黑格尔的辩证法及国家与市民社会学说的诸种联系与区别；四是根据历史分期，按照黑格尔不同年龄阶段或不同的居住地，研究青年黑格尔或老年黑格尔的政治思想，研究耶拿时期的黑格尔和柏林时期的黑格尔政治思想，阐述黑格尔不同时期政治思想的特点与转变。

如果说早期国内学界的研究还表现出黑格尔纯粹形而上学哲学视野的研究与实践的法学、政治学研究视野的分离和隔绝，那么近年来国内学者们的研究已经逐渐将黑格尔以"精神"概念为核心的辩证法，与其法和国家的政治思想融合和统一起来，不再将二者视作莫不相干的两个领域。国内学界不少底蕴深厚、视野宏阔的研究者，都强调黑格尔重建的"精神"在法律和政治理论学说中具有不可忽视的重要地位和价值。张桂琳教授指出黑格尔重建的理性精神对于政治哲学发展的重要意义："对以多元化的非理性批判和置换启蒙自由主义的理性基础的趋势，黑格尔以他的绝对理性政治哲学进行了总结和终止"，"他由绝对理性而导出的对自由主义的批判，有力有效地促使20世纪的自由主义政治哲学家认识到唯有进一步反思理性、限定理性，才能固守自由主义的基本政治价值和政治结论"。[1] 丛日云教授早在其1984年的硕士论文[2] 对于黑格尔国家观的研究中，就明确了黑格尔的"精神"对于市民社会和国家关系的解释意义，具体分析和论证了黑格尔关于作为外在国家的市民社会、作为制度和组织实体的真正政治国家，以及作为内在与外在结合的真正理性的国家，澄清了一些人对黑格尔市民社会与国家概念的混淆与误解[3]，说明黑格尔的国家理想主义，即是自由意识的现象学，是其伦理实体的自由概念的完成[4]。高全喜教授对于黑格尔的"精神现象学"不仅从哲学的认识论角度来理解和研究，而且从黑格尔精神现象学分析和解释其承认的法权思想，揭示了黑格尔精神现象学中深刻的人类学和政治学意义[5]。关于黑格尔的法权思想，林喆教授也不是单纯地从应用的法律角度分析阐述黑格尔的法权思想和基本理论，而是从黑格尔的哲学体系及其科学方法来论证黑格尔法权思想的必然性[6]。阎孟伟教授明确提出需要把黑格尔概念运动发展的法哲学体系"翻译"或"转换"为一般人可以理解的语言，即个人自

---

〔1〕 张桂琳："理性的效用与限度——自由主义哲学根基探讨"，天津师范大学2004年博士学位论文。

〔2〕 丛日云："论黑格尔的国家概念"，辽宁师范大学1984年硕士学位论文。

〔3〕 丛日云："论黑格尔'国家'概念的内涵"，载《辽宁师大学报》1991年第6期。

〔4〕 郁建兴："黑格尔的国家观"，载《政治学研究》1999年第3期。

〔5〕 高全喜：《论相互承认的法权——〈精神现象学〉研究两篇》，北京大学出版社2004年版。

〔6〕 林喆：《权利的法哲学：黑格尔法权思想研究》，山东人民出版社1999年版。

由意志本质的现实化和具体化发展的历史。[1]张盾教授强调黑格尔先验的逻辑学与其政治哲学的内在一致性，认为"黑格尔政治哲学最与众不同的特色在于把所有政治问题都提升到一个'概念式理解'的平台上来处理，严格要求'以逻辑学中阐明了的方法为前提'，即通过考察概念的自我运动来建立政治哲学的全部问题和体系"[2]。国内青年学者近年开始详细而深入地探讨黑格尔"自由精神自我实现的逻辑"在法和国家的政治社会中的现实化和具体化呈现：郁建兴所著的《自由主义批判与自由理论的重建——黑格尔政治哲学及其影响》[3]将黑格尔自由主义理论置入近现代自由主义政治哲学理论发展的历史脉络中，主要从外部影响来论证黑格尔政治哲学对自由主义理论的贡献和价值；丁三东的论文《论黑格尔自由的谱系——对黑格尔〈法哲学原理〉的一种解释》[4]将黑格尔政治哲学置入自由的形而上哲学的历史发展中，清理自由从客观、主观到现实自由发展的谱系，将客观自由限于抽象的所有权领域对传统自然权利理论的超越，将主观自由理解为对任意意志的超越，现实的自由则理解为"承认"的"交互主体性"自由概念；黑格尔研究的新生代学者郭东辉[5]认为黑格尔探讨的承认主题实际上是解答自由的实现问题，黑格尔逐步形成并完善了彻底中介化的承认建构方法，打造了层级分明、运演周密的承认级次系统，构成了通往自由的阶梯。

　　国内学界关于黑格尔政治哲学的研究，在研究路径和思维模式上逐步实现了形而上精神哲学与实践的法和政治学说的结合，但是黑格尔"精神"自我实现的自由意识哲学和自由实践的政治哲学，或"主观精神"与"客观精神"，还主要是"形式的"结合，也就是说，黑格尔的法权体系仍主要被视为自由概念的内部运动或逻辑演绎，黑格尔的法权哲学仍被"囚禁"于概念的逻辑运动中。人类自身之所是的真理与法和国家的政治社会之真理的统一，不仅仅是在逻辑运动上的抽象统一或本质统一，而且必须是在历史和现实意

---

〔1〕　阎孟伟："黑格尔政治哲学思想的自由意志内涵"，载《学习与探索》2011 年第 5 期。

〔2〕　张盾、冷琳琳："论黑格尔逻辑学与政治哲学的关系"，载《教学与研究》2014 年第 4 期。

〔3〕　郁建兴：《自由主义批判与自由理论的重建——黑格尔政治哲学及其影响》，学林出版社 2000 年版。

〔4〕　丁三东："论黑格尔自由的谱系——对黑格尔《法哲学原理》的一种解释"，武汉大学 2005 年博士学位论文。

〔5〕　郭东辉："通往自由的阶梯"，中共中央党校 2017 年博士学位论文。

义上的统一。如果黑格尔的法权体系仅仅被理解为自由意识本身的活动或自由概念的逻辑运动，那么我们就不能完全理解黑格尔的法权体系何以是自我意识着的"实现了的自由王国"，不能体会他的法和国家学说何以能与人的现实生活保持更为温暖的和平[1]。我们有必要"激活"黑格尔的"精神"或者说他的概念逻辑，也就是说我们必须把他的"精神"或自由概念的逻辑运动，理解为活生生的人的现实的意识和现实的行动，如英国分析主义哲学家柯亨评价黑格尔的历史观念时所说："世界精神是一个人，但它不是作为人类的一个人。然而由于作为人类的人是那种我们最易于理解的人，因此，从描述一个这样的人开始是有益的。"[2]黑格尔的法哲学虽然是从人的抽象的普遍本质——自由意志出发，但是整个法权体系的形成，则是一个现实的人对自身全部自由本性的自我认识与自我实现的过程，让个人自己亲自去认识和实现自己的每一种自由本性及其权利，自己去批判、改造自己的意识和行动，创造和自己现实的整体性存在相适应和一致的法和国家体系。按黑格尔的话来说，就是让人自己去认识和获得自身作为现实的人的整体性存在所必需的全部内容和必要条件，自己去认识和改造自己所创造的现实世界和社会制度。本书正是要试图完成这个工作，实现这个目的，把黑格尔"精神"的概念逻辑具体化、现实化为人自身的现实存在和行动内容。黑格尔所谓现实的人就是他自身内在的自然、道德和理性三种根本自由本性及其具体权利都获得了全面实现和客观存在，才是真正现实的自由的人，现实的法和伦理国家体系的理性真理和意义，也正是在于此。

三、黑格尔的"精神"与法权

黑格尔的精神概念，作为贯穿其整个哲学体系的核心和主轴，不论对其形而上学的哲学理论，还是实践的政治哲学理论，都具有伟大而深刻的现实意义与实践价值。黑格尔重释"精神"的学术理想与其现实的政治关怀或政

---

〔1〕 注释：黑格尔在《法哲学原理》序言中提到关于国家的哲学认识，是形式和内容的统一，认为"形式就是作为概念认识的那种理性，而内容是作为伦理现实和自然现实的实体性本质的那种理性，两者自觉的同一就是哲学理念"，"理性不满足于渐近，……理性也不心灰意冷……认识所提供的是与现实保持更为温暖的和平"，"概念所教导的也必然就是历史所呈示的"。转引自中译本〔德〕黑格尔：《法哲学原理》，范扬、张企泰译，商务印书馆1961年版，序言第13，14页。

〔2〕 〔英〕G. A. 柯亨：《卡尔·马克思的历史理论——一种辩护》，段忠桥译，高等教育出版社2008年版，第15页。

治理想是根本统一的,黑格尔的"精神"正是宇宙世间万事万物的思想本质或理性真理,如黑格尔所说:"哲学用以观察历史的惟一的'思想'便是理性这个简单的概念。'理性'是世界的主宰,世界历史因此是一种合理的过程。""一方面,'理性'是宇宙的实体,就是说,由于'理性'和在'理性'之中,一切现实才能存在和生存。另一方面,'理性'是宇宙的无限的权力,就是说,理性并不是毫无能力,并不是仅仅产生一个理想、一种责任,虚悬于现实的范围以外、无人知道的地方;……'理性'是万物的无限的内容,是万物的精华和真相。"〔1〕黑格尔的"精神"作为最高的哲学真理亦即上帝,不仅本身是自由的意识,而且是自由的实践。"哲学的出现属于自由的意识,则在哲学业已起始的民族里必以这自由原则作为它的根据。从实践方面看来,则现实的自由和政治的自由之发苞开花,必与自由的意识相联系着……自由思维里即包含有实践的自由的成分。"〔2〕黑格尔那里,精神、真理、上帝及自由,可以说是同一个东西,"精神"在政治社会领域中实现为人类自身全部自由与权利的全面实现与整体性获得。可以说,正是黑格尔第一次将自由与权利理解为源于人类自身精神的普遍性和现实性存在,真正使人自身的尊严及其全部自由本性在现实政治社会生活领域中得到普遍尊重,获得客观的确定性存在和丰富内涵。具体说就是,黑格尔第一次根据人类自身精神内在的自然、道德及理性三种根本自由本性或根本存在方式来解释个人权利的必然性与现实性、普遍性与特殊性,真正使每一个人自身现实而具体的整体性存在获得应有的尊严与价值。黑格尔从人类自身普遍同一的精神本质或自由意志来全面而系统地揭示法和国家的权利体系的必然性和合理性本质内涵。这一方面意味着对近代自由观及其论证方法的克服与超越,另一方面意味着人的概念首次获得了丰富而生动具体的内涵,所有个人因其自由和理性的精神本质而普遍地、无差异地拥有平等的权利,包括自然的、道德的和理性的三种根本自由与现实权利都获得普遍的尊重、肯定和保护,现实的法和国家中的一切构造与实践安排的真理性,必然在于与人自身三种根本自由本性及其权利的全面实现相适应和一致。黑格尔第一次全面地揭示了人类自身之所是的全部内容,首次指明人类自身自由和理性精神的现实性与真理性在于,每个

---

〔1〕 [德] 黑格尔:《历史哲学》,王造时译,上海书店出版社 2006 年版,第 8 页。
〔2〕 [德] 黑格尔:《哲学史讲演录》(第 1 卷),贺麟、王太庆译,商务印书馆 1959 年版,第 94 页。

个人自然的物质权利、道德的主观自由以及主体自治权利的具体实现，正是法和国家自身全部真理、意义与责任之所在，同时也正是人类历史发展和进步的根本目标之所在。

　　近代自然法论政治思想家对自然法内蕴的自由和理性精神作了孤立静止的知性理解，将人自身内在的自然、道德及理性三种必然性自由本性与其客观权利分离开来，固执于单一方面的认识与理解。他们只是根据人身上直接存在着的某种不变的必然性本性，如自然的利己天性，或者自然的道德情感，或者先天的道德理性，来解释个人自由与权利、道德和伦理以及国家政治法律制度，在其论证方法上则将事实、价值及理性三种必然性原则或者相互混淆僭越，或者相互分离与排斥。近代自然法论政治思想家与启蒙运动和法国革命一样，只是知道人类自身因其自由和理性的普遍本质而普遍平等，却并不认识自由和理性本身是什么，其必然性与现实性何在。它们固执于人类本性的某一方面，或者自然的，或者道德的，或者理性的，而不是把人类精神理解为永恒运动的自由和理性本性，即活的精神，来解释人们为追求自由与权利的全面实现和发展而创造的法和国家的伦理政治制度的本质。在黑格尔那里，自由和理性精神对于法和国家体系中各种构造的哲学认识，不是孤立静止的"开端"或"结果"，而是永恒运动着的"开端"和"结果"。〔1〕

　　黑格尔政治哲学体系的自由"原点"或理性根基，正在于其重建的精神概念中，现实性则在于人的自由意志本质之中。政治社会中各种自由与权利的形态、实体性构造，正是源于人类自身自由意志的意识和实践活动的创造。"正如物质的实体是重力或者地心吸引力，精神的实体或者本质就是'自由'。"〔2〕"精神的一切属性都从'自由'而得以成立，一切都是为着要取得'自由'的手段，一切都是在追求'自由'和产生'自由'。"〔3〕"人类自身具有目的，就是因为他们自身中具有'神圣'的东西，——那便是我们从开

　　〔1〕　黑格尔关于"哲学的开端"说道："哲学形成一个圆圈：它有一个最初的、直接的东西，因为它总得有一个开端，即一个未得到证明的东西，而且也不是什么成果。但是哲学有起点只是相对地直接的，因为这个起点必然要在另一终点上作为成果显现出来。哲学是一条锁链，它并不悬在空中，也不是一个直接的开端而是一个圆圈。"转引自中译本［德］黑格尔：《法哲学原理》，范扬、张企泰译，商务印书馆1961年版，第4页。

　　〔2〕　［德］黑格尔：《历史哲学》，王造时译，上海书店出版社2006年版，绪言第15页。

　　〔3〕　［德］黑格尔：《历史哲学》，王造时译，上海书店出版社2006年版，绪言第16页。

始就称作'理性'的东西，又从它的活动和自决的力量，称作'自由'。"[1]黑格尔指出，我们每一个人在政治社会生活的历史实践中，并不是有自由的现实性，而是我们是自由的现实性。[2]"是自由"作为全称判断，意味着所有人都是自由的，人自身的全部自由本性都有必然实现出来的权利，"有自由"作为特称判断，意味着有的人是不自由的，或仅仅有某些方面的自由。"我们是自由的现实性"意味着，个人自由与权利，不是源于任何外在的既定权威，包括自然的、神灵的，或传统习俗及世俗政权的外在权威，因而决不应该是一个人或少数人的自由与权利，而必须是普遍的人的平等的个体权利及其特殊福利。在黑格尔看来，我们是精神的现实性、是自由的现实性，同时也就是实践的现实性、权利的现实性。"权利是精神的领域，自由的领域。……权利的科学以自由意志作为它的原则和起点。"[3]权利是自由意志的实在性规定或客观的确定性存在，权利生长于精神之中。[4]

在黑格尔看来，自由意志既作为人自身永恒运动和发展的精神力量，它决不会仅仅停留在主观思想的自由意识里，它必须实现自身为客观的、现实性的自由与权利。"由于自由的精神是现实的精神……当个人和民族一旦在思想中把握了自为存在着的自由概念时，就没有什么别的东西拥有这种不可制胜的力量，这恰好是由于自由是精神的本质，更确切地说是精神的现实本身。"[5]"自由在塑造成为一个世界的现实性时就获得了必然性的形式，这必然性的实体性联系是诸自由规定的系统，而其显现着的联系则是作为权利、即公认的存在。"[6]"权利是作为实现了的自由而存在。"[7]"这种实在性作为

〔1〕[德]黑格尔：《历史哲学》，王造时译，上海书店出版社2006年版，第36页。
〔2〕[德]黑格尔：《精神哲学——哲学全书·第三部分》，杨祖陶译，人民出版社2006年版，第311页。
〔3〕Hegel, *Lectures on Natural Right and Political Science*：*The First Philosophy of Right*，Translated by J. Michael Stewart and Peter C.，Hodgson, University of California Press, 1995, pp. 52~53.
〔4〕Hegel, *Elements of the Philosophy of Right*，Allen W. Wood（ed），Translated By H. B. Nisbe（剑桥政治思想史原著系列影印本），中国政法大学出版社2003年版，Introduction, p. 35.
〔5〕[德]黑格尔：《精神哲学——哲学全书·第三部分》，杨祖陶译，人民出版社2006年版，第310页。
〔6〕[德]黑格尔：《精神哲学——哲学全书·第三部分》，杨祖陶译，人民出版社2006年版，第313页。
〔7〕Hegel, *Elements of the Philosophy of Right*，Allen W. Wood（ed），Translated By H. B. Nisbe（剑桥政治思想史原著系列影印本），中国政法大学出版社2003年版，Introduction, p. 26.

自由意志的定在，就是法或权利。法或权利不能只理解为有限制的法的法律或权利，而是要广泛地理解为自由的一切规定的定在。"〔1〕因此，在黑格尔那里，精神、理性、自由以及权利，它们是同一个精神，权利正是自由精神自身的现实性客观存在，它们自身包含着自然、道德及理性的三种必然性自由本性及其客观权利的统一。"精神"在法和国家的伦理政治世界中实现或显现自身为：每个个人自身自然、道德和理性三种根本自由本性及具体权利的客观普遍性实现，人自身之所是的全部真理，同时也是法和伦理政治世界自身之所是的全部真理和意义之所在。离开了自由与权利生长的"精神"土壤或地基，法和国家的伦理政治世界中一切构造与安排的合理性、正当性及其意义和价值，就可能根据外在给定的、直接现成的、特殊的经验、偶然现象来解释，或者根据事物本身的成效与功用来解释。正如詹姆士所说，"一种哲学，只有高尚纯洁而说不出别的什么来，那就永远不能满足经验主义者的心。它好像是一个矫揉造作的纪念碑。所以，我们发现科学家情愿不要形而上学，把它当成一种完全禁闭起来的幽灵似的东西，实践者则把哲学的尘埃从他们的足上弹掉，听从原野的呼唤"〔2〕。黑格尔权利哲学中每一种权利形态的确定性存在，正是人类自身三种必然性自由本性的现实性与客观性。这深刻地表明了，人类自由与权利的必然性和现实性，只有依其自身的精神本质才能得到合理解释，否则人类自由与权利将陷于特殊的和偶然的、自然的和感性的、历史的或神灵的外在权威中，永远无法实现真正的自由与权利，尤其是所有个人的普遍的平等权利。"黑格尔政治哲学的历史影响在下列事实面前得以极大的提高：他的现代国家理论深深植根于整个哲学体系，这种哲学认为历史的发展是黑格尔称之为'精神'的世俗空间客观化的一部分。"〔3〕

因黑格尔重建的"精神"或"自由"概念的深刻意义与价值，不仅仅在于其形而上哲学领域的认识论和方法论贡献，更重要的是人类精神的自由本性必须在政治社会中实现为客观的权利，只有作为权利的现实性，人现实而

---

〔1〕［德］黑格尔：《精神哲学——哲学全书·第三部分》，杨祖陶译，人民出版社2006年版，第314页。

〔2〕［美］W. 詹姆士："当前的哲学两难"，陈羽纶、孙瑞禾译，载［美］苏珊·哈克主编，陈波、尚新建副主编：《意义、真理与行动——实用主义经典文选》，东方出版社2007年版，第308页。

〔3〕［英］米勒、波格丹洛主编：《布莱克维尔政治学百科全书》，邓正来译，中国政法大学出版社2002年版，第337页。

具体存在的尊严才真正得到肯定、尊重与保障。所以对黑格尔"精神"的研究，不应仅仅局限于形而上学理论领域的逻辑学、意识哲学等，更重要的是还必须通过实践的政治社会领域来证明和显现。局限于形而上哲学理论研究中的"精神"，不过是远离现实和实践的"绝对精神"、概念逻辑，因而只是潜存在世界中毫无现实性的纯粹真理、自在之物。人类主观思想意识中的纯粹思维、纯粹形式，就像空中飘荡着的灵魂、魅影，或失去自己实际上永恒斗争、自我实现与实践创造的历史剧场或舞台，如家庭、市民社会和国家，政治制度、法律和伦理习俗等。脱离其实践活动的舞台，即人类争取自由与权利的实践创造的历史，"自由精神"永远是抽象的、无所作为的，不过是永远停留在意识活动领域中的优美灵魂或苦恼意识。从而，精神作为世界理性、真理和正义，只是现实世界的影子，是不真实的、无实体的。它必须显现在人类制度和历史、权利或法（财产、契约和惩罚）、道德或良心以及习俗和伦理的义务（家庭、市民社会和国家）中，才能实现自己或把自己变为现实的、具体的和客观的。人类政治社会也正是因此而有意义和价值，并不断地发展自己、完善自己。

第二节　基本立场和主要观点

一、从自由意识到自由实践：主观精神与客观精神的统一

如果说黑格尔的"精神现象学"讨论了人的自由自我意识真理形成的历史和逻辑过程，提供了关于人对自身自由本质的意识现象。那么黑格尔的"法哲学"则主要探讨人的自由自我意识的实践或现实化与具体化，亦即人的自由本质的现实化与具体化。用黑格尔自己的话说就是："在外在客观的方面去实现它的概念，即自由，结果就是自由是一个通过意志所规定的世界"，"自由在塑造成为一个世界的现实性时就获得了必然性的形式，这必然性的实体性联系是诸自由规定的系统，而其显现着的联系则是作为权利，即公认的存在。"[1] 于是可以说，黑格尔的"法哲学"就是根据个人自由意志本质的

---

[1]　[德]黑格尔：《精神哲学——哲学全书·第三部分》，杨祖陶译，人民出版社 2006 年版，第 313 页。

现实性来理解政治社会中存在的各种"法"或"权利"的概念本质，换言之，政治社会中法和国家等各种伦理政治构造物的真理性，必然根据自由理念，即根据自由概念及其现实化来认识和理解。自由概念的现实化在现实政治社会领域中表现为人自身自由意志本质全面实现和发展的总体性历史和逻辑过程。黑格尔所谓"法的体系"作为"实现了的自由王国"，正是每个个人自身自由意志的全面实现和整体性发展与解放，包括他的自然、道德和理性三种根本自由本性，亦即人自身现实存在的全部生命力量与活动内容的整体性实现与获得。这样，政治社会中的法—道德—伦理以及家庭—市民社会—国家，与其说是抽象的概念运动或逻辑演绎，不如说正是人的三种根本自由本性在现实社会中全面实现和解放的历史与逻辑过程，此乃个人追求自身全部自由—权利全面实现的辩证法。

　　黑格尔的"客观精神"就是主观精神或自由意志本质的外在实现与客观存在，也就是黑格尔所谓"法的体系"或"实现了的自由王国"。黑格尔之所以称其"法的体系"为客观精神，是因为他所描述和解释的各种"法"或"权利"，包括抽象法（如所有权、契约、不法、犯罪、刑罚）—道德（如故意和责任、意图和福利、善和良心）—伦理（家庭—市民社会—国家）等，并非政治现象领域中特殊的和感性的个别存在或实证经验，而是与自由概念相一致的本质性存在，即自由概念的现实化或客观定在，其本质真理必须依据人的自由意志或理性精神才能获得正确认识和解释。换言之，黑格尔"法的体系"实际上是对法和国家的伦理政治世界中各种构造、组织的本质性描述与解释，亦即哲学概括，所以黑格尔的法和国家学说实际上是"法哲学"部门的学问。为了认识或理解这些"法"或"法权"，黑格尔认为必须根据其理念即自由概念及其现实化来获得，也就是考察人的自由意志本质如何从主观到客观、如何由内在到外在，获得全面而具体的实现，也就是人的自由意志如何从主观精神外在化、具体化为客观精神的过程。所以考察黑格尔客观精神领域中各种"法"的生成与发展逻辑，实际上也就是考察人自身的自由意志本质如何获得全面实现和客观存在的历史和逻辑过程，具体说就是人自身全部生命力量与存在内容，即自然、道德和理性三种根本自由本性获得全面释放发挥和整体性发展。

二、自由意识与自由实现的历史和逻辑的统一

黑格尔"法哲学"既是个人自由本质实现和发展的逻辑，也是对个人寻求自身自由—权利全面发展的历史的本质解释与概括。黑格尔从不认为人类社会发展的历史像生物界那样无知无觉地自然进化，相反是在人不断思维着和创造着的认识和实践活动中向前发展的，人类社会制度发展的历史是与人自身自由和理性精神的自我认识、自我觉醒和自我发展程度相一致的。这意味着：一方面，人类自由目标与现实的政治社会条件之间的冲突，以及人类尝试改造这些条件，以便它们能更加一致于自己的自由本质；另一方面，既然人类并不是一开始就完全地或清楚地意识到他的自由目标，甚至不能完全认识到他自身作为人而普遍具有的自由本质及个人权利，并且因为他不知道实现它的必要条件，因而达到其目标的过程将是一个自我认识、自我发现、自我创造及实践批判和改造的永恒历程。因此，与其说黑格尔的权利哲学是一种逻辑推演或概念运动，不如说是人类朝向自身自由和理性精神的永恒认识与实践创造的历史，黑格尔"法的体系"正是自由和理性精神自身不同发展阶段的客观形态与存在方式。说它是永恒的和漫长的历史运动，不仅因为它是现实的和具体的人的全部生命力量和存在内容的整体性发展与追求，还因为自由和理性精神并非直接就能达到对自身的认识和实现，而是自身呈现为纷繁芜杂的各种特殊现象、个别形态，经历若干挫折、虚假、幻象、欺骗、错误、歪曲和谎言等艰辛的劳作与斗争，才会达到对自身的真理性和普遍性认识，才会创造出与人自身自由和理性本质相一致的法和国家制度。人类追求自身全部自由—权利全面实现的现实历史之所以与自由概念实现的逻辑一致，是因为人类自身自由意志本质或理性精神中所包含的东西总是会实现和显现出来，不是人类自身本质中的存在或者说不符合人类理性精神的东西，终究会消亡。正如黑格尔的不朽名言："凡是合乎理性的东西都是现实的，凡是现实的东西都是合乎理性的。"[1]

三、"国家理论"与"自由—权利"理论

本书将黑格尔法和国家的政治哲学，概括为"自由—权利"理论，并非

---

〔1〕 ［德］黑格尔：《法哲学原理》，范扬、张企泰译，商务印书馆 1961 年版，序言第 11 页。

依据自明原则，而是重点依据他在"法哲学"中所描述和解释的相关观点和理论而做了详细论证和分析说明。首先，黑格尔自己在其关于法哲学的演讲中，明确表明自由与法或权利的内在关系："法哲学这一门科学以法的理念，即法的概念及其现实化为对象"，"法的理念是自由，为了得到真正的理解，必须在法的概念及其定在中来认识法"，"法的基地一般说来是精神的东西，它的确定的地位和出发点是意志。意志是自由的，所以自由就构成法的实体和规定性"[1]；"这种实在性作为自由意志的定在，就是法或权利。法或权利不能只理解为有限制的法的法律或权利，而是要广泛地理解为自由的一切规定的定在"[2]，"在实证权利中，权利就是法律中所是的东西。在哲学的权利中，权利的东西就是法，没有法律能够提供权利的标准"[3]。因此，黑格尔那里的"法"不是通常意义上的法权领域中的法律（laws），而是一切关于人类自由本质的实现和规定的各种客观存在，即与自由概念相一致的存在。如果仅仅从黑格尔的解释方法或表达形式上，将其"法哲学"解读为自由概念实现的逻辑或概念自身的运动，就会陷入神秘唯心主义的偏见，淹没其现实的和历史的具体内容，即感性的和活生生的个人追求其自由—权利全面实现和发展的实践创造活动。自由概念实现的逻辑运动之所以可能，在现实性上实际上是人自身永恒运动着的自由意志和理性精神。可以说，黑格尔以法哲学为核心的政治哲学实际上就是关于人的自由—权利全面实现和发展的辩证历史过程的哲学探讨。

　　黑格尔政治哲学的内容以国家理论为核心，与以自由—权利理论为主题的讨论并不冲突。黑格尔关于法和国家学说的整个法哲学体系，实质上就是本质性地描述和解释人的自由本质如何外在地和具体地实现自身为各种客观存在，即各种"法"或"法权"，共同构成"实现了的自由王国"。黑格尔的"国家"可以说既是自由实现逻辑的终点，也是起点。说"国家"是自由实现的终点或顶点，乃是因为国家是每个个人具体自由的现实，所有公民个人在国家中都能看到自己的特殊需要、主观目的，看到自己的权利和意图，看

　　[1]　[德]黑格尔：《法哲学原理》，范扬、张企泰译，商务印书馆1961年版，导论第1节、第4节。
　　[2]　[德]黑格尔：《精神哲学——哲学全书·第三部分》，杨祖陶译，人民出版社2006年版，第314页。
　　[3]　Hegel, *Elements of the Philosophy of Right*, Allen W. Wood（ed）, Translated By H. B. Nisbe（剑桥政治思想史原著系列影印本），中国政法大学出版社2003年版，第56页。

到自己的人格或生命的意义，得到制度性的普遍尊重、肯定、保护和保障。所以说，国家作为理性意志本质的客观实体，作为理性伦理精神的现实，它包容、肯定和保护各个自由实现环节自身的真理性和合理性，在这个意义上，可以说个人只有成为国家成员才具有客观性、真理性和伦理性。同时，在现实生活中，也可以说"国家"是个人自由实现的起点或基础，正是在国家内部，家庭和市民社会得以健康稳定的存在和发展，个人作为家庭成员和社会成员的个人权利、生命、自由和财产，才能获得制度性的普遍尊重与保护，各个个人自然的和道德的、特殊的和主观的需求、目的、资本、利益与技能才干才能获得自由发挥、尽情施展，个人的普遍性情绪或理性意志通过家庭和市民社会的伦理得到陶冶、训练和提升。在上述意义上，就国家作为自由实现的起点和终点而言，国家理论可以说是黑格尔政治哲学的核心主题，同时也可以说是以自由—权利理论为核心的主题，也就是说关于黑格尔国家理论的探讨，同时也是关于人的全部自由—权利如何具体化和现实化的探讨。但是，不能把国家作为自由实现逻辑中的顶点或终点地位，孤立静止地理解为经验现象或直接实存意义上的"核心"或最后决定性的东西，相反从人的自由—权利的全面实现和发展以及现实生活来说，人们总是不断从家庭和市民社会中个人自由—权利实现的偶然性和有限性，提升到国家中普遍性和必然性意义上的每个个人具体自由的现实，又不断在国家的普遍性伦理制度与法治秩序的肯定和保护之下，享受家庭和市民社会带给自己在自然和道德方面不同程度、不同方式的具体满足与自由。

四、"主奴辩证法"下的承认理论

在黑格尔那里，"主奴辩证法"的承认斗争是不足以作为独立真理自存的，它无法真正解决个人与个人、个人与整体之间的有机统一。黑格尔的承认理论始终是放在人类自由全面实现、发展和解放的一个更加宏大和历史的辩证法视野中来分析承认理论本身的合理性与局限性，他不认为承认理论本身可以单独构成人类解放的真理与历史，人类自由的全部内容不单单是争取自身主体性地位的承认，还有伦理、国家、世界历史等更高层次和更丰富具体的内容。黑格尔对"主奴辩证法"与承认理论的概念解释是在其《精神现象学》关于"自我意识的独立与依赖"一节中，而关于此理论的实践或"实证"解释则在其《法哲学》的"抽象法"领域关于所有权的实现上。黑格尔主张以物为中介走向主体间契约式的承认理论的同时，也指出这种个人间相互承认斗争的不足，因为它始终无法消除个人特殊意志的任意性，因而仍然无法真正解决和彻底消除现实社会中类似"主人"对"奴隶"的奴役与控制。黑格尔认为契约式的主体间承认理论对于个人自由全面发展与解放是远远不够的，它只是个人自由—权利实现过程中的一个必然性特殊环节或历史发展阶段，即从对自由意志实现为物的环节，转向以自由意志本身为对象和目的，即承认人是一个自我意识的主体性存在的环节。承认理论只是权利领域中必然出现和发生的问题，但仅限于抽象权利领域本身是无法解决的，它必须进入到现实的伦理生活境遇中才能获得具体的解决和制度性保证。

五、从"抽象法权"到"个人所有权"：人格权的抽象性和具体性

从黑格尔的"抽象法权"到"个人所有权"之间有个从抽象普遍到客观具体的逻辑，但在整个抽象法领域内的客观具体也仍然只是相对而言的，相比感性存在来说，"个人所有权"本身仍然是个抽象普遍性概念，但它相比自由意志概念、相比人格来说，它又是更加客观和具体的。从"抽象法权"的抽象普遍性到客观具体的"个人所有权"的逻辑是这样的：

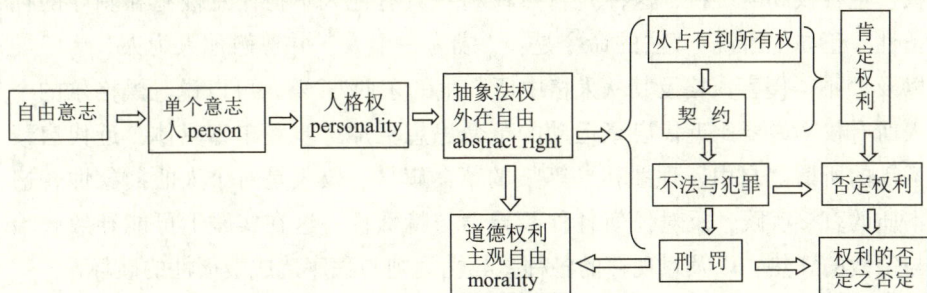

抽象法权作为人格的定在或客观存在形态，它之所以是抽象的和普遍的，因为人格是一切人作为人的普遍平等的权利，它抛开了个人的一切自然和主观方面的特殊性、差异性和偶然性。个人所有权之所以相比抽象法权更加客观具体，是因为它扬弃了人格的主观形式，以客观的和外在的形式存在，即通过对外在物的占有证明自己人格或自由意志的客观现实性和具体性。个人所有权自身进一步的客观性和现实性则通过契约、不法、犯罪和刑罚而回归法，即个人权利的普遍性与客观性，从而也就回到对个人自由意志或人格本

身的尊重，这就从自由意志外在的客观实在性领域过渡到了内在的主观实在性领域，即道德的主观自由与主体权利。

黑格尔认为抽象法权作为人格权利，其首要的客观定在就是个人所有权，即个人对外在物真实合法的占有权利，也可以称之为财产权，体现的主要是个人的外在自由领域，人的自由意志直接体现为物的占有。如黑格尔自己所说："为了不仍然是抽象的，自由意志必须首先给自己以定在，而这种定在最初的感性材料就是事物，即外界的物；自由的这一最初方式，就是我们马上会认识到的所有权，这就是形式法和抽象法的领域。"〔1〕至于作为自由意志最初定在的所有权何以必然是个人的所有权或私人所有权，黑格尔有明确解释："在所有权中，我的意志是人的意志；但人是一个单元，所以所有权就成为这个单元意志的人格的东西。由于我借助于所有权而给我的意志以定在，所以所有权也必然具有成为这个单元的东西或我的东西这种规定。这就是关于私人所有权的必然性的重要学说。"〔2〕黑格尔的抽象法权作为严格的法或权利领域，其启蒙的革命性就在于：它强调所有个人，不管任何外在的、自然的和主观的特殊性和偶然性因素的差异，因其人之为人的普遍本质即自由意志，而拥有与其他一切人普遍平等的高贵人格，从而拥有与他人普遍平等的生命权、生存权和财产权，这种"自然权利"具有他人不得任意侵犯和剥夺的神圣性。正如他所说："法的命令是：'成为一个人，并尊敬他人为人'"〔3〕，以及"不得侵害人格及其从人格中所产生的东西"〔4〕。可以说，黑格尔的个人所有权学说要比近代启蒙运动的革命思想更加进步和丰富具体，近代启蒙运动的所谓"自由、理性和平等"的革命旗号，仅仅是对个人的抽象性普遍本质的直接实践，反对任何各种差异性与特殊性，这在实践上可能导致政治与宗教的狂热，以及对现存的各种差异性规则与秩序造成毁灭性的破坏。

---

〔1〕 ［德］黑格尔：《法哲学原理》，范扬、张企泰译，商务印书馆 1961 年版，导论第 33 节，第 42 页。

〔2〕 ［德］黑格尔：《法哲学原理》，范扬、张企泰译，商务印书馆 1961 年版，第一篇 抽象法，第 46 节，第 55 页。

〔3〕 ［德］黑格尔：《法哲学原理》，范扬、张企泰译，商务印书馆 1961 年版，第一篇 抽象法，第 36 节，第 46 页。

〔4〕 ［德］黑格尔：《法哲学原理》，范扬、张企泰译，商务印书馆 1961 年版，第一篇 抽象法，第 37 节，第 47 页。

六、市民社会的"陶冶"与"教化"

黑格尔"市民社会"对于个人自由和理性精神的成长成熟与发展，更多地是一种"陶冶"而非仅仅是"教化"。"陶冶"是一种自觉自愿的自我觉醒、自我提升的成长过程，而"教化"则是一种由外而内、自上而下的带有强制性的教育培训。"陶冶"体现的是个人自由意志的自我实现、自我批判、自我改造与自我提升。市民社会体现的是个人在自然和道德方面各种特殊性、主观性和偶然性自由意志的尽情施展、释放与发挥，个人在获得和满足自己独立人格及其特殊需要、私人利益和主观目的的同时，形成了与他人相互依赖、相互需要和相互满足的社会交往关系，个人的特殊性和主观性在此过程中逐渐提升为普遍性的规则、制度、秩序与权威，个人的理性精神也在此过程中慢慢成长发展和成熟。所以，市民社会对个人来说，不仅是体现和发挥自己在自然和道德方面的个性、特殊性以及各种偶然性，占有和获取私人财富，满足自己特殊的物质权利、主观目的的开放性实践场所，而且是使个人理性精神得到陶冶锻炼和成长成熟的地方。当然，市民社会还必须承担对个人的教化作用，也就是从上到下、由外而内的教育与培训，如市民社会中的司法体系、警察和同业公会等福利的和行政的管理设施与强制手段，督促和引导公民朝向普遍性秩序与制度安排，毕竟市民社会不可避免地存在个人任意释放发挥特殊性和主观性自由的"自然状态"残余，外在强制因而也是必不可少的。

七、"伦理国家"主旨：法、道德和福利的统一

黑格尔伦理国家的主旨在于：证明和表达国家何以是理性伦理精神的实体性存在、何以是"地上行进着的神"？个人何以只有作为国家成员才有客观性、伦理性和真理性？黑格尔的"国家"作为个人自由实现逻辑的终点或顶点，其在实践上必然是每个个人具体自由的实现。首先，在自由实现的逻辑上，国家是理性意志的实体性存在，是理性伦理精神的现实，是伦理的整体。这就意味着国家，作为已经包含、肯定、完成并扬弃了家庭中自然和感觉的伦理统一体，以及市民社会中分散的和特殊的伦理共同体，不再是纯粹客观的抽象法，也不再是纯粹主观和内在的道德，也就是说伦理国家不再是由个人的特殊意志、主观偏好、情感直觉来自我理解和自我决定的，从而各种物

质福利也不再是个别的、特殊的和偶然的，而是在形式或原则上上升为与自由概念一致的普遍和必然意义上的制度性法律和公共权力，同时在自由实现的内容上包含和肯定每个个人的特殊性、主观性和偶然性需要、利益与目的，却又从不以任何个人或集团的特殊意志、特殊利益为原则。所以，国家在形式和内容上的普遍性决定了它必然是一个法、道德和福利三者相统一的理性共同体或伦理整体，在这个意义上，所有公民个人的权利或福利自然是国家实践安排不可或缺的内容之一，是国家得以稳定的物质基础，也是公民爱国心之所在。因为每个个人都能从国家中看到自己的个人权利、物质福利、主观目的得到满足，看到自身生命、身体和财产的安全与保障，也就是说在国家里有他自己本身及其现实的自由和福利，因而就在国家中感受或认识到自己的本质，进而将自身个别的特殊物追求自觉提升为普遍物，以普遍物为行动原则。当然，这是与功利主义或工具主义的国家原则根本不同的，黑格尔的国家是与人自身自由和理性精神的普遍本质相一致的客观存在。

八、黑格尔的现代国家 = 整体主义、国家主义吗？

黑格尔辩证法的政治学理论和实践本质，不能仅从纯粹的形而上学逻辑演绎或概念运动的抽象神秘视角来描述，需要激活辩证法蓬勃生动的永恒生命力量。从辩证法的历史和现实本质来讲，它并不属于黑格尔自己的主观臆造和个人设计发明，而是人类朝向自身自由和理性精神的自我认识、自我实现、自我批判和自我发展的永恒活动。黑格尔正是天才地发现并对此作了本质性的描述和解释，将辩证法作为人类认识世界真理以及批判改造和创造现实世界的科学方法。辩证法在政治社会领域体现为人类追求自身自由—权利全面实现和发展的历史和逻辑相统一的永恒历程，黑格尔"法的体系"作为"实现了的自由王国"正是对这一历史和逻辑过程的本质描述和解释。

在黑格尔那里，辩证法视野下的所谓自由实现的"整体"与"国家"是永恒流动和前进发展的，并非是经验或现象存在意义上固定不动的僵化"整体"和"国家"。黑格尔所谓的"整体"和"国家"作为理性普遍性的本质存在或自由实现的"终点"，它总是要重新作为"起点"，自我"分离""分化"或特殊化和具体化自己，将自己呈现为各种各样的特殊形态和具体存在方式，包括各个个人、家庭和市民社会的特殊利益、需要、权利和主观目的，各个个人、家庭和社会共同体也正是在自己特殊的需求、利益、权利和意图的满足和保障中，不断地自我提升、成长发展，不断朝向和创造出与自己的理性普遍性本质相一致的"整体"或"国家"，而"整体"或"国家"也正是在其本民族人民的自由和理性自我意识的成长成熟和发展中，实现自我认识、自我批判、自我改造和自我发展，努力达到与自身理性普遍性本质相一致的客观存在和现实内容。因此，如果离开了永恒运动发展的历史辩证法视野，将"整体"或"国家"机械地和绝对地看作自由实现的最高顶点或最后终点静止不动，就会立即暴露出抽象理智认识论的缺点，将"整体"或"国家"作为最高存在与最后真理，与各个个人、家庭和社会共同体的具体需要、权利和要求分离、隔绝和对立起来，进而将黑格尔打入"极权主义""整体主义"或"国家主义"的牢笼。

第三节　研究意义、视角及主要建树

一、研究目的和意义

本书主要抓住贯穿于黑格尔整个哲学体系中的"精神"概念，探索其作为政治社会领域中人类自由的真理标准，如何在政治社会领域中获得全面而客观的历史性实现与确定性存在。也就是说，本书将探讨黑格尔"法的体系"的"客观精神"[1]的本质，考察"法"或"权利体系"的生成逻辑与"精神"的现实性发展逻辑之间何以统一和一致。首先，黑格尔的"精神"在政治社会领域中的真理性和现实性，何以就是人类自身自由意志本质全面而客观的现实性？其次，黑格尔"法的体系"作为"自由理念的现实性"或"实现了的自由王国"，何以就是人类自身自由意志本质的全面实现与整体性存

---

〔1〕 黑格尔的"客观精神"领域实际上就是关于人类自由和理性精神在政治社会领域中外在化和具体化自身的各发展阶段或环节的客观形态或确定性存在方式，黑格尔将自由外在实现的各种存在形态或实现方式都称为"法"，共同构成"法的体系"。正如黑格尔自己在《法哲学原理》导论中所说："法的理念是自由，为了得到真理理解，必须在法的概念及其定在中来认识法"，所谓"法的定在"也就是自由理念的现实性存在形态，"法的体系"因而就是自由理念实现和发展的各种现实性存在形态。亦如黑格尔所说："法的体系是实现了的自由王国，是从精神自身产生出来的，作为第二天性的那精神的世界。"可见，黑格尔关于法和国家的"法的体系"或"权利体系"是源于人类对自身自由和理性精神的认识和实践活动创造的产物，而非人们自然的和感性的、偶然的和特殊的直觉、想象、情感、冲动和任性，以及对圣经的虔敬信仰等。

在，即人自身自然、道德和理性自由本性的全面释放和发挥、存在与发展？第三，黑格尔"法的体系"即法和国家的伦理政治世界的真理，何以必然在于每个个人自身三种根本自由本性及其具体权利的全面实现？

黑格尔将精神或自由意志视为人不同于动物的根本本质，他的"精神"从来不是一个虚空的、纯粹抽象的主观想象或自我意识，而是具有丰富充实而生动活泼的内容，他从不否定人是一个肉体的和精神的、自然的和道德的有机生命统一体。因此，黑格尔强调人的精神或自由意志本质的具体实现和外化，必然是个人的全部生命力量及其活动内容的整体性获得与满足，即一个具体而现实的人的存在，包括人自身自然、道德和理性三种根本自由本性或根本存在方式的全面实现、释放与发展。黑格尔权利哲学中所谓"法的体系"，作为"实现了的自由王国"，包括法权—道德—伦理，以及家庭—市民社会—国家等，皆是自由理念的定在或外在存在，通俗地说就是个人自身的自然、道德和理性三种根本自由本性及其具体权利获得不同程度实现和满足的不同存在方式或客观形态。这是人逐渐朝向自身自由和理性精神的一个漫长而艰辛的认识和实践旅程，其具体的和现实的内容就是人们不断寻求获得普遍平等的个体生命权、生存权、财产权，以及道德的和精神的主观自由、独立自治的主体权利，这本身也是世界各民族或国家寻求自身法和政治文明进步发展的历史方向。

本书试图将黑格尔的法权哲学解读为人类寻求自身精神或自由意志获得全面实现发展的永恒认识与实践创造的历史与逻辑过程，具体说就是每个人自身自然、道德和理性三种根本自由本性，如何逐步实现自身为法权、道德和伦理，将自身具体化和实在化为个人的生命权、生存权、个人所有权、主观自由、行为责任、意图和福利以及客观普遍性的法和伦理政治秩序与权威等抽象的普遍性权利，以及如何进一步具体而现实地在家庭、市民社会、国家三种基本伦理生活形态中获得不同程度、不同方式的实现与满足。黑格尔所要探讨的法和国家学说，正是关于人类不断寻求自身三种根本自由本性及其具体权利获得整体性全面实现与发展的永恒历史活动，即自由—权利的辩证运动，法和国家的伦理政治世界的真理和意义，必然在于每个社会成员个体自身全部自由—权利获得全面的整体性实现、伸张与满足。本书不再将黑格尔的政治学理论与方法看作是其"精神"概念自我实现的神秘活动或概念演绎，不再根据传统的肯定—否定—否定之否定的三段论逻辑来机械解读，而是充分根据黑格尔"精神"概念对人的整体性认识，也就是根据人类自身现实存在和活动的全部内容与实践表现，即人类寻求自身自然、道德和理性三种根本自由本性及其具体权利获得全面实现和发展的历史与逻辑，来解读黑格尔的法和国家学说，确立自由—权利辩证法的解释框架。

黑格尔的法和国家理论的政治学并非纯粹抽象的概念运动或既有的逻辑学方法的运用，也非纯粹经验和实证的特殊现象与实存的描述，而是将黑格尔的形而上学"精神"与实践的或实证的政治学内容有机融合统一起来，一方面使其政治学理论不致因丧失"精神"而流为纯粹经验或实证的政治学现象，另一方面使其国家哲学不致因缺乏具体的历史和现实内容，而被嗤之为纯粹抽象的唯心主义概念运动或逻辑演绎。黑格尔所谓"法的体系"正是人类自由意志本质全面的具体实现与客观存在形态，各种"法"之间相互联系、过渡和有机统一的鲜活动力，正在于永恒运动和实践创造着的自由和理性精神，正在于人类对自身生命全部内容的整体性存在与获得的自由—权利追求和实践创造，这正是现存各个民族或国家的法和政治文明永恒发展与进步的活的动力。黑格尔的"法的体系"是与人的自由和理性精神的全面实现和发展相适应和一致的，也就是说现实政治社会领域中的各种法和政治构造，皆是所有社会成员个体的自由—权利的具体现实与客观存在，现存的各个民族国家的各种法和政治制度、构造与实践安排，对其肯定性与合理性的评价与解释，将根据其所有公民个体的自然、道德和理性自由本性及其具体权利获得全面实现和发展的客观程度、满足方式来考察，亦即根据人们拥有自由自足的物质生活与自由自主的精神文化生活，以及客观普遍性的宪法和法治秩序与理性权威来考察，从而对法和国家这个伦理政治世界的真理和意义的理性认知，也必将是事实（或自然）、价值（或道德）和逻辑（或理性）三种解释性论辩原则的历史性综合与统一。

二、研究视角

本书不再把黑格尔的"精神"概念看作不食人间烟火、脱离现实和社会存在的纯粹自我意识或神秘观念，而是积极探索"精神"现实的和实践的政治学理论与方法论意义。本书主要从以下理论和实践视角展开对黑格尔法权哲学的解读：第一，描述和解释黑格尔"精神"的名词性和动词性意义，将二者融入人类活生生的生命运动中来认识和理解，因为只有人的生命是肉体和灵魂、自然和道德有机统一的整体性存在。作为名词性的"精神"，它是一种自在的和客观普遍性的世界本质、宇宙真理，亦可以说它是人类世界的真、善、美，这意味着"精神"不是自然的和感性的、特殊的和偶然的直接存在、个别现象。作为动词性的"精神"，意味着它绝不是固定、静止和单一的，相反它是绝对自由和永恒运动的，这种永不停息的运动所追求的正是它自身的本质，即宇宙世界的真善美的具体显现和存在，配得上"精神"的，黑格尔认为只能是上帝和自由，但是世界真善美的认识和实践，对上帝和自由的认识，只能通过人的生命活动来完成。当人达到对自身全部生命力量和存在内容的整体性获得与全面表现，即每个个人自身自然、道德和理性三种根本自由本性或存在方式的全面实现与满足，也就是达到对上帝和自由的认识，达到对自身自由和理性精神本质的认识，同时创造出与自身全部自由本性的实现和满足相适应和一致的"自由王国"，即黑格尔所谓的"法的体系"。第二，将"精神"在政治社会领域中的真理性和现实性，理解为人自身自由和理性精神的实现，也就是每个个人自身全部自由本性及其具体权利的全面实现和整体性获得，这同时也是黑格尔所说的"自由理念的现实化"。这样，本书就通过"精神"将人自身自由—权利全面实现和发展的逻辑与"自由理念的现实化"逻辑以及"法的体系"的形成逻辑沟通和统一起来，这三者的统一实际上就是黑格尔的法和政治学意义上的自由—权利辩证法。第三，根据每个个人自身自由—权利获得全面实现和发展的客观程度及存在方式，详细描述和解释黑格尔"法的体系"中各种权利形态所内蕴的本质或"客观精神"，分析阐释其对人类抵达"自由王国"的独特贡献，特别是对财产权、道德权利，以及市民社会和伦理国家等重要概念作了重点描述和解释，揭示其对人类自由实现的重要意义和现实启示。

从实践的视角来看，黑格尔的自由—权利辩证法，或者说他的"自由—权利"理论与方法论，对于当代国家政治实践和社会发展的伦理政治秩序建设及制度安排具有理念指导或价值原则上的深刻影响与现实启示。黑格尔的自由—权利辩证法本质上作为人自身自由和理性精神不断成长、成熟的自我意识和自我实践活动，同时也是一个民族或国家的法和政治文明不断朝向与人类自身全部自由本性及其权利全面实现和发展相一致的永恒发展历程。人类寻求自身三种根本自由本性及其权利全面发展与实现的自由—权利辩证法，同时就是一个民族或国家寻求法、道德和民生福利三者相统一的辩证发展过程。当代国家政治实践和社会发展的组织构造、制度设计及其实践安排的肯定性与合理性，将根据所有公民个体自身自然、道德和理性三种根本自由本性及其客观权利实现发展的客观程度、满足方式，而得到辩护、评价和解释。

三、研究特色和主要建树

本书抛开人们对黑格尔哲学体系的神秘唯心主义偏见或唯物主义的刻意求证，抓住贯穿其整个哲学体系中的"精神"概念，原创性地描述和论证"精神"在政治社会领域中作为人类自由—权利的真理标准，如何获得自身现实而具体的整体性存在与表现的辩证发展过程，亦即人类寻求自身自由本质获得整体性全面实现和发展的永恒认识与实践活动，说明和解释黑格尔的法权体系正是由人类寻求自身自由—权利全面实现和整体性发展的辩证法来规定和完成的。根据黑格尔的解释，自由和理性精神在政治社会领域的具体化和现实化，实际上就是人的自然、道德和理性三种根本自由本性的全面实现与发展，这三种根本自由本性的具体实现与客观存在，包括个人的生命权、生存权、私有财产权，思想意识的主观自由，自我判断、决定和自我负责的自治权利，意图自身及他人福利的主体权利，以及渴求客观普遍性宪法和法治秩序与权威的理性权利，等等，这就是黑格尔所谓"法的体系"或"实现了的自由王国"。所以本书始终围绕个人自身自由本性及其权利何以获得全面实现和发展为中心线索和主要目的，来描述和解释黑格尔"法的体系"自身的内在本质及其在政治社会领域中的实践意义与现实启示。

本书的主要建树在于：

（1）描述和解释黑格尔的"客观精神"如何具体化和实在化为"法的体系"的整个逻辑过程，说明"法的体系"作为"实现了的自由王国"，不是自然的和感性的、特殊的和偶然的直接实存、个别现象或实证经验，而是人类自身自由和理性精神全面实现和发展的客观存在，故而属于"客观精神"领域，正如黑格尔所说："把国家作为其自身是一种理性的东西来理解和叙述"[1]。黑格尔的"精神"在政治社会领域中的现实性和真理性，首先在于人自身具体而现实的整体性存在与发展，也就是所有个人自身自然、道德和理性三种根本自由本性或根本存在方式获得肯定、尊重、保护和全面实现，

---

〔1〕　［德］黑格尔：《法哲学原理》，范扬、张企泰译，商务印书馆1961年版，序言第12页。

也就是所有个人客观的和物质的生命权、生存权和私有财产权，内在的和精神的主观自由、自我决定和负责的自治权利，意图自身或他人福利的主体权利，以及渴求公正公开公平的宪法和法治秩序与权威的理性普遍性权利的实现与满足。

（2）将人的三种根本自由本性全面实现和发展的逻辑，与黑格尔所说的"自由理念的现实化"所形成的"法的体系"的逻辑，沟通和统一起来，将黑格尔的法权哲学描述和解释为人类寻求自身全部自由—权利全面实现和发展的辩证法。本书详细描述和解释了人类自由意志本质实现和发展的每一阶段或环节所对应的"法"的存在形态，以及它们相互之间何以实现转换、过渡与提升的整个逻辑，说明个人自身三种根本自由本性如何以法权—道德—伦理，以及家庭—市民社会—国家等形式获得全面的具体实现和客观存在，澄清黑格尔的法和国家学说并不是无人身或无主体的概念运动、逻辑演绎，相反黑格尔"法的体系"作为"实现了的自由王国"，正是对个人自身全部生命力量与存在内容获得全面的整体性实现与发展的历史与逻辑过程的本质性描述与解释，因而是"与现实保持更为温暖的和平"[1]的法和国家学说。

（3）将法和国家的伦理政治世界真理和意义及其认知方法，与人自身之所是的真理统一和一致起来，根据每个个人自身三种根本自由本性及其具体权利获得全面而客观的实现和发展，来解释和评价法和国家的伦理政治世界现实存在的真理和意义，从而表明法和国家的伦理政治构造及其实践安排的肯定性与合理性必然在于保证所有公民个体在身体健康、生命和财产安全，享有自由自主和自足的幸福生活，也就是使人们在普遍享有其自然和道德方面应有尊严与财富的基础上，回归自身精神和道德的自由本质，进一步促进物质文明和精神文化事业的繁荣发展。进而对法和国家的伦理政治世界真理和意义的理性认知，也必将依据事实（或自然）、价值（或道德）和逻辑（或理性）三种解释性论辩原则的历史性综合与统一来完成。

（4）在阐释黑格尔辩证法的主体本质和实践本质的基础上，具体说明黑格尔的法权体系作为"实现了的自由王国"，实际上正是个人自然、道德和理性自由本性及其客观权利全面实现与获得的历史和逻辑过程，重点论述和解释了黑格尔的财产权、道德权利、市民社会以及伦理国家中个人自由实现和

---

〔1〕 ［德］黑格尔：《法哲学原理》，范扬、张企泰译，商务印书馆1961年版，序言第13页。

满足的程度、方式，分析论证个体自我与伦理共同体的辩证关系，由此完整构建与黑格尔法权哲学相适应的自由—权利理论，并通过比较分析探讨黑格尔法权哲学在西方政治哲学中的地位与影响，尤其详细探讨了它与世界影响最深刻、最持久的马克思实践哲学的关系。

第一章
黑格尔辩证法的主体本质和实践本质

第一节　黑格尔辩证逻辑学的主体本质：
人类自由和理性精神的自我意识

　　黑格尔的辩证法，人们通常把它等同于逻辑学，以为辩证法的普遍价值就主要在于其形而上的哲学认识论或思维的一般规律。这样，黑格尔的辩证法给人的一般印象就是作为纯粹的认识论和方法论工具，表现为若干抽象概念的内部运动。然而，抽象概念如何自我运动、自我实现？哲学真理如何达到自我认识、自我展开和自我呈现？黑格尔认为，上帝或真理即是宇宙世界万事万物中潜藏着的理性、精华和真相，它们的外在化、现实化、客观化和具体化，必须依赖于活的自由思维和理性精神，即现实的人的自由自我意识和实践行动。逻辑学形式上虽然表现为绝对精神的神秘活动或纯粹抽象的概念演绎，实际上则是人类自身自由和理性精神的自我认识和自我实现活动。逻辑学，作为认识世界万事万物真理的一种科学的哲学方法，其永远长青长新的生命活力，正在于它是人类对自身自由意志和理性精神永恒不断的自我意识、自我实践与创造。从这个意义上说，黑格尔辩证方法的逻辑学，并非主观设计的技术方法或外在的机械形式规则，人类对自身自由精神本质以及世界真理的认识是双重的同一认识过程。人类对自身自由和理性主体本性的自我认识，实际上就是一种科学的哲学认识，就是对真理或理念全体的认识。"真理使精神自由；自由使精神真实。"[1]精神对自身自由本性的自我意识与自我实现的全部创造性历史活动，同时也是科学的哲学认识方法的实现与完

----

〔1〕　〔德〕黑格尔：《精神哲学——哲学全书·第三部分》，杨祖陶译，人民出版社 2006 年版，第 20 页。

成。"精神的一切行动只是对于它自身的一种把握，而最真实的科学的目的只是：精神在一切天上和地上的事物中认识它自身。"〔1〕黑格尔的辩证逻辑作为哲学方法的科学性，即是"精神"自身绝对自由本性的体现，这就要求我们必须回到精神的现实主体——人——那里去认识和理解它，我们有必要把自由和理性作为人的精神本性来理解辩证法或逻辑学的科学性。认识真理、认识上帝，即是从人认识自己开始。

一、人类自由和理性精神的"自在"与"自为"

黑格尔的精神概念，作为哲学的自由意识，它是潜在的世界真理、绝对本质，即真理或理念的必然性知识体系，同时它又是不断思维着的和自我意识的理性，亦即成长着和发展着的理性。这就是黑格尔所确立的作为自在自为的真理或理性精神。说它是自在地，即是说精神作为真理或理性，它首先是一种抽象的质的规定，理性是在世界中，即是说理性是世界的灵魂，理性居住在世界中的，理性构成世界内在的、固有的、深邃的本性，或者说理性是世界的共性，渗透在天上与地下一切自然的和精神的事物中。这就是说一切事物都具有它自身之所是的普遍本质或理性必然性，然而它只是有待实现和完成的理想或潜在的可能性，不是直接的和感性的经验存在。这正是说，我们每个人都是有理性的或者说人具有理性的本性，这是指人之理性，只是在潜能里、在胚胎里。小孩是一个人，但是他只有理性的能力，只有理性的真实可能性；他有理性简直和无理性几乎没有什么差别，理性还没有存在于他的里面，因为他还不能够理性的做事情，还没有理性的意识，还沉陷在自然和感性世界里，被动地服从外在的权威，因而他还不是自由的，而只是为他物或他人的存在，不是为自身目的的自由存在。

所有人都是有理性的，由于具有理性，所以在形式方面说，人是自由的，自由是人的本性。所有个人普遍平等的自由和理性，只是一种对人的精神本性的概念规定，而不是直接存在着的、外在的或自然的规定。"胎儿自在地是人，但并非自为地是人；只有作为有教养的理性，它才是自为的人，而有教

────────────

〔1〕 ［德］黑格尔：《精神哲学——哲学全书·第三部分》，杨祖陶译，人民出版社 2006 年版，绪论第 2 页。

养的理性使自己成为自己自在地是的那个东西。这才是理性的现实。"〔1〕黑格尔指出，精神的东西，理性的东西，必然是现实的东西，也就是说世界真理或理性本质必然是能够实现自身于现实世界中的东西，因而并非远远地离弃于自然世界或经验的现象世界。黑格尔的"精神"，既是开端、又是结果。但开端、原则或绝对，作为自在之物，最初直接地说只是一个抽象的共相、事物潜在的真理或本质，也就是说真理是我们在客观现实世界中认识和实践改造活动的出发点。相信世界万物总有它自身实际之所是的必然性本质，这纵然是黑格尔的方法论假设，但是谁能完全否认这世界不存在普遍真理和绝对本质，而完全听凭直接存在的表面现象、个别经验、主观意见等偶然性、特殊性、变化性的有限东西来主宰呢？"哲学的目的就在于认识这唯一的真理，而同时把它当作源泉，一切其他事物，自然的一切规律，生活和意识的一切现象，都只是从这源泉里面流出，它们只是它的反映。"〔2〕

精神作为理性的东西，它自身内蕴着自我成长、发展和实现自身的力量，因而总是能够自动地超出自己外在显现或存在的自然性、特殊性、偶然性和有限性，它能够自己克服或否定这些与自己的本性不一致的特殊表现与特定存在，最终回到自己的本质规定或普遍概念，并包含着丰富的内容于自身内。"精神的发展是自身超出、自身分离，并且同时是自身回复的过程。"〔3〕黑格尔的"绝对精神""世界真理"，因而并非只是在人自身内活动和实现的主观唯心主义或主观幻想，也不是人们误解的那种泛神论或无神论解释。黑格尔的"神"，就是哲学的真理体系，就是自然和精神世界中一切事物内在的必然性本质或普遍概念，就是世界的普遍真理、正义、道德、责任及义务等属于精神性的东西。黑格尔的绝对精神正是此种意义上的一种"泛神论"或"有神论"。如果人世间丧失了这种精神的理性普遍性的东西，那么这世界也不过就是如霍布斯所说的那种一切人对一切人自由厮杀、交互战争的自然状态，从而人也就只是作为无精神的自然存在。

世界真理或绝对本质依靠唯一具有思维和自我意识的理性意志主体——

---

〔1〕［德］黑格尔：《精神现象学》（上），贺麟、王玖兴译，商务印书馆1979年版，第13页。

〔2〕［德］黑格尔：《哲学史讲演录》（第1卷），贺麟、王太庆译，商务印书馆1959年版，导言第24页。

〔3〕［德］黑格尔：《哲学史讲演录》（第1卷），贺麟、王太庆译，商务印书馆1959年版，导言第28页。

人来认识和达到，但是人自身的个别理性和意志决不就是世界真理本身，也就是说人自身并不是世界真理或绝对精神的主体。因为人是自然形体性生命或有死的有限存在物，所以毋宁说人是认识和实现世界真理的理性主体性中介。黑格尔将绝对精神或上帝通过人的理性精神复活，但是人并不是上帝本身，上帝只是在人的精神创造活动中知道和认识自身，人对于上帝的知也正是对自身自由和理性精神本质的自我意识，人的神性才与上帝同一。所以，黑格尔并非人们通常意义上所说的那种无神论的人神论，也就是说黑格尔并没有把人直接看作上帝或神，而取消或否定上帝。相反，黑格尔恰恰以作为世界真理和绝对本质的上帝为人类一切活动的出发点或预先假设。正如一位国外学者所说，"黑格尔更多的是一个理性的哲学家，而远非神学家"。[1]

　　如果从人类精神自身的普遍理性和自由意志本质出发，把人直接当作世界真理、意义和价值的自我决定主体，或者说如果每个人都直接的就是上帝，把一切现成的、公认的理性普遍性权威、传统习俗、历史和制度都当作是成见，那么这恰恰是上帝的死亡、人类自由精神的覆灭，世间便也无所谓普遍的理性必然性真理、伦理秩序、责任和义务。

二、人类自由和理性精神的自我分裂、对立和统一

　　黑格尔的精神概念，从其根本的质来说，它是客观的理性普遍性，是事物自身实际之所是的内在本质或普遍概念，同时又是一种自主发展、自我实现的理性力量，不断分裂自身并具体显现为现象世界中的他物、特殊存在，然而它又不断否定和超越与自身本性不一致的特殊显现，把与自身对立的他物扬弃并统一于自身中，丰富着自己原本抽象的普遍本质或概念。

　　在黑格尔看来，精神绝不是知性所理解的那种绝对自身同一的抽象本质，即它作为一种孤立存在的普遍性本质为一方，把特殊性存在或现象作为另一方，将二者固定地对立起来，永远不能和解。也就是说，知性只是固执地认为绝对的同一就是 A＝A，绝对的对立就是 A≠B，A 和 B 是两个互不相干、互不认识和了解、彼此孤立静止地存在，它们属于两个绝然对立和差异的不同领域。然而，对于自在自为、永恒运动的精神来说，它知道并认识 A 是自

---

　　〔1〕　Harry Brod, *Hegel's Philosophy of Politics: Idealism, Identity, and Modernity*, Westview Press, 1992, p. 44.

己的实体性本质，同时知道 B 是自己的特殊表现或特定存在。即是说，精神知道 A 和 B 都是与自己同一的。但是 B 还绝不是 A，它必然经历 B1，B2，B3 等特殊性环节。B1、B2、B3 是 A 自身在现象世界中的展开和实现，精神将它们扬弃并统一于自身中，最终回归精神自身的普遍本质 A。此时的 A 实际上是充满了丰富内容和具体规定的 A，是已经实现了的理性或概念，它已不同于原来那个抽象普遍性的 A。这时，A 和 B，甚至 B1、B2、B3 就在精神自我实现的历程中达到和解与统一，达到与精神自身的绝对同一。但是，这种同一又不是就此停止了的同一，它们永远只是在理性精神自身运动中实现同一。

然而，只要 A 和 B 还是对立的、差异的两种不同存在，那么 A 就仍然是尚未实现的 A，B 也还不是事物全部的或最后的真理。经历自身分离、异化和自我否定与超越之后的 A 并没有变成别的另一个不同于精神自身的东西，而仍然与精神绝对同一，只是成了更加发展、丰富和成熟了的理性。因此，在精神里，A 与 B，甚至 B1、B2、B3 之间并不是永恒对立、相互隔绝的独立存在，它们是精神自身分裂与对立、和解与统一的永恒运动。如果精神不经历自身的分离、差异和对立的活动，而坚持自身的直接实现或自身等同，那么这个同一或者是抽象的空无、纯粹的思维形式，或者是完全与精神自身的绝对本质背离，变成了与精神自身本性完全对立的东西。这就是说，精神如果坚持绝对的自身同一或无中介的直接同一，即 A=A，那么结果只会是：A≠A 或 A=B，即变成了与自身毫不相干的另一个东西。

法国革命将启蒙运动宣扬的人类普遍自由和平等的理性原则无中介地直接实践，将人自身理性和自由的普遍性本质，直接等同于或外化为各个个人之间普遍平等的理性和意志。实际上这种由普遍本质直接还原为个人理性和自由意志的普遍性，不过是普遍本质最初的直接实现，即只是个人主观的特殊性、自然的冲动性。每个个人平等的理性和意志的加和并不等于人的概念自身所内含的普遍本质，二者之间无法划等号，因为内在的质并不完全等同于外在量的加和。

固执地、单独地只是坚持精神的绝对同一，或绝对对立，都会窒息精神的自由本性，精神无法认识和了解自己是什么，也不能实现或证明自己的真实性、客观性。黑格尔说"我们不能停留在矛盾里，矛盾会通过自己本身扬弃自己"。[1]这正是精神自身绝对对立与绝对同一相统一的自由自我意识，精神自身发展造成的绝对对立，正是为了达到与自身本性的绝对同一，精神就是在绝对对立与绝对同一的永恒运动中认识和实现自己的。"精神自己二元化自己，自己乖离自己，但却是为了能够发现自己，为了能够回复自己。只有这才是自由。"[2]所以，无论在天上或地下，无论在精神界或自然界，决没有像知性所坚持的那种"非此即彼"的抽象东西。无论什么可以说得上存在的东西，必定是具体的东西，即包含着差别和对立于自己本身内的东西。事物的有限性，即在于它们直接的特定存在不符合它们的本身或本性，而并不是说有限和无限、特殊和普遍、现象和本质是事物的两种根本不同的性质或实际存在。

事物真理或普遍本质就是在精神自身这种对立与统一的自由运动中得到认识和实现的，这只有理性的思维而不是以感受的形式才能认识到。在感受形式的直接确定性认识中，一切事物与现象都是个别地独立存在的、互不相干的。感性东西的实存和它的经验性状对于我来说都是一个直接给予的东西，我不知道它从哪里来，为什么它有这个确定的性质和它是不是一个真实的东西。黑格尔表明，精神的东西、理性的东西、法的东西、伦理的东西在采取感受的形式时，它就保持着一种感性的东西、彼此分开的东西、无联系的东西的形态。因此，感性形式的意识，对于法、伦理和宗教的自在自为的普遍内容来说是一种完全不适合的、败坏这种内容的形式，因为在那个意识中被赋予给绝对必然东西、永恒东西、无限东西、内在东西的，是一个有限东西、个别东西、在自己本身外的东西的形状。[3]

三、人类自由和理性精神的自我意识与客观存在

黑格尔的精神概念，是包含了现实性或实践性力量的活的精神，即具有一种必须实现自身、显现自身的自由和理性力量。这就是说，精神必须在现实中为自己找到与自己本质相一致的客观存在，证明自己的客观实在性。

---

〔1〕〔德〕黑格尔：《小逻辑》，贺麟译，商务印书馆 1980 年版，第 258 页。

〔2〕〔德〕黑格尔：《哲学史讲演录》（第 1 卷），贺麟、王太庆译，商务印书馆 1959 年版，导言第 28 页。

〔3〕〔德〕黑格尔：《精神哲学——哲学全书·第三部分》，杨祖陶译，人民出版社 2006 年版，第 213 页。

如果概念只停留在主观的思维形式中，保持自己主观形态的真理形式，蔑视并否认一切外在存在或客观现实的真理性，把自己与客观存在相隔绝，那么它就是无生命的、非精神的东西，正如为情感和心情辩护立场出发所经常说的："概念是死的、空的、抽象的东西。"然而，这恰恰就是知性逻辑所理解的那样，把概念仅只看成我们主观思维中的、本身没有现实内容的一种死的抽象普遍性。其实正与此相反，在黑格尔的"精神"看来，概念才是一切生命的原则，因而同时也是完全具体的东西。黑格尔提出，只有概念才是真理，或更确切点说，概念是存在和本质的真理，概念是"存在"与"本质"的统一，而且包含这两个范围中全部丰富的内容在自身之内。这两者若坚持在其孤立的状态中，决不能认为是真理。二者一经孤立之后，存在，因为它只是直接的东西，未被概念认识和规定的东西；本质，因为它最初只是间接的东西，有待实现并为他物证明和反映的东西。所以相互隔绝、互不相干而孤立存在的概念和存在，两者都不能说是真理。

所以，现在直接存在着的东西，并不必然就是合理的和现实的，现实的东西一定是合理的，即一定是内含在概念之中的东西。当然，根据黑格尔的理论，与概念相一致的客观存在，决不是指特定的、个别的偶然性感性存在，而是蕴含着概念本质规定的理性存在或客观实体，即它一定是精神性的东西。如国家，便是伦理精神的现实，它是蕴含着伦理概念的理性普遍性实体，不是直接存在着的自然物或感性确定性事物。黑格尔指出："在哲学讨论里'不真'，并不是指不真的事物不存在。一个坏的政府，一个有病的身体，也许老是在那里存在着。但这些东西却不是真的，因为它们的概念（名）和它们的实在（实）彼此不相符合。"[1]

在康德的知性逻辑看来，概念是不可能推出存在的，概念是纯粹理性的普遍性理念，理性是具有无限者、无规定者的思想的东西，并且认为理性的理念一般是和规定性分离的，和存在这个规定分离的，而存在是自然的和感性的特殊事物或现象。因此，康德主张理性的理念是不能从经验予以证明的，亦是不能从经验里得到证实的，二者只有在相互分离的情况下才有它们各自的真理性和实在性。在黑格尔看来，这只是理智地从外在形式上来固定地看待概念和存在之间的关系，即只是把概念视作纯粹理性的普遍性规定，而把

---

〔1〕［德］黑格尔：《小逻辑》，贺麟译，商务印书馆1980年版，第282页。

存在视作特殊的、感性的偶然事物或现象，故认为普遍性概念与特殊的个别存在或经验现象之间不可能存在必然的因果关系，而是绝对分离并对立的。

在黑格尔看来，由于精神是主动的，则精神必会表现其自身于外。如果概念是一空无内容的形式，一方面从这种空形式里当然推不出任何内容来，另一方面，如果把某种内容归结为概念的空形式，则这内容的规定性将会被剥夺，而无法理解它究竟是什么东西。如我头脑里有一百元钱的概念当然不可能必然推出我口袋里真实地有一百元钱。一百元钱的概念本身并不包含存在。当存在还没有通过概念加以理解时，它就是无概念的、感性的知觉。一百元钱本身就不是概念，它只是一种直接的和感性存在的东西，是一种无思想性、无精神性的东西，从而是无概念的感性的东西。感性存在当然只能要求感性存在与之相对应。概念的存在决不是直接的、感性的个别特殊存在物。虽然感性的存在是绝对的，但感性的存在不能强求它自身直接地就是概念的存在，即必然是合理性和现实性的普遍性存在。

在黑格尔看来："外与内首先是同一个内容。凡物内面如何，外面的表现也如何。反之，凡物外面如何，内面也如何。凡现象所表现的，没有不在本质内的。凡在本质内没有的，也就不会表现于外。……内表示抽象的自身同一性，外表示单纯的多样性或实在性。"[1]所以，那种坚持认为从概念推不出存在的知性逻辑，根本的错误就在于一方面把概念看作无精神、无创造力的、纯粹内在的抽象普遍性，另一方面把客观存在固定地了解为纯粹外在的有限感性事物、偶然性的特殊现象，因而将二者作为两种对立的存在严格地隔离开来。"道成肉身"方为真理之道，与道相合的"肉身"方为合理性和现实性之客观存在。

因此，黑格尔的"自由"必须要求一种与其精神本性相一致的客观存在，这个存在必须是精神性的东西，必须与人自身内在普遍性本质——自由精神本性相通的东西，因而也是只能为人的理性精神所理解和认识的东西。如国家和法律便是与伦理精神本性相一致的理性普遍性实体或客观存在，是具有客观的理性普遍性规定与具体内容的精神实体，而不是人们的感官可以直接触知的存在着的个别东西。当然，黑格尔的"自由"及其客观实体，也并不是与现象世界无关的，相反它必须给予自身客观的存在，以证明自身的客观

─────────────

〔1〕　〔德〕黑格尔：《小逻辑》，贺麟译，商务印书馆1980年版，第289页。

实在性。它必须在人类改造现实世界的客观实践活动中、各族人民的历史实践与斗争中，显现自己、具体化自己，而又从不将自身固定地停留在某种特殊的具体存在和现象里。"上帝是什么，他必显示出来、启示出来，并且首先通过自然，在自然内显示并启示出来。"[1]

世界真理作为抽象的普遍本质，潜在的可能性，它们自身是无能为力的，那个使它们行动，给它们决定的存在的原动力，便是人类的需要、本能、兴趣和热情。黑格尔指出："自由虽然是一个内在的观念，它所用的手段却是外在的和现象的，它们在历史上直接呈现在我们的眼前。我们深信人类的行动都发生于他们的需要、他们的热情、他们的兴趣、他们的个性和才能，这类需要、热情和兴趣，便是一切行动的唯一的源泉。"[2]但是，黑格尔提出："我们不能因此认为世界真理就是人类自己创造和决定的，它只是借人类实践斗争与活动，借人类自身表现出来的一大堆的欲望、兴趣和活动，作为世界精神完成它的目的，得以自己认识自己、自己发现自己——使这目的具有意识，并且实现这目的——所用的工具和手段。有限精神的任务即在于使其神圣本质得到自觉。"[3]

四、人类自由本质的个体特殊性和无限普遍性

精神作为真理或理念的哲学体系，本身就是在一切天上和地下事物的生成与毁灭运动中的自我发现、自我认识、自我实现的永恒活动。精神自身无限普遍的自由本性便是它自己自我成长、自我发展和自我实现的永恒创造，其无限的客观实在性显现为不断发展和进步的人类文明。"现象是生成与毁灭的运动，但生成毁灭的运动自身却并不生成毁灭，它是自在地存在着，并构成着现实和真理的生命运动。"[4]

精神之所以是无限进展、永恒运动的，正是因为人们不能从精神本身开始，而必须从精神的最不相适合的实在性开始。亦即并不是精神本身一开始就已经把握了它的概念，或一开始就能认识和发现自己，并达到与自己本性完全一致的客观存在。精神诚然一开始就已经是精神，不过它还不知道它自

---

〔1〕 [德] 黑格尔：《小逻辑》，贺麟译，商务印书馆1980年版，第291页。

〔2〕 [德] 黑格尔：《历史哲学》，王造时译，上海书店出版社2006年版，绪论第20页。

〔3〕 [德] 黑格尔：《小逻辑》，贺麟译，商务印书馆1980年版，第291页。

〔4〕 [德] 黑格尔：《精神现象学》（上），贺麟、王玖兴译，商务印书馆1979年版，序言第30页。

己。精神达到知道它是什么并把它自身显现为与自身本性相一致的客观存在，这才是精神的实现。精神本身是无限的，其有限性正在于精神概念的最初实在性是最不适合于精神的，正是因为它还是一个抽象的、直接的、属于自然性的实在性，还不认识自身是精神，而陷于自然的规定性中，这就是说精神最初还没有达到自身自由的自我意识。这个自然实在性的阶段，对于精神的自由本性来说就是一种限制，即必须为精神所否定和扬弃的东西。"精神作为精神并不是有限的，它在自身内有有限性，只不过是作为一种必须被扬弃的和已被扬弃了的有限性而已。""有限东西是一种与自己的概念不相符合的实在性。"〔1〕

所以，有限性并不是一种固定的存在或对精神自身的固定规定，而是精神自身自我发展和自我实现过程中经历的特殊性环节，是为自我意识的精神所认识到并必须扬弃的一种有限性。精神知道这个限制并自动超越这个限制，因而有限事物对它来说就不再是限制。"只有无知的人是受限制的；因为他不知道他的限制；相反地，谁知道限制，谁就知道它不是他的知的一种限制，而是一个已知的东西。只有未知的东西会是知的一种限制，相反地已知的限制并不是知的限制。"〔2〕精神为了认识和发现自己、并实现自己，它必然规定自己，从而必然有限化自己。精神既是无限的，又是有限的，同时它不仅仅是这一个，也不仅仅是那一个，但任何一个有限性存在都只是它自己在某一发展阶段上的特殊环节或特殊显现，它总是在不断超越自己的有限性存在和表现。精神在它的有限化中始终是无限的，因为它在自身发展中不断显现自己、规定自己，同时又不断否定、扬弃这个有限性的特殊规定和存在。

所以，在精神里面没有什么是一个固定不变的东西，一个存在着的东西，相反，一切都只不过是一个观念的东西，一个仅仅显现着的东西。精神只是仿佛暂时地停留在某种有限性里，但是它是永远思维着、自我意识的主观精神，因而能够认识到一旦自身停留于某种特殊存在里便成为有限的东西，因而它总是能够超越这种限制，使自己从有限性中解放出来，回归自身无限自由的精神本性。知性理解的无限，因为与有限的现象界隔绝和坚固对立，而

---

〔1〕［德］黑格尔：《精神哲学——哲学全书·第三部分》，杨祖陶译，人民出版社2006年版，第31页。

〔2〕［德］黑格尔：《精神哲学——哲学全书·第三部分》，杨祖陶译，人民出版社2006年版，第32页。

无法为人所认识，更无法实现，因而只是一种无生命、无思想、无内容的空无限，这本身就是一种没有现实性的有限东西，总是停留在自身的纯粹思维里，不知如何实现自己。另一方面，知性把有限的东西变成全然固定的东西、绝对的东西，则因为它本身只是直接存在着的自然和感性现象、特殊存在，作为无精神、无意识、无根据的有限存在，它认识不到自己的有限性。因而它永远无法超越自身的有限性，使自己陷于有限存在量的无穷进展，同时又是对于精神的无穷后退、无限远离的恶无限之中，迷失了回归自己精神家园的路途和方向，而永远不能满足自己、解放自己，实现精神的自由本性。

精神概念，如果只是坚持自身纯粹内在的、抽象普遍性的质，固执地保持自身内反思及内反映，而与生动活泼的有限性现象世界、自然和感性事物隔绝开来，那么它本身就把自己孤立地固定为某种有限的东西；如果精神把自己固定为纯粹外在的某种存在物，或把自己停留在自身自我实现的某一特殊阶段及其特殊存在上，并坚持作为自身全部的和最后的真理，那么它同样没有认识到自身作为自由精神的无限性，相反把自己凝固为有限物了。在黑格尔看来，只要精神概念坚持自身作为纯粹思维的内在普遍性本质，那么它本身实际上就只是外在的东西，因为它不能显现自己，不能呈现为客观的知识作为人们意识的对象，因而它事实上外在于人的意识和实践活动。同样，如果精神概念的普遍性本质仅仅作为纯粹外在的东西存在着，仅仅作为感性确定性的东西直接地存在着，那么它自身就是不自由的，只是为他物而存在着，通过他物显现和反映自己。这样，它自身的目的或自由本性就只是作为纯粹的内在沉寂或潜藏于外在物而不自知，更无从实现。"凡只是在内者，也只是在外者，也只是内在的东西。……一个对象的缺点或不完善之处，即在于它只是内在的，因而同时也只是外在的。或者同样也可以说，即在于它只是外在的，因而同时也只是内在的。"[1]

五、个人自由和理性精神全面实现的历史与逻辑统一的总体过程

精神作为那自身决定的真理有一种动力去发展它自身，这个潜藏在自然和精神世界中的真理动力，在人的精神中复活、恢复生机与活力，成为永远进行着"知"和"自知"的理性思维、自我意识或自由意志，成为具有理智

---

〔1〕〔德〕黑格尔：《小逻辑》，贺麟译，商务印书馆1980年版，第291页。

理性的理论精神和具有自由意志的实践精神。可以说，世界真理的实现，也就是人类自身精神本性——自由和理性的实现。世界真理或绝对本质与人自身精神的自由和理性本性相同一。因而人类认识和改造现实世界的劳作与斗争，主观地来说既是对世界真理的寻求，同时也是自身自由和理性精神的实现；客观地来说，是人类在政治社会领域中的权利实现，创造一个具有普遍理性秩序的法、道德、伦理和国家的政治世界。

精神自身自由和理性本性的实现是一个漫长而艰辛的历程，其间必然经历众多的特殊阶段与环节。精神发展是自身自在而自为的互为运动，因而它的向外发展和实现并不是变作他物的发展，而是向着自身、为着自身或保持自身本性的发展。所以，精神自身发展的各个特殊性环节或有限性表现，相互之间并不是互不相干的独立存在，而是内在地、逻辑地统一于精神自身真理体系的全体发展和具体实现之中。世界真理的实现既是人类自身理性和自由意志本性的自我意识与实现，同时也是人之为人的自由与权利在政治社会领域中的普遍实现。说人是天生自由的，这并不意味着人生来就是自由的，或者说他作为一种自然状态中的自由存在着，毋宁说人的目的或目标是实现他的自由。这种自由本质是一种必然性，即他必定要达到和实现的目标，而不是给定的一种现实性。这个目标的实现要求人类自己的行动，因而也必然只能在历史中达到。这样，历史的目标便是人类自由的实现，或者说人类自由的实现是一个历史的过程。

人类自身三种必然性存在本性既是精神自身理性和自由本质实现的特殊环节或特殊表现，因而对于精神自身来说都是必然的、合理的，从而都是必须给予其客观存在并得到具体实现的。同时，三种自由本性因而也并不是相互外在、排斥和分离的独立存在，其中任何一种自由本性都不具有人自身全体的和最后的真理性，也不能代替或僭越其他两种本性的真理性。只有绝对运动的精神，亦即自我意识、自我成长和发展着的理性精神，才能全面地认识和发现它们是一个现实的作为独立个体的人的真实存在，并使它们得到全面发展、客观存在和实现。这就是说，只有理性精神才能认识到人自身内在的全部真理，并在现实政治社会中努力地发展和实践人自身的全部真理；同时人类自身三种普遍必然性本性的实现就是人自身自由和理性意志的实现，也是国家、道德和法的伦理政治世界全部真理的实现。因此，无论坚持把人当作纯粹自我的思维普遍性理性存在，或独立自治的自我主体性道德存在，还是把人仅看作感觉、感受以及冲动、本能和欲望满足的生物学或心理学理解的自然存在，都是片面的和抽象的理解。毋庸置疑，一个现实而具体的人，不仅仅是其思维或精神意识中理解的具有自然、道德和理性本性的人，而且人的这些必然本性具有要求在现实世界中获得其客观的权利。即人有要求实现自己自然、道德及理性必然性自由本性客观存在的权利。但是，人类全部自由本性的实现必然是一个漫长的历史过程，人也只有在现实社会即法和国家的伦理政治世界的实践活动与斗争历史中，才能认识到自身自由的精神本质，并达到实现这种自由的必然性条件。

在黑格尔看来，在思想的逻辑系统里，每一思想的形态有它独自有效准的地位，在这地位上有它的真实意义和价值，但是通过进一步向前的发展而被贬降为从属的环节。"我们必须依照这样的规定去认识它的特殊性格，必须承认它的地位，对于它才有的正确合理的处理。也就因为这样，我们对于它的成就，不可要求并希望得过多。我们不要在它里面去寻求须于较高发展的知识里才可提供的满足。"〔1〕这就是说，我们不能把某一特殊环节暂时的必然性或真理性当作全局或整体的真理性，精神历史发展中的特殊环节不具有最高的真理至上性，不能充当最后的真理营地。否则，就会窒息精神自身的自由本性，遏制人类物质文明、精神文明乃至政治文明永恒前进的步伐。同时也说明，世界真理必然包含在它自身活动的历史性特殊环节之中，不能完全割断过去的历史表现或存在形式，历史与现在并不是莫不相干的。对此，黑格尔十分明确地指出："每一哲学属于它的时代，受它的时代的局限性的限制，即因为它是某一特殊的发展阶段的表现，个人是他的民族、他的世界的产儿。""每一哲学都是它的时代的哲学，它是精神发展的全部锁链里面的一环，因此它只能满足那适合于它的时代要求或兴趣。"〔2〕黑格尔明言，精神由潜在到现实的自我意识辩证过程，同客观实在自身内在的演化过程一样，是一个活生生的动态发展的逻辑过程，精神实际上就渗透或贯穿在外在客观世界及人类实践创造活动的历史世界之中。"哲学家头脑中的概念的辩证演化和世界客观的演化是相符的；主观思想的范畴同样是宇宙的范畴，思维和存在

〔1〕［德］黑格尔：《哲学史讲演录》（第1卷），贺麟、王太庆译，商务印书馆1959年版，导言第48页。
〔2〕［德］黑格尔：《哲学史讲演录》（第1卷），贺麟、王太庆译，商务印书馆1959年版，导言第48页。

是同一的。"[1]也就是说，哲学并不是远离自然世界以及人类生产、生活实践斗争历史的纯粹主观唯心主义精神活动。精神作为世界真理或绝对本质，自身发展和实现的过程并不是在纯粹自身内的活动与创造，而是在现实的自然界、人类生活与实践斗争所创造的政治社会历史中亲历亲为。

对"精神"的自由自我意识本身就是一种对真理的科学认识方法的了解。黑格尔科学的哲学辩证法，因"精神"自身永恒的自我意识、自我实践的创造性运动而拥有永不衰竭的生命活力，它与作为世界真理的"绝对精神"的意识和实践活动相适应，适用于人们认识世界和改造世界的一切活动，它内在地包含着理论与实践、意识与实践的统一。作为世界真理的"绝对精神"之所以是绝对的，在于它是永恒运动、自我显现着和创造着的自由精神，这正是与人类自身自由和理性本质相统一的主体性精神。"绝对的最高定义是：绝对不仅一般地是精神，而且绝对地显示着自己的、有自我意识的、无限创造的精神。"[2]因此，作为世界真理或绝对本质的上帝，它只有在人的意识和行动中才能得以认识自身和实现自身，也就是说只有人的精神——理性思维和自由意志——才能认识和了解作为绝对精神的上帝、真理。"上帝只有就其知自己本身而言才是上帝；进而上帝的自知就是上帝在人里面的自我意识和人对于上帝的知，而人对于上帝的知则进展到人在上帝中的自知。"[3]

第二节　黑格尔辩证法的实践本质：自由的
全面实现与伦理生活秩序的自我构建

关于黑格尔的"自由—权利"理论，往往被分别地要么利用"精神"的内容，要么利用"辩证的"逻辑方法来加以解释和研究，其方法论原则与研究内容处于分裂和隔绝状态，呈现出自由主义与保守主义、个人主义与社群主义，甚至国家主义、极权主义等多种相互对立和分离的解读立场与偏见。黑

---

[1]　[英] 梯利：《西方哲学史》，葛力译，商务印书馆1979年版，第509页。

[2]　[德] 黑格尔：《精神哲学——哲学全书·第三部分》，杨祖陶译，人民出版社2006年版，第27页。

[3]　[德] 黑格尔：《精神哲学——哲学全书·第三部分》，杨祖陶译，人民出版社2006年版，第379页。

格尔"精神"在政治社会领域中的真理性和现实性意义，根本地在于人类自身自然、道德和理性三种根本自由本性及其权利获得全面实现、发展和解放，法、道德、伦理、宗教以及家庭、市民社会、国家等皆是与人类各种自由本性相适应的客观存在，它们并不是莫不相干、相互对立的各自存在，而是内在地统一于人类自由—权利的辩证法历史总体之中。黑格尔政治哲学中所谓"三段论""历史圆圈"及其方法论的"三大综合"，并非外在的技术方法或主观设计的形式规则，而是由人类追求自身自由本质全面发展的历史活动创造和规定的，正如学者 F. R. Cristi 所说，"黑格尔辩证推演的关键在于从个人自由的自我寻求、自我实现行为中自然产生的自发秩序"[1]，而不是"无人身"的纯粹概念的抽象发展或逻辑推演。

一、从绝对精神或"上帝"到人的自由和理性精神

黑格尔重建"精神"概念的根本目的，在于拯救真理、拯救上帝，拯救人类精神的自由和理性本质，"精神"就是真理、上帝和自由的统一。黑格尔的"精神"既是名词性的也是动词性的。作为名词性的"精神"，它是一种自在的和客观普遍性的世界本质、宇宙真理，亦可以说它是人类世界的真、善、美，这意味着"精神"不是自然的和感性的、特殊的和偶然的直接存在、个别现象，正如黑格尔所说："精神在其绝对的真理中，——这就是绝对精神。"[2]"精神"的动词性意义在于它是自为的、活的认识与实践活动，这意味着它绝不是固定、静止和单一的，相反它是绝对自由和永恒运动的，这种永不停息的运动所追求的正是它自身的本质，即宇宙世界的真、善、美。配得上"精神"这个称号的，黑格尔认为只能是上帝、真理和自由。"就真理的最高意义而言，上帝即是真理，而且唯有上帝才是真理。"[3]但是，单一的名词性或动词性意义均不是真实的或现实的"精神"，真正真实的或自在自为的精神就是对世界本质、宇宙真理的永恒认识与实践创造活动。在黑格尔看来，世间万物中，唯有人的自由和理性精神配得上黑格尔所说的"精神"，唯

---

〔1〕 F. R. Cristi, "Hegel's Conservative Liberalism", *Canadian Journal of Political Science*: Vol. 22. NO. 4（Dec., 1989）, pp. 717~738.

〔2〕［德］黑格尔：《精神哲学——哲学全书·第三部分》，杨祖陶译，人民出版社 2006 年版，第 27 页。

〔3〕［德］黑格尔：《小逻辑》，贺麟译，商务印书馆 1980 年版，第 37 页。

有人类自身的自由和理性精神与"精神"永恒认识与实践创造活动的本质特点具有同一性，也就是说只有人自身永不停息的自由和理性活动能够达到对真理、上帝和自由的认识与实践创造。因为，一方面"只有人才超越感受的个别性而提高到了思想的普遍性，提高到了关于自己本身的知，提高到了对它的主体性、它的自我的把握，——只有人才是思维着的精神，并因此，惟独因此才在本质上区别于自然。"〔1〕另一方面，"人类具有不属于单纯的工具或者手段范畴内的那些东西，如像道德、伦常、宗教虔敬。这样说来，人类自身具有目的，就是因为他们自身中具有'神圣'的东西，——那便是我们从开始就称作'理性'的东西，又从它的活动和自决的力量，称作'自由'"。〔2〕

因此，黑格尔认为作为真理、上帝和自由或真善美统一体的"精神"，要显现和证明自身的真理性和无限性自由本质，就必须首先将自身降世或实现为人类自身的自由和理性精神。世界真理和正义，并非是外在于人类精神的一个命令或要求，相反正是人类自身自由和理性精神自我认识、自我实现活动的要求。"并没有某个异己力量从外面向人类精神提出一个诫命的意义；相反，那督促着认识自己的神无非是精神自己的绝对法则。"〔3〕"精神的事业就是认识自己。我是我自己时，我才是精神"〔4〕，或者说"关于人本性上是自由的这个概念或知识，乃是人对于他自身的知识"〔5〕。正因为自在自为的"精神"代表世界本质、宇宙真理或者世间真善美，因而人类社会发展的全部历史都以精神为起点和终点，"精神"因此是"一切个人行动的不可动摇和不可消除的根据地和出发点，——而且是一切个人的目的和目标"〔6〕。

黑格尔将精神或自由意志视为人之不同于动物的根本本质，"精神"从来不是一个虚空的、纯粹抽象的主观想象或自我意识，而是具有丰富充实而生

〔1〕［德］黑格尔：《精神哲学——哲学全书·第三部分》，杨祖陶译，人民出版社2006年版，第19页。
〔2〕［德］黑格尔：《历史哲学》，王造时译，上海书店出版社2006年版，绪言第36页。
〔3〕［德］黑格尔：《精神哲学——哲学全书·第三部分》，杨祖陶译，人民出版社2006年版，绪言，第2页。
〔4〕［德］黑格尔：《精神现象学》（上），贺麟、王玖兴译，商务印书馆1979年版，第36页。
〔5〕［德］黑格尔：《哲学史讲演录》（第1卷），贺麟、王太庆译，商务印书馆1959年版，导言第52页。
〔6〕［德］黑格尔：《精神现象学》（上），贺麟、王玖兴译，商务印书馆1979年版，第2页。

动活泼的内容，他从不否定人是一个肉体的和精神的、自然的和道德的有机
生命统一体。黑格尔强调人的精神或自由意志本质的具体实现和外化，必须
是个人的全部生命力量及其活动内容的整体性获得与满足，即一个具体而现
实的人的存在，包括人自身自然、道德和理性三种根本自由本性或根本存在
方式的全面实现、释放与发展。在黑格尔看来，无论人作为自然生命有机体
的个体感觉、冲突、激情、需求与欲望，还是作为道德主体的主观认识、主
观判断、自我决定与主体自治，以及作为理性思维主体对客观普遍性权威与
规则，即以宪法和法律为核心的伦理政治秩序的追求与创造，实际上都是人
类自身自由和理性精神成长和发展过程中的外在表现与特殊内容，因而都具
有必然要实现出来且不可压制和消除的合理性。因为"精神"的现实性和真
理性必须通过活生生的生命活动来完成和实现，而人的生命是肉体和灵魂、
自然和道德的有机统一体，"精神"的真理性必然包括人的肉体存在、自然需
求、物质利益的实现与满足，以及思想意识领域的主观自由、主体权利、道
德意图等。所以无论以原始既定的自然本性排斥或僭越道德本性，或者以道
德的名义僭越或压制个人的自然本性，还是以理性普遍性秩序或规则的名义，
对个人自然和道德方面自由本性的强制与压迫，都是与人类精神的自由和理
性本质相违背的。

从"精神"到"自由和理性精神"再到"自然、道德和理性三种根本自
由本性"的实现逻辑图示如下：

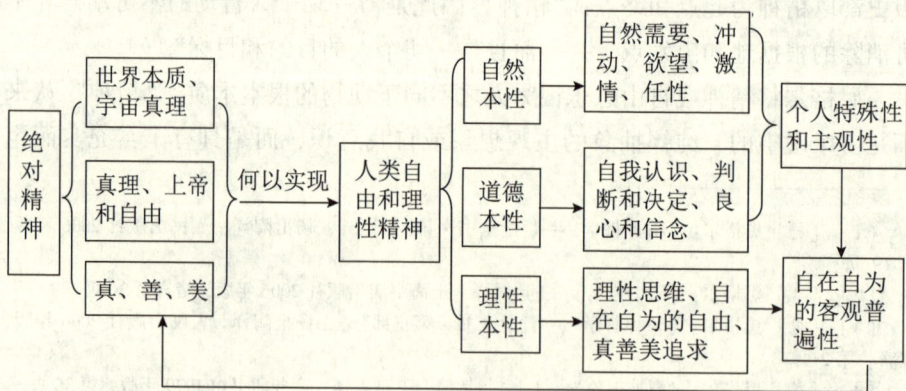

二、自由和理性精神实现的辩证法：个人自由和伦理秩序的相生发展

"精神"曾经作为自然现象领域的真理标准，它在人类政治社会实践领域中则作为自由与权利标准实现自身，正如国外学者布罗德（Harry Brod）所说："黑格尔政治哲学以自由标准代替了现象学中的真理标准。"[1]黑格尔"法的体系"的权利哲学，实际上正是人类自身自由和理性精神在一切政治社会构造及其实践安排之中的渗透或自我实现、自我批判与自我创造。正如黑格尔自己所说："法的基地一般来说是精神的东西，它的确定的地位和出发点是意志。意志是自由的，所以自由就构成法的实体和规定性。至于法的体系是实现了的自由王国，是从精神自身产生出来的、作为第二天性的那精神的世界。"[2]抽象法（或法权）、道德、伦理，以及家庭、市民社会和国家等"法的体系"，皆是人类自由意志本质的客观存在形态，属于人类自身自由和理性精神的实践创造，因而不能被当作无精神或无概念的自然和感性的、特殊的和偶然的直接存在或个别现象。黑格尔指出，我们每一个人在政治社会生活的历史实践中并不是有自由的现实性，而是我们是自由的现实性。[3]这意味着我们每个人而不是有的人是自由的现实性、权利的现实性。权利是自由本质的客观存在形态，即"权利是作为实现了的自由而存在"[4]，是自由本质的实在性，"这种实在性作为自由意志的定在，就是法或权利。法或权利不能只理解为有限制的法的法律或权利，而是要广泛地理解为自由的一切规定的定在"。[5]每个人在现实性上既然作为自然、道德及理性三种根本自由本性的生命有机统一体或实践主体，那么他自身内每一种自由本性都必然有实现自身的正当权利，任何一种自由本性都不能压制或僭越其他自由本性。自由本质的每个发展阶段都有其独特的权利，如私法、道德、伦理、市民社会

〔1〕　Harry Brod, *Hegel's Philosophy of Politics*：*Idealism*, *Identity and Modernity*, Westview Press, 1992, p. 18.

〔2〕　［德］黑格尔：《法哲学原理》，范扬、张企泰译，商务印书馆1961年版，导论第10页。

〔3〕　［德］黑格尔：《精神哲学——哲学全书·第三部分》，杨祖陶译，人民出版社2006年版，第311页。

〔4〕　Hegel, *Elements of the Philosophy of Right*, Allen W. Wood（ed）, Translated By H. B. Nisbe（剑桥政治思想史原著系列影印本），中国政法大学出版社2003年版，第26页。

〔5〕　［德］黑格尔：《精神哲学——哲学全书·第三部分》，杨祖陶译，人民出版社2006年版，第314页。

和国家等每个都是独特的权利或法，都具有自身合理性的适当范围，只有当它们在同一条线上或同一时刻都要成为那唯一的法或权利时，它们才会发生冲突。[1]

1. 自然、道德和理性本性的权利：从个人所有权、主体自治到伦理

黑格尔从不认为自由—权利的真实主体是抽象的人类，相反直接地是各自独立的特殊个体。人类自由意志本质直接的、最初的现实性或实在性，首先实现为单一个人（person）的自由意志，即"单个意志"，它活在个别的和独立的生命有机体中，潜伏在它的肉体和自然需要中。"外在地存在于个别性中的有生命的存在是一个有机的整体，生活在它的身体中，它的自然需要中。"[2]自由意志最初的直接现实性就表现为单一个人自身自然的自由本性，其内容由自己的特定目的所构成，是一种"排他的单一性""抽象的自我相关的现实性"，即只是以自身肉体的存在、自然需要的满足、外在物的占有等"外部的、直接在眼前看到的世界"为内容和主要目的[3]。这是自由意志最初的直接实现，因为"我"必须首先在自身中拥有自由的自然和物质基础，即我的生命、身体以及满足我生命有机体存在所必需的一切外在物的占有与获得。如黑格尔所说："直到个人拥有其生命、身体及财物的所有权，他才能作为理性物存在。即使我的这种最初的自由现实性是一种存在于外在物中的现实性，因而是一种贫乏的现实性，但这正是抽象人格别无所有的直接存在。"[4]"只有当自由获得确定性存在和现实性时，当它外在化自身时，才是自由的。"[5]黑格尔在此预示他人及社会必须首先肯定并尊重个人作为自然的和肉体的生命有机体存在的既定事实，强调个人的自然自由本性作为自身自由意志本质或人格尊严的理性要求与必要内容，其具体实现和客观的存在形态正是神圣不可侵犯与剥夺的生命权、生存权和财产所有权，这是人之为人不可随意剥夺和取消的自然权利。

---

〔1〕[德] 黑格尔：《法哲学原理》，范扬、张企泰译，商务印书馆 1961 年版，第 42 页。

〔2〕Hegel, *Lectures on Natural Right and Political Science*：*The First Philosophy of Right*，University of California Press，1995，p. 64.

〔3〕[德] 黑格尔：《法哲学原理》，范扬、张企泰译，商务印书馆 1961 年版，第 44 页。

〔4〕Hegel, *Elements of the Philosophy of Right*，Allen W. Wood（ed），Translated By H. B. Nisbe（剑桥政治思想史原著系列影印本），中国政法大学出版社 2003 年版，第 73 页。

〔5〕Hegel, *Lectures on Natural Right and Political Science*：*The First Philosophy of Right*，University of California Press，1995，p. 78.

　　然而，如果坚持外在物或个人所有权就是个人自由本质的全部内容与表现，即个人所有权至上的自由原则，那么这种自然自由本性及其自然权利极易遭到强制、压迫甚至剥夺，把个人当作只有自然需求的"物"或纯粹的肉体来对待和驱使，剥夺其生存必需的物质资料，从而剥夺其自由意志或人格尊严。所以，黑格尔认为个人自由的全部内容和目的绝不仅仅在于个人自然自由本性的实现即个人所有权或外在物，"正义终极地在于人精神的自由意志本质"[1]，但是黑格尔更强调生命是一切自由和权利的总体基础和首要前提，反对将所有权绝对化。正如西方学者史蒂曼（Peter G. Stillman）所指出的那样："反对把所有权绝对化，这个观点是黑格尔整个思想的特征"，他甚至"把所有权的价值放得比生命的价值低"。[2]然而，"在洛克和自由主义者们看来，最不能容忍的暴行乃是对私人所有权的侵犯。"[3]史蒂曼赞同黑格尔的观点，反对将个人所有权绝对化，并指出"权利理论讨论的不是人（man），而是一个仅仅从人中抽象出来的东西——个人（person），这本质上是按照他的任意的自由意志从而他的权利能力来定义的。因此，对个人（person）来说，道德是不相关的，个人可以任意地做他有权利做的事情而不顾道德。不仅道德，而且整个人类相关的范围——社会关系、人的情感，文化，福利以及个体发展，都从权利中被排除出去"。[4]这也很好地道出了黑格尔何以转向自由意志作为道德自由本性的实现领域即个人内在自由领域的缘由。

　　在黑格尔看来，"我"作为主观自我意识的精神主体存在，我的生命因此而拥有不可剥夺的道德尊严，我自在地是一个应受尊重的道德主体，因而"我"的自由还必须呈现为"我的意图，我的原则，以及我的福利"。因此，个人自由意志，从其内在存在的主观实在性或确定性来说，它是意志主体的主观自由与权利，即道德（morality）。黑格尔将道德自由本性的主体权利具体实现为如下三方面：①我对自己行为及其外在存在的主观认识和自我决定

---

　　[1]　Hegel, *Lectures on Natural Right and Political Science: The First Philosophy of Right*, University of California Press, 1995, p. 101.

　　[2]　[意]洛苏尔多：《黑格尔与现代人的自由》，丁三东等译，吉林出版集团 2008 年版，第 201 页。

　　[3]　[意]洛苏尔多：《黑格尔与现代人的自由》，丁三东等译，吉林出版集团 2008 年版，第 202 页。

　　[4]　Peter G. Stillman, "Hegel's critical of liberal theories of rights", RobertStern (ed.), Critical Assessments Vol Ⅳ: *Hegel's philosophy of nature and philosophy of Spirit*, Routledge, 1993, p. 313.

的权利；②我有把自己的福利满足作为行为的特殊目的或意图的权利；③我能将普遍性的善或义务作为自身意志的绝对目的的自我确信，这就是我的良心和信念。黑格尔将道德上的主观自由或人的主体尊严纳入了普遍的人的概念，并将其实现为确定的权利。"有必要承认，在每个人那里都有着一个道德主体的尊严，都有自我反思的能力，都有自由的资格。"〔1〕

黑格尔同样反对将主观自由、主体自治的道德权利，当作自由的全部真理而直接贯彻到底。因为，道德的主观自由或主体自治，它往往容易陷于纯粹自身内的自我反思与自我决定，使权利、责任和义务皆取决于自我对于善的主观认识、个人信念以及主观意图。如果个人行为以道德自治的主观自由或信念作为辩护原则，那么个人最终将丧失自由意志，而且明显地感受到自身正在遭到外在力量的强制与压迫。因为在道德自治的信念辩护原则之下，每个人都可以坚持自己信念的真理性与合法性，但是我感到他人信念的实施对于我来说是一种外在强制或压迫，也正如他人感到我的信念的实施对于他来说是一种强制。我们都认为对方的所谓信念之正义，不过是他个人自己的主观性特殊意志或特殊权利。〔2〕在黑格尔看来，只要道德意志的实体性本质——善——没有客观的普遍性规定和具体内容，它的实现就取决于个人特殊意志的主观性与任意性。

在黑格尔那里，抽象法就是自由意志直接地作为自然的和肉体的独立个人的外在自由领域，亦即法权领域，道德则是自由意志作为思维的和自我意识的精神主体的内在自由领域，即道德的主观自由和主体权利领域。然而，自由意志无论单独地实现为自然的和肉体的独立有机生命个体，还是作为精神的或自我意识的道德主体，只是抽象的个人（person）或主体（subject），而非一个现实而具体的人（man）。也就是说抽象法和道德都还是一种抽象的或形式的个人权利，它们属于个人自身内的必然性权利或抽象空虚的无限普遍性，没有具体内容和规定。因此，对这种无规定性的抽象普遍性自由—权利加以直接实践，就可能导致自身的反面，即不自由和无权利，如不法的暴力、强制和犯罪，以及邪恶和伪善，甚至专制和独裁。所以黑格尔并不认为

〔1〕［意］洛苏尔多：《黑格尔与现代人的自由》，丁三东等译，吉林出版集团2008年版，第312页。

〔2〕Hegel, *Elements of the Philosophy of Right*, Allen W. Wood（ed），Translated By H. B. Nisbe（剑桥政治思想史原著系列影印本），中国政法大学出版社2003年版，第180页。

个人所有权和主体自治就是个人自由的全部内容或最后真理，尽管二者都是理性意志的必然要求。"无论法的东西和道德的东西都不能单一地和自为地实存，而必须以伦理的东西为其承担者和基础，因为法欠缺主观性的环节，而道德则仅仅具有主观性的环节，所以法和道德本身都缺乏现实性。"〔1〕"权利和道德只是理想的阶段，只有在伦理生活中，它们才能获得存在（existence）。现实的道德只是在伦理生活整体中的道德。"〔2〕

　　在黑格尔看来，个人理性普遍性意志的实现即是伦理，即法权和道德的统一。也就是说，个人权利与道德在伦理中才彼此认识和承认对方，换言之权利和义务在伦理中才被统一了起来，从而个人的权利和道德在伦理中才有了现实而具体的客观规定与内容，具体体现为家庭、市民社会和国家三种不同性质和层次的伦理精神：家庭是一种以血缘和爱为纽带的、自然的和直接的伦理统一体，市民社会是通过司法体系和市场规律，肯定和保障个人尽情施展、发挥自己在自然和主观方面、体力和智力方面的各种特殊性和偶然性需要、利益、资本、志趣、技能才干的自由实践场所，同时培养和陶冶人的团体合作精神或共同体责任意识，而国家则是以家庭和市民社会为自然和物质基础的理性普遍性伦理，以公开颁布并为所有个人共同遵守的宪法和法律为至上原则与权威，尊重和保障所有个人、所有家庭的物质权利、特殊需求和主观自由的理性共同体。个人正是作为家庭成员、社会成员和国家成员，才明确自己的具体身份、角色、权利、责任与义务所在，从而才是一个现实而具体的人，进而他自身的自然、道德和理性三种根本自由本性在家庭、市民社会和国家三种基本的伦理生活形态中才获得不同程度与方式的释放和发挥、实现与满足、成长与成熟。

　　自由意志本质的全面实现与人的整体性存在的一致性图式如下：

---

　　〔1〕　[德] 黑格尔：《法哲学原理》，范扬、张企泰译，商务印书馆1961年版，第163页。
　　〔2〕　Hegel, *Lectures on Natural Right and Political Science*: *The First Philosophy of Right*, University of California Press, 1995, p. 130.

精神或自由意志本质的全面实现	单个意志 个人person 自然本性	自然的和肉体的生命有机体，排他的单一性要求自身肉体存在和自然需要的满足生命权、生存权和财产权的获得与保障	抽象法 个人权利	抽象的、理想的个人权利和道德自由
	道德意志 思维主体subject 道德本性	独立的自我意识主体，向善和他追求自我认识、自我判断的主观自由自我决定和自我负责的独立自治对善、良心及道德信念和意图的自我确信	道德 Morality 主体权利	
	理性意志 现实的人man 理性本性	现实而具体的人或伦理个体（man, individual）明确自己的具体身份、角色及权利、责任和义务寻求并遵从客观普遍性的秩序、权威与规则		个人权利和道德自由在法和伦理国家制度下的具体现实与保障

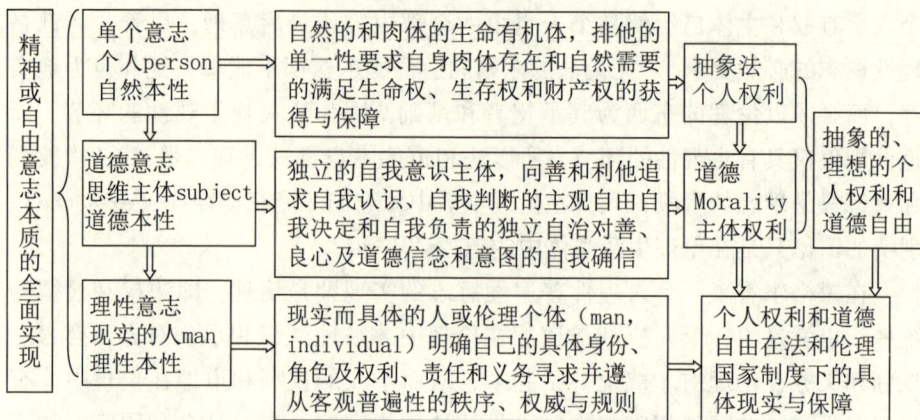

2. 自然和道德的主观性、特殊性及理性普遍性自由的现实：从家庭、市民社会到国家

家庭是伦理精神最初的直接实现形态，或自然的个体性伦理统一体，个人的自然和道德自由本性在家庭中实现了内在地和直接地无意识统一。个人在家庭中不是以个人自身的特殊利益或个人荣誉为目的，而是直接地或自然而然地以对家庭的爱、责任和共同财产为目的。然而，个人独立的法律人格与主体权利不可能在家庭中得到自觉地实现。只有在市民社会中，个人才真正自觉地以自身的特殊利益为对象和目的，并努力要求实现自身独立的法律人格和主体权利。所以，黑格尔认为婚姻并不是个人自由实现的终点。假如伦理生活是真正的自由的现实，那么它就必须允许个人要求他们自己独立的人格权利和财产所有权，实践他们自我决定和独立自治的主体权利，不能简单地要求他们在与他人爱的联合中放弃他们的个人权利。由此，黑格尔提出伦理生活的第二种形式——市民社会。

市民社会作为特殊的伦理形态，个人占有财富的所有权和道德的主体自治权利，或者说个人在自然和道德方面的一切主观性、任意性、特殊性和偶然性都得到充分释放，个人的自然需要、物质福利，以及主观知识、自主选择，包括个人特性和特殊能力，都允许得到最充分的自由发挥和实现。市民社会中个人对普遍财富的分享，是建立在资本以及个人的技能等条件基础之上的，而个人技能又是以资本、教育、不平等的自然天赋以及其他偶然性因素为条件的。所以，不平等是市民社会中得到释放或存在于市民社会中的任性和特殊性的部分，这种不平等是个人特殊性和主观性自由实现领域的必然后果与现象，因此试图以抽象的平等要求来对抗自然产生的不平等，就是试图取消和压制个人特性和主观自由，从而把自由局限于抽象的、不现实的普遍平等，这实际上也是一种不自由，或者说是不现实的自由。"现代世界是以主观性的自由为其原则的，这就是说，存在于精神整体中的一切本质的方面，都在发展过程中达到它们的权利的……一切国家制度的形式，如其不能在自身中容忍自由主观性的原则，也不知道去适应成长着的理性，都是片面的。"[1]

　　然而，在黑格尔将市民社会看作个人主观自由和个人特性得到最充分表达、因而不可取消的同时，也看到了以个人需要和目的的主观特殊性为原则的市民社会作为国家政治基础，将使现代社会面临着一种人类尊严丧失的危险。在黑格尔看来，始终以"个人及其所有权不受阻碍的保障"为绝对目的的市民社会，只是在需要之上建立的外部国家。属于市民社会的统一体，就像属于契约中的统一体那样，只是由于各自特殊利益而偶然达成的共同性（commonality），在其中，个人的任意意志仍保持着它的优先性。那种共同性决不能与伦理国家中客观的理性普遍性相混淆。市民社会作为需要之上的外部国家，只是为了消除侵害或阻碍个人及其所有权实现的不法因素，它对于法之外的其他事情或偶然性因素是不予过问和干涉的。这样，人类自由本质只是实现为个别人的、特殊的、偶然的和有限的，人类自身的理性普遍性自由本质，或精神的和道德的平等概念还没有完全实现出来，并成为被知道的客观普遍性东西，人们之间处于个人特殊利益的相互对抗之中。"市民社会无法提供真正的同一性中心……市民社会只能提供一种量的聚合，它不可能提供内在的整合……和谐确切说来正是市民社会必然并且必须缺乏的东西，它没有统一的原则。"[2]

　　黑格尔强调，人的概念或自由本质，绝不应仅仅停留在个人自然的利己本性或者道德的主观性和特殊性自由的实现上，还必须将其内在的理性普遍性自由本质，即精神的和道德的普遍平等与主体尊严，实现为公开地被大家

---

〔1〕　〔德〕黑格尔：《法哲学原理》，范扬、张企泰译，商务印书馆1961年版，第291页。

〔2〕　Paul Thomas, *Property's properties: From Hegel to Locke*. Representations, Vol. 84, No. 1 (November 2003), pp. 30~43.

知道和理解并共同遵从的普遍有效性的东西——以国家宪法和法律为中心的伦理政治秩序，包括本民族的伦常礼俗、道德风尚等。这样，个人权利与道德就不再是仅仅停留在个人的自然需要、主观任意性、特殊性和偶然性里的自我理解，国家作为理性伦理精神自身的客观实体，不同于它直接的自然形态——家庭、以及纯粹自为的特殊性形态——市民社会。伦理国家必然避免家庭中直接的、自然的爱以及情感的偶然性对家庭成员权利的侵害，避免市民社会中由于个人身体健康、技能、资本、教育等自然和主观方面能力的不平等而不能普遍地参与分享社会资源，抵御某些特殊团体、利益集团对个人权利的侵害。由此，所有个人在国家根本的宪法和伦理政治秩序之下，在理性客观和普遍有效的制度基础上被承认、被尊重和被对待为一个拥有普遍平等的独立人格和主体尊严的人，摆脱市民社会中契约式的个体间相互承认的任意性与偶然性危险，将个人自由—权利从市民社会中偶然性意义的"是"提升为必然性意义的"是"。"自在自为的正义是什么，只能在正义的客观形象中，即在国家作为伦理生命的结构中体现出来。"〔1〕"作为伦理总体的国家，它的生命原则在普遍的自由意志展示自身与必然性一致的程度上才是已被实现了的。只有在那种程度上，国家才是有机的整体……自由必须是在必然性意义上的'是'，而不是偶然性意义上的'是'。"〔2〕

在黑格尔那里，伦理国家作为与自由概念最后实现环节相一致的客观存在形态，它是"绝对自在自为的理性东西"，是人类自由本质最高或最完善的实现。这一方面表现在作为客观的理性普遍性秩序与权威形式存在的宪法和法律制度，为全体公民成员所知道并遵从，另一方面表现在它始终以所有公民个体三种根本自由本性及其权利的全面实现发展为自身根本目标和神圣使命。因而在其具体行动与实践安排上，必然肯定、尊重、包容和满足各个个人、各个家庭在自然和道德方面的特殊和主观性需求、利益和目的，同时也就是保护、保障各个个人在市民社会中自由自主地择业谋生，尽情施展、发挥各个个人自然和精神方面的各种特殊性和偶然性资本、才能和技能，使之在物质和精神方面获得自由自主和自足生活的尊严和满足感。这就是作为伦

---

〔1〕 ［德］黑格尔：《精神哲学——哲学全书·第三部分》，杨祖陶译，人民出版社 2006 年版，第 306 页。

〔2〕 Hegel，*Lectures on Natural Right and Political Science*：*The First Philosophy of Right*，University of California Press，1995，p. 227.

理性整体的国家或具体自由的现实，如黑格尔所说："自在自为的国家就是伦理性的整体，是自由的现实化；而自由之成为现实乃是理性的绝对目的。"〔1〕

黑格尔所描述的国家，是对其作为自由实现逻辑的终点或顶点地位的本质性描述与解释，是对国家中无限的和理性的东西的思想性规定与揭示，不能把它误解成经验现象或现实历史中存在的特殊的和个别的国家的偶然特性或经验单一性，因而不能把国家看成是现存社会中最终决定人们自由实现的最后终点或终极法庭，造成整体主义、国家主义甚至极权主义等误解与歪曲。黑格尔所谓"个人本身只有成为国家成员才具有客观性、真理性和伦理性"〔2〕，只是就个人自由的全面实现、存在和发展而言的，而且是仅就国家作为自由实现的逻辑意义上的存在本质而言的。然而，个人作为现实而具体的存在，特别是本质上作为自由意志的存在，他不可能仅仅停留在某种单一的或最后的伦理生活形态中止步不前，他总是要不断地寻求自身自然、道德和理性三种根本自由本性及其权利的整体性实现与获得，因而总是不断行走于法、道德和福利追求，以及生动具体的家庭、市民社会和国家的现实伦理生活之间，不断寻求全面的自由自主的物质生活和精神生活。

在黑格尔那里，私法—道德—伦理以及家庭—市民社会—国家，都是个人自由本质实现的特殊环节或客观存在的确定性形态，它们既不是平行的具有同等价值的罗列，也不是按价值或本体论优先次序的前后排列，相反只是自由本质的不同发展阶段，它们共同构成自由真理的全体，谁也不具有全体的或最终的真理价值及优先性地位。其历史的辩证意义正在于：一方面，人类自由目标与现实的政治社会条件之间的冲突，以及人类尝试改造这些条件，以便它们能更加一致于自己的自由本质；另一方面，既然人类并不是一开始就完全地或清楚地意识到他的目标，甚至不能完全认识到他自身作为人而普遍具有的自由资格及个人权利，并且因为他不知道实现它的必要条件，因而达到其目标的过程将是一个自我认识、自我发现、自我创造及实践批判和改造的永恒历程。与其说黑格尔的权利哲学是一种逻辑推演或概念运动，不如说是人类朝向自身自由和理性精神的永恒认识与实践创造，黑格尔"法的体系"正是自由和理性精神自身不同发展阶段的客观形态与存在方式；说它是

---

〔1〕　［德］黑格尔：《法哲学原理》，范扬、张企泰译，商务印书馆1961年版，第258页。
〔2〕　［德］黑格尔：《法哲学原理》，范扬、张企泰译，商务印书馆1961年版，第254页。

永恒的和漫长的历史运动，不仅因为它是现实的和具体的人的全部生命力量和存在内容的整体性发展与追求，还因为自由和理性精神并非直接地就能达到对自身的认识和实现，而是呈现自身为纷繁复杂的各种特殊现象、个别形态，经历若干挫折、虚假、幻想、欺骗、错误、歪曲和谎言等艰辛的劳作与斗争，才会达到对自身的真理性和普遍性认识，才会创造出与之相一致的法和国家。正如黑格尔所说："自由虽然是一个内在的观念，它所用的手段却是外在的和现象的，它们在历史上直接呈现在我们的眼前。我们深信人类的行动都发生于他们的需要、他们的热情、他们的兴趣、他们的个性和才能，这类需要、热情和兴趣，便是一切行动的唯一的源泉。"[1]

人类自由本质是一种必然性，即他必定要达到和实现的目标，而不是给定的一种现实性。这个目标的实现要求人类自己的行动，因而也必然只能在历史中达到。这样，历史的目标便是人类自由的实现，或者说人类自由的实现是一个历史的过程。因此，人类社会制度发展的漫长历史，实际上正是人类争取自身自然、道德和理性的三种根本自由本性及其权利，包括客观的和物质的生命权、生存权、财产权，主观的或精神的思想意识自由、自我决定、自我负责的主体自治权利，以及追求理性普遍性权威、政治社会秩序与法律制度的权利，能够获得全面实现和发展，由此形成所有民族国家争取所有公民获得普遍平等的生存和发展的世界历史文明，哲学地或本质地来看这是人类朝向自身自由和理性精神本质自我实现、全面发展的逻辑。人类自身自由和理性精神本质实现的逻辑，亦即黑格尔作为"实现了的自由王国"的"法的体系"的生成逻辑，必然外在的和具体的表现为人们追求自身全部自由和权利全面实现和获得的历史活动与实践斗争，二者在总体上是相互适应和一致的。

三种基本伦理生活形态与个人自由本性全面实现发展的一致性逻辑图式如下：

---

〔1〕〔德〕黑格尔：《历史哲学》，王造时译，上海书店出版社 2006 年版，第 20 页。

```
┌──────────┐   ┌──────────┐   ┌──────────────────────┐   ┌──────────┐
│家庭：以血缘│──▶│无意识的、 │──▶│个人权利和道德实现为对家庭统的│──▶│自然和道德的│
│和爱为纽带的│   │不自觉的直 │   │爱、责任和共同财产婚姻由于爱和│   │直接普遍性实│
│自然伦理   │   │接统一体   │   │情感的偶然性、任意性而导致家庭│   │现        │
└──────────┘   └──────────┘   │不稳定个人独立人格、权利、荣誉│   └──────────┘
     │                        │与地位的缺场          │
     │                        └──────────────────────┘
     ▼
┌──────────┐   ┌──────────┐   ┌──────────────────────┐   ┌──────────┐
│市民社会： │   │各个人以自身特│   │个人自然和道德的特殊性和主观性│   │自然和道德的│
│特殊伦理   │──▶│殊需求和利益为│──▶│自由尽情发挥人性自然状态残余 │──▶│特殊性和主观│
│形式的普遍性│   │目的和原则   │   │（需要、冲动、激情、欲望）社会│   │性现实    │
└──────────┘   └──────────┘   │的繁荣奢侈与荒淫贫困      │   └──────────┘
     │                        │各个人占有财富的不平等及生存和│
     │                        │发展的不平等          │
     │                        └──────────────────────┘
     ▼
┌──────────┐   ┌──────────┐   ┌──────────────────────┐   ┌──────────┐
│国家：理性普│   │以宪法和法律为│   │理性意志本质公开地实现为普遍遵│   │理性普遍性意│
│遍性伦理；伦│──▶│核心和至上原则│──▶│从的宪法和法律个人的特殊需要和│──▶│志的现实：所│
│理性的整体 │   │            │   │主观目的得到制度性承认与保障制│   │有个人具体自│
└──────────┘   └──────────┘   │度性的抵御家庭和社会对个人权利│   │由的现实   │
     │              │          │的侵害                │   └──────────┘
     │              │          │强制性地调节和维护社会公共秩序│
     │              │          └──────────────────────┘
     └──────────────┴───────────────┬──────────────────────┘
                          ▼
        ┌──────────────────────────────────────────────┐
        │世界历史：各个民族国家实现所有公民自由-权利全面实现的法和政治文明发展│
        └──────────────────────────────────────────────┘
```

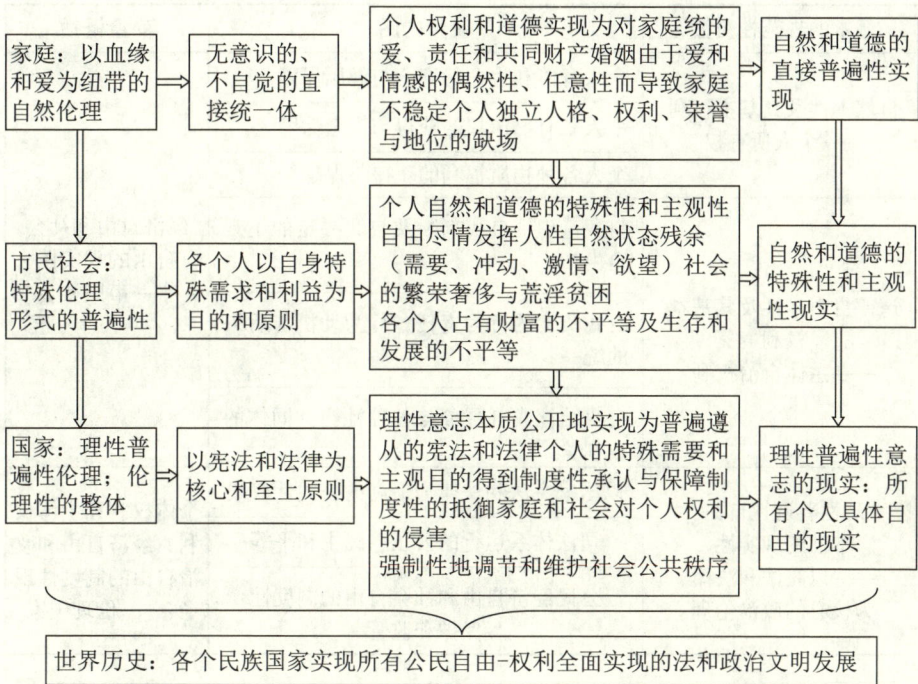

三、黑格尔辩证法的实践意义

　　根据黑格尔的观点，法和国家的伦理政治世界的真理与每个个人自身全部自由—权利的全面发展与整体性获得是统一和一致的。黑格尔的"法的体系"是与人的自由和理性精神的全面实现和发展相适应和一致的，也就是说现实政治社会领域中的各种法和政治构造，皆是所有社会成员个体的自由—权利的具体现实与客观存在，因而现存的各个民族国家的各种法和政治制度、构造与实践安排，对其肯定性与合理性的评价与解释，将根据其所有公民个体的自然、道德和理性自由本性及其具体权利获得全面实现和发展的客观程度、满足方式来考察。如下表所示：

基本的规范性变量	变量内涵	变量概括
自然本性及其基本权利 ——个人所有权	个人身体和生命的安全与健康保障	经济自由和社会 自由的现实性 ——市民社会
	个人私有财产权的获得与安全保障	
	个人各种物质福利的获得与保障	
道德自由本性及其基本 权利 ——主体自治权利	自我认识、自我判断及自我决定的主观 自由	
	自我负责的行为责任，行为动机与后果 的统一	
	自由结社或自愿参与各种社会共同体的 权利	
理性普遍性自由 本性的现实性 ——以宪法和法律 为核心的政治伦理	以国家宪法和法律为最高的公共性权威	个体权利和主体权 利、经济自由和政 治自由的制度性现 实——伦理国家
	司法体系运行的公正、民主和平等	
	公民经济自由和社会自由的制度性 保护和监管	

　　人类寻求自身三种根本自由本性及其权利全面发展与实现的自由-权利辩证法，同时就是一个民族或国家寻求法、道德和伦理相统一的辩证发展过程。黑格尔权利哲学中所谓"法的体系"，作为"实现了的自由王国"，包括法权—道德—伦理，以及家庭—市民社会—国家等，皆是自由理念的定在或外在存在，具体地说就是个人自身的自然、道德和理性三种根本自由本性及其具体权利获得不同程度实现和满足的不同存在方式或客观形态。这是人逐渐朝向自身自由和理性精神的一个艰辛而漫长的认识和实践的旅程，其具体的和现实的内容就是人们不断寻求获得普遍平等的个体生命权、生存权、财产权，以及道德的和精神的主观自由、独立自治的主体权利，这本身也是世界各个民族或国家寻求自身法和政治文明进步发展的历史方向。

第二章
黑格尔辩证法视野下的法权理论

第一节　黑格尔的法权体系：人类自然、道德和
理性自由本性的全面实现与具体存在

　　任何一门学问都有自己的理念或理性，黑格尔认为法这门学问的理念是自由，或者说法这门学问及其实践活动的理性在于自由。一切法之正义的基础、根源和目的，皆在于自由。"法"既不是源于外在的自然界或神灵，也不是源于某种历史传统、习俗或世俗的权威，而是源于最高的真理——上帝，抑或世界理性。上帝作为最高真理，在人类政治社会领域中则表现为人的自由意志本质的全面实现，人类社会中的"法"，即是人的自由本质的定在或现实化。"任何存在，只要是自由意志的存在，就叫做权利，所以一般说来，权利就是作为理念的自由。"[1]"权利表达了由自由意志与其实现构成的一种关系……在实证权利中，权利就是法律中所是的东西。在权利哲学中，权利的东西就是法，没有法律能够提供权利的标准。"[2]"权利是精神的领域，自由的领域。……权利的科学以自由意志作为它的原则和起点。"[3]黑格尔的"法权体系"作为"实现了的自由王国"，正是人自由意志的全部内容获得全面实现和具体存在，亦即人的自然、道德和理性三种根本自由本性都获得了相应实现和客观存在。黑格尔那里的"法或权利不能只理解为有限制的法的

---

　　〔1〕　〔德〕黑格尔：《法哲学原理》，范扬、张企泰译，商务印书馆1961年版，导论第36页。

　　〔2〕　Hegel, *Lectures on Natural Right and Political Science：The First Philosophy of Right*, University of California Press, 1995, p. 56.

　　〔3〕　Hegel, *Lectures on Natural Right and Political Science：The First Philosophy of Right*, University of California Press, 1995, pp. 52~53.

法律或权利，而是要广泛地理解为自由的一切规定的定在"。[1]

一、自然自由本性的实现与存在：生命权、生存权和财产权

人类自由意志直接的、最初的现实性，或者说它的自然的实在性，首先实现为单一个人的自由意志，即理性普遍性与个体特殊性相统一的单一意志，只有这样的自由意志才是具有现实性或实践自主性的意志。或者说自由意志作为人类普遍本质，它现实的自然形态就是作为单个个人的自由意志存在和活动着，作为概念的自由意志通过单个个人的自由意志复活、认识和实现自己。"自由意志是绝对的否定性，绝对地为了自身，这个起点必然是个别自由意志的存在。……绝对自由意志的概念就是有限的自由存在。我们从这个个别的自由存在开始，然后考虑如何使它自身摆脱这种有限性。"[2]根据黑格尔的理论，人的自由本质必须通过意志的活动走向实践，成为自为的存在，即个别的意志存在，也就是作为一个个的"我"存在。但是，"我"必须首先在自身中拥有自由的基础，即我的生命、身体、以及满足我自然生命持存所需要的一切外在物的占有。这是"我"自由本质的自然必然性本性实现，也是"我"存在的首要的、最初的必需条件或前提。"个别意志是理性意志成为现实的直接的和特殊的要素，理性意志和个别意志的统一构成自由的简单现实性。""自由意志本身最初是直接的，因而是作为个别的自由意志，即人（person）；这个人给予他的自由的那个定在就是财产，权利本身是形式的、抽象的权利。"[3]正是通过个人对其自然生命、身体及其他外在物的占有与保存，来直接地证明和显示人作为自由意志的精神主体存在的真实性和客观性。"直到个人拥有其生命、身体及财物的所有权，他才能作为理性物存在。即使我的这种最初的自由现实性是一种存在于外在物中的现实性，因而是一种贫乏的现实性，但这正是抽象人格别无所有的直接存在。"[4]

---

〔1〕［德］黑格尔：《精神哲学——哲学全书·第三部分》，杨祖陶译，人民出版社 2006 年版，第 314 页。

〔2〕Hegel, *Lectures on Natural Right and Political Science：The First Philosophy of Right*, University of California Press, 1995, p. 61.

〔3〕［德］黑格尔：《精神哲学——哲学全书·第三部分》，杨祖陶译，人民出版社 2006 年版，第 314、316 页。

〔4〕Hegel, *Elements of the Philosophy of Right*, Allen W. Wood（ed），Translated By H. B. Nisbe（剑桥政治思想史原著系列影印本），中国政法大学出版社 2003 年版，第 73 页。

　　黑格尔将精神的普遍性与特殊性、无限性与有限性统一在个人自身内得到统一的自由意志，称作人格。作为人类精神本质的自由意志，其直接现实性首先是作为单一个人的人格存在。单一个人的人格正是抽象的自由意志本质外在的、直接的自然实在性。人的理性思维和自由意志，在自然形态上或外在的直接现实性上，是作为个体的自由或人格权客观地存在着的。正是从这里开始，自由精神从现象学领域的真理标准，转向了政治社会领域中人类自由本质的实现，即客观权利的实现。黑格尔由此迈出了将神秘的精神客观化、外在化的步伐，即将人类抽象的普遍类本质——理性思维或自由意志，客观化为社会实践领域中单一个体的意志，即个人的自由或个人的人格权。

　　黑格尔所界定的人格，是对一个现实的和具体的人的概念的规定。每一个人生来都自然地具有自身的特殊规定，从而是有限的生命个体，同时因为这些自然规定或特殊内容是属于具有自我意识和理性思维的人自身内的，也就是说我能认识到自己自身内具有的自然性、有限性和特殊性，并能超出这些有限的特殊规定。在这个意义上，我并不是纯粹自然的有限存在物，相反我是能够认识到自己自然性和有限性的主体。此即：现实的"我"是有限的普遍存在者，或有限的精神主体。"因为在人里面我完全意识到我自己，人就是意识到他的纯自为存在的那种自由的单一性。作为这样一个人，我知道自己在我自身中是自由的，而且能从一切中抽象出来的，因为在我的面前除了纯人格以外什么都不存在。……他包含着无限的东西和完全有限的东西的统一、一定界限和完全无界限的统一。人的高贵处就在于能保持这种矛盾。"[1]"所有的人类价值在于知道自己作为人。"[2]人格作为每一个现实的个人的概念，它内在地包含着一种作为独立个体以自身为目的、实现自身的权利或规定。"人格一般包含着权利能力，并且构成抽象的从而是形式的法的概念，所以法的命令是：'成为一个人，并尊重他人作为人。'"[3]这样，人格概念本身就是一种形式的法或抽象权利，成为自由意志的直接现实性，即对每一个个人的自由与权利的尊重，所有人作为独立个人同样地或平等地享有人之为人的权利，任何人不得侵犯。"权利的普遍命令因此是：尊重人类（你自己和

〔1〕　[德] 黑格尔：《法哲学原理》，范扬、张企泰译，商务印书馆 1961 年版，第 46 页。

〔2〕　Hegel, *Lectures on Natural Right and Political Science: The First Philosophy of Right*, University of California Press, 1995, p. 62.

〔3〕　[德] 黑格尔：《法哲学原理》，范扬、张企泰译，商务印书馆 1961 年版，第 46 页。

他人）作为人。"[1]

人格或抽象权利只是表明个人的自由意志应现实地获得尊重和承认的可能性权利，它终极地来说只是一种否定性命令，即仅仅是禁止侵害他人的自由，或者说不得侵害人格或从人格中所产生的东西。它本身并无现实的具体关系或内容，它处理的只是纯粹的个人或个别人自己的意志。亦即抽象权利只是关乎纯粹个人意志的普遍性概念，因而只是关于个人意志概念的抽象自由，只是形式的权利、义务和命令。抽象权利是"直接产生于人格的，是为着人格、保证人格不受侵犯的，因而是比较空泛和抽象的，没有具体的规定性的"。[2]"抽象权利领域关心的只是直接的个人和它同样直接的实现，然而还没有具体的关系。"[3]这就是说，人格概念或抽象权利是关于直接的个人的自由规定，而直接的个人在其现实性上就是作为个别的自然存在。"在他们的直接性中的人是个别的；适于他们的形式是自然的外部性。一个处于直接层次上的人实际上是自然的。"[4]直接存在的个人作为独立的生命有机体，它必然生活在其自然需要的满足中。"外在地存在于个别性中的有生命的存在是一个有机的整体，生活在它的身体中，它的自然需要中。"[5]"个人通过自然拥有他们的身体。"[6]

但是人又是不同于纯粹自然的有机生命体，外在物对于纯粹自然的有机生命体只是现实性而没有自由的实在性。而人却以这些非人的外在物填充自己的自由意志，对于它们有绝对的自由，使之成为自己自由的确定性领域。"在他们的直接存在中，个人是一种自然的存在……但是他们首先对于这些物是绝对自由的，第二，这些外在物不是自身的绝对目的因而是某种不自由的

〔1〕Hegel, *Lectures on Natural Right and Political Science: The First Philosophy of Right*, University of California Press, 1995, p. 62.

〔2〕[德] 黑格尔:《法哲学原理》，范扬、张企泰译，商务印书馆 1961 年版，第 47 页。

〔3〕Hegel, *Lectures on Natural Right and Political Science: The First Philosophy of Right*, University of California Press, 1995, p. 63.

〔4〕Hegel, *Lectures on Natural Right and Political Science: The First Philosophy of Right*, University of California Press, 1995, p. 64.

〔5〕Hegel, *Lectures on Natural Right and Political Science: The First Philosophy of Right*, University of California Press, 1995, p. 64.

〔6〕Hegel, *Lectures on Natural Right and Political Science: The First Philosophy of Right*, University of California Press, 1995, p. 65.

和非人的东西。"[1]因此，个人作为自由意志的自然存在，必然首先通过自然需要的满足保存自己的生命有机体，此即占有外物、消耗外物，他对于非人的外在物具有绝对的权利。"占有某物的能力是属于自由的概念，因为正是它赋予自由以确定性存在。"[2]"就所有其他外在物而言，就这个地球而言，只是在抽象的意义上，人类对它们有平等的权利。这种占有的自由意志，其基本的外在化从一开始就包含了偶然性因素，经验的单一性因素，以及仅仅需要的和任意性的因素。"[3]

由此，个人人格或抽象权利首先直接地实现为个人自然需要和欲望的满足，即生命权以及对外在物的个人所有权，由此克服个人人格或抽象权利主观的无限性和普遍性。"它必须克服这种（主观的无限性和普遍性）限制，给予自身的一种实在性，或者说它要使自然的确定性存在成为自己的实在。"[4]"只有当自由获得确定性存在和现实性时，当它外在化自身时，才是自由的。"[5]个人自由意志正是首先因其直接的自然存在才具有实在性，或者说个人自由意志只能首先通过其直接的自然形体性存在才具有活的生命力，个人自由意志必须活在其生命的有机整体中。个人自然的生命有机体是其自由意志或精神寓居的首要场所，二者事实上是不可以分离的，尽管思维或自由意志逻辑上可以超出一切有限的自然和感性规定。简言之，我的精神与身体是直接同一的，在自然存在上是绝对不可以分离的。作为一个个人，我自身是一个直接的个体，在进一步的确定性中，这意味着我是活在这个有机体之中的，这是我的不可分离的外部存在，内容上的普遍性，一切进一步确定性存在的真正潜力所在。

正是因为个人是人格的独立主体性存在，个人的生命权及财产所有权才

〔1〕 Hegel, *Lectures on Natural Right and Political Science: The First Philosophy of Right*, University of California Press, 1995, p. 63.

〔2〕 Hegel, *Lectures on Natural Right and Political Science: The First Philosophy of Right*, University of California Press, 1995, p. 78.

〔3〕 Hegel, *Lectures on Natural Right and Political Science: The First Philosophy of Right*, University of California Press, 1995, p. 65.

〔4〕 Hegel, *Lectures on Natural Right and Political Science: The First Philosophy of Right*, University of California Press, 1995, p. 70.

〔5〕 Hegel, *Lectures on Natural Right and Political Science: The First Philosophy of Right*, University of California Press, 1995, p. 78.

成为不可剥夺的普遍权利，必须受到他人尊重与承认。私有财产权是个人人格或抽象权利直接的客观现实性或自然实在性，个人通过客观的财产所有权证明自己是一个自由意志的人格存在，无论我的生命、身体还是所有物中都渗透着我的意志，我的意志活在其中。黑格尔从人的精神本质出发解释权利，不但没有贬低人的自然存在，而恰恰根据人格或自由意志本质，首先强调必须尊重个人的生命权或身体尊严。"就因为我作为在身体中自由的东西活着，所以我这个有生的定在不得当作驮畜而被虐使。只要我是活着，我的灵魂就与肉体分不开，肉体是自由的定在，我有了肉体才有感觉。所以只有那缺乏理念的、诡辩的理智才会把精神和肉体分开，并以为纵使身体受到虐待以及人的实存屈辱于他人暴力之下，而自在之物，即灵魂是不会被触及或受到伤害的。"[1]"这是我的意志，对他人说来我是在我的身体中；我在定在中是自由的和我对他人说来是自由的这两个命题是同一的。他人加于我的身体的暴力就是加于我的暴力。"[2]因此，仅仅从人的自然本性出发解释个人的生命、身体及财产所有权，或仅仅把人当作自然的存在物来理解，都无法证明人的生命和身体相较动物的生命和身体来说有什么更值得尊重的地方，无法证明人的生命具有更可肯定的价值与尊严。

作为自由意志概念的理想实现，即个人对自身生命、身体以及财产等的所有权，这是自由意志概念最初的、直接的自然实在性或自然规定性，或者说是个人对自身自由意志最直接的感性认识。"自然并不是一个固定的自身完成之物，可以离开精神而独立存在，反之，惟有在精神里自然才达到它的目的和真理。同样，精神这一方也并不仅是一超出自然的抽象之物，反之，精神惟有扬弃并包括自然于其内，方可成为真正的精神，方可证实其为精神。"[3]黑格尔从作为自由意志客观存在的个人人格出发，坚定地维护了每个个人绝对平等而且不可剥夺的"生命权"，维护生命的尊严。无论他是何种出身、何种性别与民族，受过何种教育，他的肉体生命是他一切主观自由与客观自由的首要条件。没有生命、生存的保证，财产的自由、安全和个人领域都是不完整的。

---

〔1〕 〔德〕黑格尔：《法哲学原理》，范扬、张企泰译，商务印书馆 1961 年版，第 56 页。
〔2〕 〔德〕黑格尔：《法哲学原理》，范扬、张企泰译，商务印书馆 1961 年版，第 57 页。
〔3〕 〔德〕黑格尔：《小逻辑》，贺麟译，商务印书馆 1980 年版，第 212、213 页。

然而，精神或自由意志对于外在物所有权的这种自然必然性权利只是对于外在自然物的自由，这种自由只能通过外在物而被感知，自由意志与其外在物所有权是不可分离、融为一体的，它不能自觉地意识到自身就是意志和自由的自我意识主体，因而必然受到外在物的束缚与限制而缺乏对于自身的主观自由，不可避免陷自身于暴力与强制的不法或犯罪之中，从而使自身作为自由本质的意志存在对于外在物的必然性权利成为偶然的、任意的和特殊的。人在本质上是一个主观精神的存在，他具有自己内部的主观自我意识，具有自我判断、自我计划和自我决定等主观特殊性权利。这就决定了抽象法领域或个人所有权单独地并不具有人作为自由意志主体存在的全部真理性，人的自由意志本质决定他必然继续发展和完善自身从而过渡到道德的领域，即从对自身自然性的自我意识过渡到对自身主观性自由的自我意识。

二、道德自由本性的实现与存在：自我认识、自我负责和意图福利的主体权利

如果说，人格权利或抽象法是自由意志外部存在的法，或者说抽象法是直接个人作为特殊的个体性自然存在的外在自由领域，那么，道德则是自由意志内部存在的法或主观意志的法，即个人作为理性的自我意识主体存在的内在自由领域。在道德领域内，意志被规定为主观的、自为的自由的意志。自由意志在严格的权利领域或抽象法权领域中的确定性，表现为在外在物中与自在存在的（普遍）意志直接同一，意志沉没于外在物的个人所有权中。"严格意义的权利，它与什么是我的原则或意图不相关。自我决定和意志动机以及它的目的现在出现在与道德的联系中。"[1]"只有作为主观意志的意志才是自由的，或者说，存在于自身中的意志，才是现实的。"[2]

如果说个人权利是自由本质直接实现的外在客观确定性领域，那么道德则是自由本质直接实现的内在主观确定性领域。人认识到自身是一个主观意识的意志主体，他必然要求他人不能把他仅仅当作物来看待，而应该根据他自己的主观认识、主观目的与意图及自我决定来判断他，只有这样才是道德的。

---

〔1〕 Hegel, *Lectures on Natural Right and Political Science：The First Philosophy of Right*, University of California Press, 1995, p. 135.

〔2〕 Hegel, *Lectures on Natural Right and Political Science：The First Philosophy of Right*, University of California Press, 1995, p. 135.

无自我意识和主观自由的自然物是无所谓道德的。"完全没入客体中的意志，例如儿童的意志，它只知信赖而缺乏主观自由，又如奴隶的意志，它尚未知道自己是自由的，从而是无意志的意志。从这一意义来说，凡受外方权威领导而行动，并且尚未完成向自身无限返回的任何意志，都是客观的。"[1]陷于外在物占有中的自然意志，还没有认识到自身主观自由的精神本质，因而尚不理解什么是道德，还没有把自身看作道德的主体。但是，他人并不能因此把婴幼儿童当作自然物或小猫小狗看待，他们必须同样拥有做人的尊严和生存的权利。因为，人生来即自在地是一个拥有主观意识和自我目的的道德主体。

道德的观点，正是表明人从对自身直接存在的外在自然必然性本性的自我意识，向对自身作为主观精神主体的道德必然性本性自我意识的进展。自由意志，从其内在存在的主观实在性或确定性来说，它是意志主体的主观自由或主体权利，即道德（morality）。"人都希望别人能够根据他们自己的自我决定来判断他"，"人的内部确信是不可能打破闯入的，它是不可侵犯的，因此道德意志是不可干涉的。人的价值根据他的内在行为来衡量，因此道德的观点就是那种为自身存在的自由"。[2]每个人依其内在的自由本质，他自在地是一个道德的自治主体。自由本质直接实现为个人自我决定的主观意志或道德的自治权利。"道德的观点因此形成了主观意志权利的形态。根据这种权利，意志可以承认某物或承认是某物，只就此物是它自己的而言，而且就意志把它作为主观性的东西呈现给自身而言。""道德观点的进程就是主观意志权利的形成，或者它的存在模式。"[3]

道德作为自由本质的直接实现，就是个人意志内在的主观自由及自治权利，即主观上是"我的东西"的权利的实现。"我应该承认是我的行动，只就它是作为我的目的和意图被我内在地决定的。只有已经呈现在我主观意志中的东西，我才承认是我的，因为它是我的意志表达。"[4]黑格尔主张道德意志

〔1〕［德］黑格尔：《法哲学原理》，范扬、张企泰译，商务印书馆1961年版，导论第35页。

〔2〕Hegel, *Elements of the Philosophy of Right*, Allen W. Wood（ed），Translated By H. B. Nisbe（剑桥政治思想史原著系列影印本），中国政法大学出版社2003年版，第135~136页。

〔3〕Hegel, *Elements of the Philosophy of Right*, Allen W. Wood（ed），Translated By H. B. Nisbe（剑桥政治思想史原著系列影印本），中国政法大学出版社2003年版，第136页。

〔4〕Hegel, *Elements of the Philosophy of Right*, Allen W. Wood（ed），Translated By H. B. Nisbe（剑桥政治思想史原著系列影印本），中国政法大学出版社2003年版，第138页。

的主观权利，即主观上是"我的东西"，必须在它的外在性中被我知道是它是我的，作为主观的或道德的意志表达是行为，行为是主观意志与外在客观领域联系的中介。"行为在于主体对它的主观性的扬弃，并使它的内部要素成为外在的。行为是意志的转变或翻译，是意志给予自身一种作为存在（existent）的存在（being）模式。"〔1〕

根据人自身精神的自由本质，肯定每个人自在地拥有理性主体性地位的精神或道德尊严，因而不得把人仅仅当作满足自然需要的物来看待和驱使。道德的意志首先是人对自身精神主体性地位的自我确定，即在自身意志中认识到自己是一个独立的主体（subject）而不仅仅是一个直接的单一个人（person）。这就是说，我不再仅仅从外在所有物中知道自己是一个独立个体，我现在是根据自己的主观意识、主观意图及自我决定中知道自己是一个独立的主体。因此，根据道德的观点，我只承认属于我的主观认识范围内的东西，只承认出于我的主观意志决定的东西。把不是我所认识到的或不是我的主观意志决定和选择的东西强加于我，就是不道德的，就是对我的主体尊严的否定与蔑视。

行为主体的主观知识权利，首先源于他是一个拥有自我意识的理性和意志主体，他能够根据自己的主观认识自我决定自己的事情及行为，并因此必须对自己的决定以及行为负责。"意志的法，在意志的行动中仅仅以意志在它的目的中所知道的这些假定以及包含在故意中的东西为限，承认是它的行为，而应对这一行为负责。行动只有作为意志的过错才能归责于我，这是认识的法。"〔2〕"我只是对我事先已经对其存在有所知识的行为负有真正的责任。"〔3〕"毕竟我只是与我的自由相关，而我的意志仅以我知道自己所作的事为限，才对所为负责。"〔4〕主观故意或主观知识决定了行为的外在存在中属于我的东西，而且我必然对属于我主观知识范围内的东西负责。这是个人作为理性的自由主体存在的道德必然性权利，是人对自身主体性地位的自我确定。在这个意义

〔1〕　Hegel, *Lectures on Natural Right and Political Science: The First Philosophy of Right*, University of California Press, 1995, p. 108.

〔2〕　［德］黑格尔：《法哲学原理》，范扬、张企泰译，商务印书馆1961年版，第119页。

〔3〕　Hegel, *Elements of the Philosophy of Right*, Allen W. Wood（ed），Translated By H. B. Nisbe（剑桥政治思想史原著系列影印本），中国政法大学出版社2003年版，第144页。

〔4〕　［德］黑格尔：《法哲学原理》，范扬、张企泰译，商务印书馆1961年版，第119页。

上，道德的观点，正是强调任何一个心智成熟且精神正常的人，都必须被视作一个具有自己理智的主观认识和自我判断并能够对自己的行为负责的理性主体，即法律上所说的具有民事行为能力的责任主体。这正是对个人精神尊严的尊重，而不是仅仅把他视为混沌不分的自然实体或物，任意地左右、恐吓，甚至驱使和虐待他。

法律必须假定人类具有这种尊严，根据犯罪分子没有意识到行为的真正价值，使惩罚可能减轻。这是对人之异于动物的主体性尊严或高贵精神的尊重。"假定犯罪分子知道法律。然而，心智能力发展不健全的人可以获得减轻惩罚的辩护，但是只有当犯罪分子是一个小孩或神志不清的人。其他人总是假定具有这种尊严，他们自身内拥有这种普遍的理性。因此，他们的行为与普遍的人类理性相对立，是理应受惩罚的。"[1]黑格尔认为，拥有高度文明水平的民族，它们把自己的尊严置于他们自身内，拥有良好的法律，犯罪现象很少发生。相反，那些渺视人类主体尊严，仅仅依靠刑罚的恐吓和强制来治理的民族或国家，犯罪现象却越严重，个人受到的外在侵害也越深。因为，在那种情况下，无论司法体系或个人都没有被当作精神的东西来看待。道德的观点，正是强调司法体系必须尊重个人的理性主体性地位和精神尊严，假定他们对普遍性的法以及自己的行为都必然有自己的主观认识，从而必须对其自我决定的行为负责。

关于道德的观点，人们通常将它与个人谋求福利的意图相对立。尤其是康德与卢梭，将道德仅仅孤立为一种与普遍善同一的理性意志，保持为个人的道德良心，与个人的自然需要、物质欲望、私人利益，严格地对立起来。黑格尔主张，道德的观点，不仅在于承认并尊重个人作为理性主体的主观知识权利，而且还必须肯定个人行为的主观意志中包含着属于他自己的特殊希求与满足，以此构成其行为的实质性内容或动力。"道德的东西具有两重意义：在故意中的普遍物与意图的特殊方面。"[2]"我的目的构成规定着我的行为的内容。"[3]行为主体的主观意志正是在于其行为中包含着他自身的特殊目的和希求，这行为中的特殊物正是主观自由的现实性。黑格尔认为，包含在

---

〔1〕 Hegel, *Lectures on Natural Right and Political Science：The First Philosophy of Right*, University of California Press, 1995, p. 113.

〔2〕 ［德］黑格尔：《法哲学原理》，范扬、张企泰译，商务印书馆1961年版，第124页。

〔3〕 ［德］黑格尔：《法哲学原理》，范扬、张企泰译，商务印书馆1961年版，第124页。

主体行为中的这个特殊性内容的实现，构成了更具体意义上的主观自由，正是在行为中找到他的主体权利的满足。"主观意志，相对于现实来说，它不仅形式上确定的，因为它的确定性同时是个别主体无限的内在的自我决定……作为特殊主体对自身的反思，它最初是一个特殊的内容，它的整个存在是主体的福利。"[1]"行为内容的特殊方面给予行为主观价值以及我的兴趣。"[2]这正是行为的现实性与具体性力量之所在，也正是主体对于其特殊目的在行为中获得的满足即福利构成了其行为的根本规定。

黑格尔将道德的观点与个人的特殊利益或福利满足结合在一起，不像康德和卢梭那样将道德与人的自然需求、特殊利益严格分离并对立起来。卢梭"公意"的道德政治共同体不能容忍促进特殊利益的商业和贸易，认为这会败坏习俗，腐蚀普遍意志。对康德来说，个人偏好、倾向和利益，都是自然的偶然性的现实世界中的一部分，因而必须是被小心地隔离和排除出个体的道德意志领域的，假如这个个体是自我决定并因而是自由的。黑格尔则认为："道德律绝对地支配和压迫着所有的自然意向。谁这样看待道德律，谁就像奴隶似的屈从于它。但是，道德律同时是自我本身；它来自我们自身本质的内在深处。如果我们服从它，那么，我们反正只是服从我们自己。谁这样看待道德律，谁就是从审美角度看待它。"[3]

根据黑格尔的观点，一个现实生活中的人，我们不可能将其身体上的自然、既定的原始事实与其精神或道德割裂开来，自然不能冒充道德，道德也不能排斥身体自然需要的满足。所以，"更高的道德观点在于在行为中求得满足，而不停留在人的自我意识和行为的客观性之间的鸿沟上"[4]。"人是生物这一事实并不是偶然的，而是合乎理性的，这样说来，人有权把他的需要作为他的目的。生活不是什么可鄙的事，除了生命以外，再也没有人们可以在其中生存的更高的精神生活了。"[5]人自身的自然实存并不与道德的观点相冲

〔1〕　Hegel, *Lectures on Natural Right and Political Science: The First Philosophy of Right*, University of California Press, 1995, p. 115.

〔2〕　Hegel, *Elements of the Philosophy of Right*, Allen W. Wood（ed），Translated By H. B. Nisbe（剑桥政治思想史原著系列影印本），中国政法大学出版社 2003 年版，第 147 页。

〔3〕　[德] 黑格尔：《费希特与谢林哲学体系的差别》，宋祖良、程志民译，商务印书馆 1994 年版，第 64 页。

〔4〕　[德] 黑格尔：《法哲学原理》，范扬、张企泰译，商务印书馆 1961 年版，第 124 页。

〔5〕　[德] 黑格尔：《法哲学原理》，范扬、张企泰译，商务印书馆 1961 年版，第 126 页。

突，而是内在地和自在地是一致的。自然和道德都是人之为人的必然性，即都是自由本质的现实性。因为人之为人，首先必须保持自身自然生命和肉体存在，这是精神活动赖以存在的必需居所。

然而，如果借道德的主观必然性权利而逃避行为外在的形式权利或普遍性的法，或者说借福利这种形式的主体权利的普遍性逃避道德的责难，都缺乏客观的理性依据。自然的东西固然不与道德的东西相冲突，但是自然的东西并不就是道德的东西，并不能独立地作为行为合法的或合理的标准。"当我为了道德的意图可以放弃我的特殊权利，我不可能为了那个理由而侵犯他人的权利。我也不可能根据道德意图而放弃我的权利能力，因为我不可能放弃我的自由。"[1]"在权利作为主体自己的确定性存在程度上，就是道德；在道德的意义上，邪恶的倾向就是侵犯他人的福利。"[2]因此，黑格尔强调在行为的外在客观领域，道德不能完全充当并僭越法的原则，成为侵犯他人权利的借口。"权利因而决不能因为道德的目的而遭到侵害，无论它是什么样的道德目的。因为一种错误的行为侵犯自由。首要的道德义务毋宁首先在于，它是正当的，由权利统治的。只有这样，才能进入道德的目的。"[3]

在黑格尔看来，道德个体面临的最深刻的危险不是他可能被他的自私倾向引向背叛，而是当他坚持自己良心的神圣性时，他对善的意志自身的坚持变成了邪恶。良心如果坚持自己对于权利和义务的主观性自我确信，即根据自身决定什么是善，什么是恶，以及什么是合法的和不合法的，取消客观存在的权利和义务内容与规定，那么它实际上只是坚持自己的特殊目的，给予自身行为以义务和某种权利统治的东西，并为了其特殊性观点辩护，而它的行为并不相应地与良心一致。黑格尔把这称作伪善。"假如它将自己的特殊性作为它的确定性原则，这就是最高程度的伪善，直接与恶同一。"[4]黑格尔指出，构成权利和义务的东西，作为理性的自在自为的意志确定性，本质上既

---

〔1〕 Hegel, *Lectures on Natural Right and Political Science: The First Philosophy of Right*, University of California Press, 1995, p. 120.

〔2〕 Hegel, *Lectures on Natural Right and Political Science: The First Philosophy of Right*, University of California Press, 1995, p. 120.

〔3〕 Hegel, *Lectures on Natural Right and Political Science: The First Philosophy of Right*, University of California Press, 1995, p. 120.

〔4〕 Hegel, *Lectures on Natural Right and Political Science: The First Philosophy of Right*, University of California Press, 1995, p. 125.

不是个别性的特殊所有物，也不是它的感觉形式或任何其他个别的即感性知识，而是本质上的思维的普遍确定性，即法律和原则的形式。黑格尔主张："自我意识的主观权利，即知道他的行为或者是善的或者是恶的确定性，这必须不能同这种确定性的绝对的客观权利相冲突，并把两者看作是分离开来的、不相关的或相互间是偶然对立的。"[1]

黑格尔反对将主体自治的道德必然性主观权利看作真正的自由，而将其直接地贯彻到底。因为，纯粹道德的主观权利，还陷于纯粹自身内的自我反思与自我决定之中，它取消了罪恶与美德、真理与谬误等的区别，权利、责任和义务皆取决于自我对于善的主观认识、主观意图以及个人信念。结果，为了摆脱纯粹形式的主观自由所导致的空虚性和否定性的痛苦，人们就产生了对客观性、普遍性和坚固性的权威东西的渴望，甚至宁愿在这客观性中降为奴仆，完全依从。纯粹道德领域内的主观自由或主体自治所造成的精神空虚与贫乏，将必然由其对立面，即某种不自由的专制或独裁式权威实体来代替，个人自由意志的精神主体性地位及客观的自然权利将被纳入个人特殊意志及权力的奴役与控制之下。

道德或主观意志的法，作为个人自由内在的主观确定性领域，规定个人具有自我独立、自我决定的主体性权利。然而，道德法的现实性，必然是首先通过个别的单一个人的主观自我意识或特殊意志来实现和达到。这样，自由本质自身的理性无限性和普遍性的主观性本质就特殊化或具体化为个别的单一个人的主观性了。个人的特殊主观性因而从其自由本质中获得了无限性和普遍性力量，把自身主观意志的特殊性提升为自由概念的无限普遍性，并要求获得对于特殊事物的规定者和决定者的崇高地位和权能。这就可能导致道德领域的伪善和道德恶甚至不法和犯罪行为，从而压迫个人自由、甚至侵害个人权利。道德律的履行被托付给个体的善良意志或良心注定是不充分的，它不可避免地充满了诸多主观感觉的任意性、偶然性与特殊性因素。道德仅仅表达了人类自由本质最直接的普遍性，它依然受到主体——道德个体——的特殊性影响。道德个体自称的善良意图也常常不免侵害他人权利和主观自由，他的善良意图实际上只是他自己个人主观的特殊意志。

---

〔1〕 Hegel, *Elements of the Philosophy of Right*, Allen W. Wood（ed），Translated By H. B. Nisbe（剑桥政治思想史原著系列影印本），中国政法大学出版社 2003 年版，第 171 页。

三、理性普遍性自由本性的客观存在：伦理生活秩序

个人自由的自然必然性权利和道德必然性权利，或者说个人外在的抽象法权和内在主观意志的法即道德，都是个人自由意志实现的理想阶段，即分别是个人对自身现实存在的自然本性和主观的道德本性的自由自我意识，进一步说是个人对自身分别作为自由的个人（person）和主体（subject）的直接自我意识，而非对自身自由的自然和道德本性之全面和整体的理性自我意识。因此，无论是为他物存在的个人抽象法权（right），还是纯粹为自身的主观自由或道德权利（morality），它们都是在自由意志概念自身内具有无限普遍性而无具体内容和规定的抽象个别性，以致在具体现实中，总是用自己的特殊性内容填充这种无限性和普遍性，从而使自由意志的内容成为一种偶然的、任意的规定性。即：在权利领域中，自由意志通过物欲的无限增长、无限满足来规定自己，在道德领域中以自身个别的特殊主观性或对善的主观性自我确信即良心和信念来冒充善与义务的无限普遍性，实际上使特殊的主观性成为至上的普遍性权威。所以，无论个人法权还是道德的主观自由，都只是自由意志的概念规定或概念性存在（being），其本身还是抽象的、无内容、无规定的，还不具有现实性，也就是说它们还没有在现实世界中获得具体实现和存在（existence），它们在纯粹的自由意志概念自身内的直接实现是偶然的、任意的、非理性的。

作为自由意志概念直接存在的抽象法权（外在直接性）与道德权利（内在直接性），它们的必然性与合理性来自于自由意志概念，它们作为分离的、独立的两个领域自身并无真理性和现实性，它们只是分别作为自由意志的外在东西和内在东西相互区别开来的关系，即分别作为自由意志单纯的外在本质和单纯的内在本质。严格的个人权利作为自由意志单纯的外在存在，没有内在的主观性，道德作为自由意志单纯的内在存在，没有外在的客观性。因而，权利和道德作为自由意志的直接存在，它们与自由意志的关系只是"具有"，而不是"存在"，这就是说，自由意志具有权利的外在存在的自然必然性和道德的内在主观必然性。然而权利和道德还不是自由意志的现实性存在，它们只是一种相互外在地分离的、抽象的片面性东西，它们各自为了自身存在，而没有认识到它们实际上是属于同一个东西、也就是自由意志本身，即二者没有达到内在地、统一地同一于自由意志之中。比如说我作为人必然地

具有对外在物任意拥有的权利或道德上内在的主观自由，但是这并不意味着，我在现实生活中就必然地或必须地、直接地和真实而平等地享有这种权利或主观自由。

黑格尔虽然将个人（person）概念和主体（subject）概念看作是适用于所有的人的，即每个人根本上作为自由本质存在，他都有生存的权利和自由的资格，拥有不可剥夺和侵犯的生命道德尊严。然而，这两个概念都是抽象的，它们都不可能直接地是现实的。如果将这种属于抽象理智识见的自然或道德必然性权利加以直接实践、贯彻到底，必然会造成它们的对立面，即暴力与犯罪、邪恶与伪善，导致对个人自由和权利的侵害与压迫，造成"一个阶级对另一个阶级的违法"，即强者、富人的特权和自由，而弱者、穷人生命的道德尊严或者生存权则处于个人与社会在自然和主观的方面的偶然性、特殊性因素威胁之中。黑格尔认为这根本不是自由的现实性，更不是人类自由本质的现实性，这是对人类精神和自由尊严的践踏与侮蔑。因此，黑格尔主张严格的权利和道德必须扬弃各自在自身内的独立性、特殊性与任意性，从概念的意识领域进入现实而客观的实践领域，即现实的政治社会领域，在现实中结合与统一起来，使自由意志概念获得客观的现实性存在，也就是回归客观性和主观性、外在性和内在性、特殊性和普遍性相统一的自由理念的现实，即伦理精神的现实。也就是说，个人的人格和主体性尊严，自然和道德的必然性权利，只有在一个和谐的社会体系或伦理生活秩序中，才能获得客观而普遍、稳固而安全的承认、尊重与照顾，通过给予具体内容和理性规定获得客观实现，扬弃抽象的个人权利和道德善的主观任意性、特殊性与偶然性的威胁和侵害。"权利和道德只是理想的阶段，只有在伦理生活中，它们才能获得存在（existence）。现实的道德只是在伦理生活整体中的道德。"[1]"自在自为的正义是什么，只能在正义的客观形象中，即在国家作为伦理生命的结构中体现出来。"[2]

无论是抽象法领域意志对物的自由，还是道德法领域的主观自由，都是抽象的、无规定性的。抽象法领域对意志主体对物应该占有和取得多少，是

---

〔1〕 Hegel, *Lectures on Natural Right and Political Science: The First Philosophy of Right*, University of California Press, 1995, p. 130.

〔2〕 ［德］黑格尔：《精神哲学——哲学全书·第三部分》，杨祖陶译，人民出版社 2006 年版，第 306 页。

否应该占有，如何占有以及占有本身是否正当，都是没有规定的；道德法领域对于主体必须做什么，应该尽些什么义务，也是没有规定的。抽象法领域仅仅从外在物或所有权方面来认识和规定人的自由，道德法领域则仅仅是从内部主观上来理解和规定人的自由。前者缺乏主观性，后者缺乏客观性。抽象法权和道德领域中还没有得到满足的自由精神必然自我推动、自我发展进一步地努力实现自身，从抽象的、理想的自由和权利进入现实而具体的自由和权利，即必然由抽象普遍性的、理想的法和道德领域，进展到具体而现实的伦理生活领域，抽象的、分离的个人（person）和主体（subject），将在伦理领域的实体中成为现实而具体的人，即作为家庭、市民社会和国家的伦理实体中的特定成员存在。"一种内在的连贯的义务理论只是根据自由思想而具有必然性的那些关系的发展，并因此在它们的整体即国家中拥有现实性。"[1]

客观的伦理领域代替了抽象的善，它是作为无限形式的主观性本质的具体化。法权和道德作为自由意志概念的必然性规定，它们同一于客观的伦理领域中并获得了相互区分和固定的内容，客观化具体化为自在自为的法律和制度。"个人主观地规定为自由的权利，只有在个人属于伦理性的现实时，才能得到实现，因为只有在这种客观性中，个人对自己自由的确信才具有真理性，也只有在伦理中个人才实际上占有他本身的实质和他内在的普遍性。"[2]在伦理性的法律和权力中，每个人享有多少权利，同时也就享有多少义务，权利和义务是同一的。然而在抽象法领域，一个人享有权利，另一个人则对此权利有尊重和承认的义务，每个人都坚持自己权利的普遍性和绝对性，因而要求必须被尊重。在道德法领域，我对我自己的知识和意志的权利，以及对我自己的福利的权利，与义务之间的同一或一致，还只是一种在自身内保持为"要求"的"应当"关系，因而还只是主观的自我确信，没有成为客观的和现实的一致。总之，权利和义务在抽象法和道德法领域中还不是同一于一个人那里的，权利和义务是分离的。但是，"通过伦理性的东西，一个人负有多少义务，就享有多少权利；他享有多少权利，也就负有多少义务"[3]。

伦理生活便是自由精神在现实政治社会实践活动中的运动，它的客观实

[1] Hegel, *Elements of the Philosophy of Right*, Allen W. Wood（ed），Translated By H. B. Nisbe（剑桥政治思想史原著系列影印本），中国政法大学出版社2003年版，第192页。

[2] [德] 黑格尔：《法哲学原理》，范扬、张企泰译，商务印书馆1961年版，第172页。

[3] [德] 黑格尔：《法哲学原理》，范扬、张企泰译，商务印书馆1961年版，第172~173页。

在性显现为它拥有与其概念一致的客观存在或内容。即伦理性的东西是具体的现实存在，包括国家的法律、权力以及民族传统、习俗、风尚等等具有现实性的精神意识形态，其现实性就在于伦理性的东西作为一种客观的精神实体或原则渗透在个人的主观认识和行为方式之中，铸就着一个民族的性格与心理。"在跟个人现实性简单同一中，伦理性的东西就表现为这些个人的普遍行为方式，即表现为风尚。对伦理事物的习惯，成为取代最初纯粹自然意志的第二天性，……风尚是属于自由精神方面的规律，正如自然界有自己的规律一样。而法和道德还没有达到叫做风尚的那种东西，即精神。"[1]

伦理性的东西，对于抽象的、个别的、任意的和主观的自由来说，必然是一种拘束和限制，限制它们企图以个别的主观特殊性和任意性代替客观性、普遍性自由，侵犯或压迫他人的自由与权利。"具有拘束力的义务，只是对没有规定性的主观或抽象的自由、和对自然意志的冲动或道德意志（它任意规定没有规定性的善）的冲动，才是一种限制。但是在义务中个人毋宁说是获得了解放。一方面，他既然摆脱了对赤裸裸的自然冲动的依附状态，在关于应做什么，可做什么这种道德反思中，又摆脱了他作为主观特殊性所陷入的困境；另一方面，他摆脱了没有规定性的主观性，这种主观性没有达到定在，也没有达到行为的客观规定性，而仍停留在自己内部，并缺乏现实性。在义务中，个人得到解放而达到了实体性的自由。"[2]"（伦理性的东西作为具体的现实）伦理性的东西不象善那样是抽象的，而是强烈的现实的。精神具有现实性，现实性的偶性是个人。"[3]

黑格尔表明，伦理生活的现实性，即是说一个民族、国家的伦理生活不再是这个主观性的自由概念，相反，主体与它们的关系是客观的。伦理精神必须避免片面的主观性，它是纯化为普遍性的自由意志，它的实体性存在——国家制度与法律就是主体的基本倾向。"是，必须是，必须被直接地把握和践行，无须做更多，即容忍道德自负的侵入。"[4]黑格尔指明这种简单的、不偏离的、固定的方向就是伦理情感的特征。所以，现在个别性被置于

---

〔1〕　[德] 黑格尔：《法哲学原理》，范扬、张企泰译，商务印书馆1961年版，第170页。

〔2〕　[德] 黑格尔：《法哲学原理》，范扬、张企泰译，商务印书馆1961年版，第167~168页。

〔3〕　[德] 黑格尔：《法哲学原理》，范扬、张企泰译，商务印书馆1961年版，第173页。

〔4〕　Hegel, *Lectures on Natural Right and Political Science: The First Philosophy of Right*, University of California Press, 1995, p. 132.

整体性实体的特殊性领域中，正如置于同一精神实体的各种特殊性存在中，他们有他们自己的特殊领域。每个人的特殊性就是伦理精神的整体性实体领域中普遍的特殊性，它涉及他与各种物的所有权关系、人际关系以及与自身的关系，而不再是抽象自由中那种纯粹为自身的单一性、特殊性。"个人的特殊性权利同样包含在伦理实体中，因为特殊性是伦理性东西存在的外在表现模式。""因此，义务和权利在普遍意志和特殊意志的同一即在伦理领域中，才是一致或相符合的，一个人有权利就他有义务而言，他有义务就他有权利而言。"[1]

抽象法权和道德将在伦理精神客观的特殊性存在实体中得到具体实现。实体性的，即具体社会机制下或特定身份的权利和义务在个人自身内的同一，才是人之为人的具体实现，个人人格及其主体性地位，在客观普遍性的伦理实体领域中才同时得到尊重、承认和实现。"上帝将不是上帝，如果他不成为有限的并在这种有限性中知道自身。真正的现实性就是知道自身在现实性中。"[2]伦理精神作为自由的理念或实现了的自由，它在自身的整体性实体中将自己分裂成不同的、互有差异又互相联系和促进的确定性伦理实体，个人在不同的伦理实体中实现着他们的权利、情感和责任，并在这种现实性的确定性存在中感受到自身作为意志的人格存在的普遍性与真实性。黑格尔按照自由精神自身发展和实现的自然历史活动，将政治社会生活领域中的伦理精神看作是它在从家庭、市民社会到国家中的现实活动。个人的自由与权利正是在这些确定的伦理生活实体中获得实现与满足的。伦理生活是人类获得自由或自我决定的真实环境。

四、伦理生活中个人自然、道德和理性自由本性的具体现实

（一）家庭中的自然伦理：自然和道德自由本性无意识的直接统一

家庭是伦理精神最初的直接的实体性形态，它是以个人直接的和自然的爱呈现出来的，家庭是这种感性的、直接的自然之爱的实体性存在，个人的自然和道德必然性权利因而在家庭中内在地直接统一起来了。"作为精神的直

---

〔1〕 Hegel, *Elements of the Philosophy of Right*, Allen W. Wood（ed），Translated By H. B. Nisbe（剑桥政治思想史原著系列影印本），中国政法大学出版社 2003 年版，第 197 页。

〔2〕 Hegel, *Lectures on Natural Right and Political Science*: *The First Philosophy of Right*, University of California Press, 1995, p. 136.

接实体性的家庭，以爱为其规定，而爱是精神对自身统一的感觉。因此，在家庭中，人们的情绪就是意识到自己是在这种统一中、即在自在自为地存在的实质中的个体性，从而使自己在其中不是一个独立的人，而成为一个成员。"〔1〕

家庭是一种实体性的整体或普遍性，并非与个人相对立，相反个人在其中拥有他自己本质的自我意识。家庭成员相互之间并不是作为独立的个人或孤立的契约者，而是首先作为一个更大整体中的成员并从中发现他们本质性的同一，即以自然的血缘和天然的爱与情感为纽带的家庭统一体。家庭反映了比抽象法和道德领域的自由更高的发展阶段及更具体的体现。在家庭中个人的特殊意志不再仅仅与以抽象权利或善的普遍性形式偶然地关联，毋宁说他以家庭的普遍性统一体为意志目的。无论是个人内在主观性的爱和情感，还是外在客观的财产权都天然地、直接地凝聚于家庭统一体的普遍性之中。

家庭成员之间自然和道德本性的直接统一是无意识的、不自觉的，即通过爱的感觉、情感等直接的自然精神形式来实现的。黑格尔严格地区分家庭中以情感和爱为基础的无意识的直接同一（identity），与国家中以有意识的理性和法律为基础的统一（unity）。"爱是感觉，即具有自然形式的伦理。在国家中就不再有这种感觉了，在其中人们所意识到的统一是法律，又在其中内容必然是合乎理性的，而我也必须知道这种内容。"〔2〕黑格尔认为家庭成员之间在爱和情感基础上的直接同一并不能充分地作为国家建立的基础，国家尤其注重的是自觉意识的理性和法律基础。而且国家的理性和法律因素还必须渗透到家庭婚姻关系中，使之不仅仅通过直接的、自然的爱和情感的主观性伦理精神维系，而且通过客观的理性伦理精神实体——法律制度得到保护。"爱既是感觉，所以在一切方面都容许偶然性，而这正是伦理性的东西所不应采取的形态。所以，应该对婚姻作更精确的规定如下：婚姻是具有法的意义的伦理性的爱，这样就可以消除爱中一切悠忽即逝的、反复无常的和赤裸裸主观的因素。"〔3〕

家庭必须在国家公开颁布并为人知晓和认识的理性法律制度之下才能获

---

〔1〕　[德] 黑格尔：《法哲学原理》，范扬、张企泰译，商务印书馆1961年版，第175页。

〔2〕　[德] 黑格尔：《法哲学原理》，范扬、张企泰译，商务印书馆1961年版，第175页。

〔3〕　[德] 黑格尔：《法哲学原理》，范扬、张企泰译，商务印书馆1961年版，第177页。

得持续、稳固的存在，家庭伦理精神才能得到有效地保持和传承。家庭只是以婚姻关系为基础的自然形态的伦理精神，是直接的爱的统一体，虽然具有法和伦理的实体性规定与意义，但它的本性中混合着主观的爱和感觉以及自然的性的冲动的偶然性，从而自在地具有离异和解体的可能性；另一方面家庭作为婚姻关系的伦理实体，依照人格的原则，它自身内在地具有外向地分裂的因素，即始终渴望实现个人独立的自由意志或法律人格。个人作为精神的本质性存在，自身内自在地具有从家庭中脱离出来实现个人特殊意志的必然性要素。这就决定了家庭向市民社会过渡的内在必然性。个人独立的法律人格或主体权利在家庭中尚没有得到自觉地实现。个人在家庭中不是以个人自身的特殊利益为目的，而是直接地、自然地以对家庭的爱、责任和共同财产为目的。黑格尔提出伦理生活的第二种形式——市民社会，就是我们实践自身直接的自然和道德自由本性的特殊性领域。只有在市民社会中，个人才真正自觉地以自身的特殊利益为对象和目的，并努力地要求实现自身独立的法律人格和主体权利。

（二）市民社会中的特殊伦理：个人自然和道德的特殊性自由的实现

在黑格尔看来，个人在家庭中获得的是一种直接的爱、情感、感觉和信任等自然精神的满足，他个人的一切特殊性和主观性都直接地凝聚和融化在家庭统一体中。然而，个人自身作为自由本质存在的独立人格和主体权利，包括他个人独特的特殊需要、目的及主观智识、才能还没有得到外在的承认并达到实现和满足。"从思辩的观点看来，家庭阶段中的伦理思想还没有被解放为独立的，权利和义务仅仅是不确定的和模糊地受到限制的，家庭成员虽然建立了一个共同体，在这个共同体中，个体在他们的相互关系处理上没有完全的独立性。"[1]

人占有外在物的所有权以及个人的主观知识、主观意图和福利等源于自由意志本质的必然性自由与权利，将在市民社会中得到充分的实现与解放。自由概念在各种需要满足和实现的社会生产、生活实践活动中将自身分裂为诸多特殊性、偶然性和差异性，形成与自身普遍性本质的对立、冲突和区分。市民社会可以说是个人权利和主观自由的特殊性具体实现的客观场所或实践

---

〔1〕 K. H. Ilting, "The dialectic of civil society", Robert Stern（ed.）, HEGEL：Critical Assessments（volume Ⅳ）：Hegel's Philosophy of Nature and Philosophy of Spirit, London and New York, 1993, p. 275.

基地。"市民社会的创造属于现代世界，它第一次允许自由思想的各种确定性都获得它们的权利。假如国家被表象为不同的个人的统一体，作为一个仅仅是利益的共同体，那么这指的只是市民社会的确定性。"[1]因此，我们不能把黑格尔的市民社会完全看作人类自由的自然状态，而是人类自由本质实现的特殊性和主观性环节，是个人权利实现的特殊环节。市民社会是个人伸张自己占有或交换财物的权利，以及通过自己的活动和劳动满足他们自己的需要和利益、意欲其福利的权利，此即自由开放的社会经济活动领域。"但是应该注意黑格尔关心的并不是仅仅建立在需要（need）基础之上的经济活动，毋宁说他关心的是建立在我们的自由和权利基础上的通过自由生产和产品交易满足我们需要的个人权利。"[2]

在市民社会中，每一个人都是他自己的目的，其他所有一切对他没有什么意义。但是他如果不涉及他人的目的就不可能完全实现他自己的目的，这些其他人因此是个人特殊目的的手段。但是通过关涉他人，特殊目的呈现出普遍性的形式，实现自己满足同时满足他人的福利。"既然特殊性与普遍性条件相联系，市民社会整个地就是一个中介的领域，其间所有个人性特征、所有的能力、以及所有出生和运气的偶然性都被释放出来。"[3]黑格尔强调市民社会特殊性实现领域包含或渗透着自由与权利的普遍性原则，或者说特殊的主观自由原则中渗透着形式的普遍性原则。"具体的人作为特殊的人本身就是目的；作为各种需要的整体以及自然必然性与任性的混合体来说，他是市民社会的一个原则。但是特殊的人在本质上是同另一些这种特殊性相关的，所以每一个特殊的人都是通过他人的中介，同时也无条件地通过普遍性的形式的中介，而肯定自己并得到满足。这一普遍性的形式是市民社会的另一个原则。"[4]

通过个人努力劳动满足自己的特殊需要和利益，市民社会中的个人达到这种认识：需要及满足的经济体系自身是他自己的自由及其满足的条件。但

---

〔1〕 Hegel, *Elements of the Philosophy of Right*, Allen W. Wood (ed), Translated By H. B. Nisbe（剑桥政治思想史原著系列影印本），中国政法大学出版社 2003 年版，第 220 页。

〔2〕 Stephen Houlgate, *Freedom, Truth and History*, London and New York, 1991, pp. 105~106.

〔3〕 Hegel, *Elements of the Philosophy of Right*, Allen W. Wood (ed), Translated By H. B. Nisbe（剑桥政治思想史原著系列影印本），中国政法大学出版社 2003 年版，第 220~221 页。

〔4〕 ［德］黑格尔:《法哲学原理》，范扬、张企泰译，商务印书馆 1961 年版，第 197 页。

是，在黑格尔看来，仅仅参与到那个体系之中，这本身并不能保证一个人的需要是现实地得到满足的。需要的经济体系只是给个人在社会中提供自由及其满足的可能性或机会。个人是否实际上在这个体系中获得满足依赖于其他因素，包括他们是否拥有有用的技能，而且他人是否允许他们满足其需要。因此，位于市民社会之下的经济性事业中的自由不是绝对的。因为公众有权利要求经济体系被保持为一个能够为所有人获得自由、权利和福利的地方，每个人都能通过自己的劳动实现它。那就意味着个人没有权利为了他们自己的利益而侵犯或损坏其他人的福利。所以，黑格尔提出，我是否有机会在经济体系中获得满足不应该仅仅保持为依赖于其他个人的良心和利益的一种可能性。毋宁说，合法性的公共权威应该保证它为一种客观的权利。

黑格尔首先肯定了市民社会是个人主观自由和特殊性实现的最充分表达，同时又表明个人自由在市民社会中的不完善性。在市民社会中，我的特殊需要、我的福利，以及我的主观意见、自主选择和任意性，都允许得到最充分的发挥和自由地实现，并受到适当的尊重、保护和实现。个人权利和主体自治权利，在市民社会中得到初步地直接实现，即在自然和精神方面的一切主观性、任意性、特殊性和偶然性得到充分释放。当然，黑格尔并不把市民社会中需要体系的主观性和特殊性实现，看作如同霍布斯所说的自由的"自然状态"，而是把它看作人类自由本质自身的自然性、主观性和特殊性的必然实现，亦即是人类个体权利的必然性实现，因而具有不可鄙视和取消的合理性。在黑格尔看来，在现代世界中，市民社会的自治不是一个自然现象而是一个政治现象，它正是国家现代性本质的反映。"黑格尔的市民社会作为个人需要及满足的自由社会经济体系，并非是纯粹的人类自然状态，而恰恰是以重要的主观自由为原则的现代国家的标志。"[1]黑格尔不像卢梭那样，将道德义务与个人自然需要满足、特殊利益严格地对立起来，抵制市民社会中以私人特殊利益为目的的商业、贸易，否定市民社会具有精神和道德的伦理性质。

黑格尔认为，个人正是通过进入市民社会中的特定组织或团体，使其权利和义务内容具体化、客观化，摆脱个人良心对道德善主观识见的任意性和偶然性，同时扬弃个人权利实现的自然有限性、偶然性及危险性。"黑格尔通过两点在康德与卢梭之间形成非常重要的联系：首先，给定的社会经济对所

[1] Paul Franco, Hegel's Philosophy of Freedom, Yale University Press, 1999, p. 249.

有人形成的相互依赖性，特殊利益能导向普遍性；第二，社会机构，特别是市民社会，通过训练和教育，产生了习俗和传统，加强了特殊利益认识普遍性的趋势。……黑格尔能够调和康德——斯密冲突利益原则与卢梭的习俗、传统和伦理。"[1]对卢梭来说，特殊利益是被视作外在于普遍性的，如同康德以为利益和倾向是外在于因而不能与道德和自由相容共处的。卢梭认为市民社会中的特殊利益具有极大的力量，因而它不可能达到普遍性——普遍意志。特殊利益将会腐蚀国家的伦理基础，它会腐蚀习俗、传统和伦理。既然特殊利益和普遍性是外在的和相互对立的，一方的实现就排斥另一方的实现，特殊利益是异质性的。对于黑格尔来说，我们必须超越个体意识。特殊利益和普遍性必须被看作是内在地关联的，是同一个精神实现的两个相互作用的要素，一方塑造和形成另一方。普遍性必须被看作是个体的本质显现，而个体是通过普遍性而受到训练的。特殊利益——财富、贸易和商业——不被看作是异质性的，它们被看作是与普遍性和自由相容共处的。

黑格尔反对将市民社会中的公共权威或普遍性共同体看作政治国家的性质或政治功能，主张将市民社会与政治国家严格区分。市民社会不可冒充或僭越政治国家，政治国家也决不能压制或吞没市民社会的特殊性和主观自由原则。黑格尔将主观自由和特殊性需要满足的市民社会，只是看作需要之上建立的外部国家，而不是自由理念现实性的国家。在黑格尔看来，属于市民社会的统一体，就象属于契约中的统一体那样，只是共同性（commonality）。在其中，个人的任意意志仍保持着它的优先性。那种共同性决不能与国家中真正的普遍性相混淆。在黑格尔看来，市民社会中的公共组织或公共权威，只是保护个人生命、自由和财产安全的外部普遍性实体，这是现代国家实现个人特殊性自由的手段、必要条件，它们是联系国家与个人的中介或工具。这种外部国家只是照顾所有个人自然需要和主观目的的特殊性不受阻碍地自由实现，只是为了消除侵害或阻碍个人及其所有权实现的不法因素，而对于法之外的其他事情或偶然性因素是不予过问和干涉的。

（三）国家中的理性普遍性伦理：自然、道德和理性自由本性的具体现实

黑格尔认为家庭和市民社会之所以必然地向国家过渡，其根本原因在于自由的现实性或自由本质自身的理性现实性。家庭是自然形态的伦理精神，

---

[1]　Philip J. Kain, *Hegel's political theory and philosophy of history*, Robert , Stern（ed.）, pp. 372~373.

是无意识的、不自觉的直接统一体，市民社会中的特殊性与普遍性的统一则是外在的、相对的，以满足个人需要与利益的特殊性为根本原则和目的。黑格尔认为，作为自由现实性的伦理精神的真正实现，还必须从家庭和市民社会过渡到国家，国家才是自我意识的伦理精神实体，国家才是个人自由与权利的普遍本质的客观实现。"国家是伦理理念的现实——是作为显示出来的、自知的实体性意志的伦理精神，这种伦理精神思考自身和知道自身，并完成一切它所知道的，而且只是完成它所知道的。"[1]国家是伦理精神的客观实体，是伦理精神的现实，它完成和实现它所知道的东西，它具有自我意识。也就是说国家已经知道个人自由与权利在家庭和市民社会中的实现还是不完善的，还存在着人性的自然状态残余，个体生存权、特殊福利及主体尊严都还存在危险。因而个人自由本质的实现仍然具有自然和感性的主观任意性、偶然性和特殊性，其理性的普遍性本质还没有完全实现出来，并成为被知道的客观普遍性东西。在黑格尔看来，国家作为客观的伦理精神，它是显现出来并且被知道的实体性的东西。"人却是这个知道他的法律的东西，人因而能够真正地只服从这样被知道的法律，正如他的法律只有作为被知道的法律才能够是公正的法律。"[2]

家庭和市民社会是国家的必要基础，个人首先直接在家庭中找到其自然与道德内在统一或个人特殊性与普遍性内在地直接统一的归属感；然后，个人在市民社会中找到其作为私人个体，以自身特殊需要和利益满足为目的的自我归属感。然而，个人在客观的现实世界中不仅只作为私人希求自身的特殊需要和利益，而且也希求或渴望普遍的知识和权威，希望自己的生存权、所有权以及精神和道德尊严能够获得普遍的和客观的承认与尊重，扬弃个人特殊性、主观任意性带来的不确定性和偶然性的伤害。因此，"黑格尔从市民社会向国家的转变不能被理解为契约理论通常所理解的自然状态与政治国家的区分"[3]。如果说市民社会是自由的特殊性、主观性的实现和现实，那么国家则是自由的普遍性实现和客观现实。"一种绝对目的的外在现实性是市民社会，然而这是否定性的阶段，产生于需要的普遍性形式。这种形式的普遍

---

〔1〕〔德〕黑格尔：《法哲学原理》，范扬、张企泰译，商务印书馆1961年版，第253页。
〔2〕〔德〕黑格尔：《法哲学原理》，范扬、张企泰译，商务印书馆1961年版，第336页。
〔3〕 Harry Brod, *Hegel's Philosophy of Politics: Idealism, Identity, and Modernity*, Westview Press, 1992, p. 81.

性是国家的必然阶段，但是不是为了特殊需要的目的。相反，这里本质的目的是自由意志。"[1]

黑格尔主张国家是严格地区分于市民社会的。在市民社会中，普遍性是个人追求自我利益过程中的一种无故意的副产品，因而显现为一种无意识的必然性，在国家中它则成为公民明确地知道、意愿和承认的一种目的。黑格尔在这里并不是要对任何一个国家及其政治原则进行经验性描述和分析，而是为国家本身提供一种科学的哲学概念或国家的理念。正如法国学者保罗·利科所说："黑格尔的国家既非是以任何迄今为止世界历史中产生的经验性国家的描述，又不仅仅是一种范例式的乌托邦理想，这个理想使国家属于备受轻视的应当领域。"[2]在黑格尔看来，什么是国家的问题，不是历史事实的问题，而是理解的问题，理解国家作为自由思想的现实，如何通过历史自我发展和展现其自身的理性必然性。然而关于国家的历史起源、产生原因是偶然性的、特殊的，并不能理解和证明国家作为个人自由精神本质客观实现的理性必然性。"自在自为的国家就是伦理性的整体，是自由的现实化；而自由之成为现实乃是理性的绝对目的。国家是地上的精神，这种精神在世界上有意识地使自身成为实在。"[3]"神自身在地上的行进，这就是国家。国家的根据就是作为意志而实现自己的理性的力量。在谈到国家的理念时，不应注意特殊国家或特殊制度，而应该考察理念，这种现实的神本身。"[4]

黑格尔的国家理念，正是人类自由本质之神的客观存在、理性实体，即客观地显现出来的、自我意识的客观精神之"神"，不再是停留在个人的自然需要、主观任意性、特殊性和偶然性里的自我理解。因此，现代国家作为与人类精神的自由本质相一致的客观实体，它一方面不同于人们主观信仰和感觉中的神或上帝，不再是外在于个人精神或自由意志的既定权威，也不是仅仅通过个人主观虔敬和直觉感悟而实现的自由。另一方面，国家作为理性的伦理精神自身的客观现实，不同于它直接的自然状态——家庭、以及它的纯

[1] Hegel, *Lectures on Natural Right and Political Science*: *The First Philosophy of Right*, University of California Press, 1995, p. 221.

[2] [法] 保罗·利科主编：《哲学主要趋向》，李幼蒸、徐奕春译，商务印书馆 2004 年版，第296 页。

[3] [德] 黑格尔：《法哲学原理》，范扬、张企泰译，商务印书馆 1961 年版，第 258 页。

[4] [德] 黑格尔：《法哲学原理》，范扬、张企泰译，商务印书馆 1961 年版，第 259 页。

粹自为的特殊性形态——市民社会。"既然国家是客观精神，只有通过作为国家成员，个人自身才能拥有客观性、真理以及伦理的生活。……统一自身就是真实的内容和目的，个人的命运就是过普遍性的生活，他们进一步的特殊满足、行动及行为模式以这种实质性的和普遍有效的基础作为其出发点和结果。"[1]个人在市民社会中特殊自由实现的普遍性是一种无意识的普遍性，是一种纯粹自为的普遍性，缺乏一种自在的普遍性，相反个体权利自身自在的普遍性，遭到个人纯粹为自身的特殊性的损害。个人作为市民社会成员，实现的只是他的个体特殊性，其内在的普遍性本质并没有获得客观的存在和显现。

个人对其自身作为国家成员的本质认识，其间必然经历或包容着他自身自然的和主观的特殊性需要、目的的自我认识与实现。这就是说，个人作为国家成员或公民，既是对自身自然和道德本性特殊性与主观性认识的必然结果，又是实现或达到那种自我认识与权利的开端。正是因为现代国家中包含并承认个人自由的特殊性与主观性，尊重其自然和道德必然性自由与权利实现的特殊性，才在根本上不同于古代国家。"现代国家的理念具有一种特质，即国家是自由依据意志的概念，即依据它的普遍性和神圣性而不是依据主观偏好的现实化。在古代国家中，普遍性已经出现，但是特殊性还没有解除束缚而获得自由，它也没有回复到普遍性，即回复到整体的普遍目的。现代国家的本质在于，普遍物是同特殊性的完全自由和私人福利相结合的，所以家庭和市民社会的利益必须集中于国家；但是，目的的普遍性如果没有特殊性自己的知识和意志——特殊性权利必须予以保护——就不能向前迈进，所以普遍物必须予以促进，但是另一方面主观性也必须得到充分而活泼的发展。"[2]

国家作为自由的理念，或具体自由的现实化，它就是必须既促进内在主观性知识和意志自由的发展和实现，又必须促进外在的特殊需要与福利的实现，既尊重和承认个人的主观性知识与意志权利，又保证个人外在需要与满足手段的具体实现。国家既不排斥个人的特殊性权利与主体性尊严，相反促

---

〔1〕 Hegel, *Elements of the Philosophy of Right*, Allen W. Wood（ed），Translated By H. B. Nisbe（剑桥政治思想史原著系列影印本），中国政法大学出版社 2003 年版，第 276 页。

〔2〕 ［德］黑格尔：《法哲学原理》，范扬、张企泰译，商务印书馆 1961 年版，第 261 页。

进它们的实现，同时国家又不以个人的内在主观性与外在特殊性利益作为自己的原则与目的，国家本身是自在自为的普遍性目的与原则，因为国家就是理性意志或自由本质的客观现实或确定的存在形态。"对私权和私人福利，即对家庭和市民社会这两个领域来说，国家一方面是外在必然性和它们的最高权力，它们的法规和利益都从属于这种权力的本性，并依存于这种权力；但是另一方面，国家又是它们的内在目的，国家的力量在于它的普遍的最终目的和个人特殊利益的统一，即个人对国家尽多少义务，同时也就享有多少权利。"[1]

对于黑格尔来说，国家不是一个保持和平的机械装置，或者强制性的权利，以及促进超越它自己存在的任何利益。相反，它是更高共同目的的最根本所在，它理性地协调个人的权利和福利，通过提供给他们生活的意义使之获得解放。作为黑格尔所思考的国家，它对于个人的行为而言，不是外部性的强力警察，而是他们实现自己理性本性并由此是他们自由的内部伦理性情。黑格尔的现代伦理国家，作为人类自由本质最高或最完善的实现，表面看似自由实现的最后终点，带有绝对国家或极权主义的味道。然而，这种最后的或最高的"终点"，仅仅是在自由现实性原则或精神概念解释意义上的，决不可以按照经验的存在意义来理解。黑格尔的精神概念在其自由与权利的政治哲学中具有第一位的解释价值和意义，但是这并不表明依据它所解释的事物在现实世界的现存秩序中是第一位的。拜赛尔提出，黑格尔的"精神具有第一位的解释价值，但并不是现存秩序的第一位"。[2]

黑格尔不是根据假想的历史起源或既有历史传统的外在必然性来解释国家的合理性，而是把国家看作人类自由本质自我实现的历史必然性结果同时也是开端。个人自由本质的自我认识与自我实现经历了自身的自然和道德本性的主观性与特殊性，直到在国家这里才获得关于自身本质统一的客观普遍性认识。个人在自然和道德方面的尊严与权利，不再盲目地凭由各种主观性、特殊性、任意性和偶然性东西来决定和实现，而是成为清晰明确、客观统一的宪法体制、伦理习俗而被知道。从而个人自身的一切特殊性、主观性、自然性都将在国家中获得现实而客观、稳固而安全的尊严与权利。国家作为本

---

〔1〕　［德］黑格尔：《法哲学原理》，范扬、张企泰译，商务印书馆 1961 年版，第 261 页。

〔2〕　Hegel's historicism, Frederick C. Beiser（ed.），*The Cambridge Companion to HEGEL*, p. 292.

国人民自由实现的最高现实，这恰恰是作为一个独立个体存在的国家或民族自身质的特殊性规定或否定性的自身联系。因为，作为一个整体的国家，它自在地是一个拥有独立主权的排他性个体。

黑格尔实际上将作为特殊个体实存的国家或民族与他的国家理念相区分，也就是说经验中现存的个别国家或民族并不直接就是国家理念的实现，即并不直接地就是与人类自由本质相一致的国家。所以，指责黑格尔国家观为绝对国家、至上国家或整体主义国家的观点，实际上是对黑格尔国家理念的经验主义误解，或理智的形而上学扭曲。它们把人类精神的自由本质看作静止的、凝固不动的死东西，即没有现实性和历史性的死东西，从而把作为人类自由本质最高目的的国家，也看作没有历史现实性的死东西。在黑格尔看来，作为自由理念现实性或伦理精神实体的国家概念，必须通过它外在的或经验的有限性特殊实存及具体活动发展和实现自身，这就构成了各个不同国家或民族永恒发展与进步的世界历史。各个国家作为本国人民自由本质、特殊利益实现的最高目的，它必然要实现自身这种合理性目的与使命，因而必然创造本民族人民实现自身自由与权利的历史文明。于是，世界历史就将各个民族或国家实现自身理性与自由本性的自我演化事业和光荣业迹展现出来了，看它们一步步荣登历史舞台，实现它们各环节的绝对权利。黑格尔认为在各个民族、国家自我发展和演化的世界历史背后，实际上存在着一种绝对真理或理性目的，那就是人类自由和权利的普遍实现。"在世界精神所进行的这种事业中，国家、民族和个人都各按其特殊的或特定的原则而兴起，这种原则在它们的国家制度和生活状况的全部广大范围中获得它的解释和现实性。在它们意识到这些东西并潜心致力于自己的利益的同时，它们不知不觉地成为在它们内部进行的那种世界精神的事业的工具和机关。"[1]

世界精神，或世界的全部真理的实现，人类自身真理的全部实现，即所有个人或每个个体自身自然、道德及理性必然性本性的自由尊严及其客观权利，能够得到普遍性的尊重与具体实现，有赖于人类自身的不懈斗争与实践改造，有赖于国家或民族自身的不断自我完善与进步。这就是说个人及国家是世界精神实现的工具和机关。因此，黑格尔并不将国家置于自由精神实现的最高或最后阶段，并赋予其绝对地位，相反把各个民族或国家自身存在与

---

〔1〕〔德〕黑格尔：《法哲学原理》，范扬、张企泰译，商务印书馆1961年版，第353页。

发展的合理性与现实性置于世界历史发展的总体之中，即各个国家自身存在的合理性与现实性，在于本民族人民的自由自我意识发展和实现的具体历史之中，它自身的特殊存在、自我意识，因而并不是最终的合理性与必然性，它对于其他国家或民族的自由意识及其具体实现和发展根本不具有优先的地位或价值。黑格尔的现代国家，在理念上作为人类自由本质的理性现实或历史目标，它并不是某种与现实或历史环境相分离的抽象思想，毋宁说理性总是建基于历史和现实之中，理性的制度是建立在一个民族的历史性精神之中的。关于现存国家的合理性与现实性，我们必须是在它自身的自由和理性本质发展的历史阶段中来思考它的合理性与现实性，也就是在它本民族的自由自我意识及权利实现的创造活动与实践斗争的历史中来理解它现存的肯定性。

第二节　辩证法视野下财产权的理性实现

关于黑格尔的财产权或个人所有权概念，有人认为它是为自由主义的个人权利至上理论辩护，主张个人所有权神圣不可侵犯甚至财产不平等思想；有的则认为它是对自由主义所有权观念的批判，主张通过伦理国家实现和保护个人所有权；有的则持中庸观点，认为它既包含了对自由主义的批判，又包含了对自由主义的辩护。个人私有财产权，到底在什么意义上神圣不可侵犯，又在什么意义上趋恶并值得批判？私有财产权何以才能获得正当的和客观的普遍实现？如何调和或沟通私有财产权的神圣性与趋恶性？这些问题不仅属于学理的，更是当代社会现实中为人们困惑并迫切求解的实际问题。在黑格尔那里，作为个人权利的生命、身体及财产所有权，乃是人类精神和道德自由的自然基础与物质前提，包含着对个人独立性与主体性的基本认同，具有不可任意侵犯和剥夺的神圣性。因为人的自由和理性精神必须首先活在健康安全的有机生命体及其自然需要的满足中，人的生命、身体及其私有财产的安全与保障，是个人获得自我认同与尊重的外在感性表现形式。个体只有通过感性的外在所有物或物质福利的获得享有，才能真正感受到自身作为人的自由意志本质及其主体尊严。

一、私有财产权的神圣性：个人自由意志或人格尊严的客观表达

在黑格尔那里，财产权（property）直接地源于个人的人格（personality），亦即个人自身内无限的自由意志本质，所有权便是个人自由意志或人格的客观实在或自然定在。正如黑格尔所说："人格……要使自己成为实在的，它要使自然的定在成为它自己的定在。"〔1〕那么何为所有权？黑格尔把它界定为人对外在物的绝对自由或占有权利，这根本地源于人是自由意志或人格的有机生命体，不同于没有自由意志或无精神的纯粹外在物。"唯有人格才给予对物的权利，人格权本质上就是物权。这里所谓物……即一般对自由来说是外在的那些东西，甚至包括我的身体生命在内。"〔2〕关于纯粹外在物，黑格尔说它是"某种不自由的、无人格的以及无权的东西"〔3〕。黑格尔一面说所有权是人对无自由意志的纯粹外物的占有权利，一面又说这种所有权包括对自身身体和生命在内，然而身体对个人自己来说不是外在于自己的自由意志或精神的。这是否意味着所有权是既包括对外在物的权利，又包括对人的身体、生命的占有权利呢？黑格尔当然反对这种理解。黑格尔认为所有权只能是对外在物的权利，决不可以扩大到对人的占有权利。黑格尔之所以说所有权包括对身体、生命在内，仅是指每个个人对自身身体和生命的绝对所有权，这是个人保持自身有机的整体性存在必需的总体基础和自然前提，这就意味着任何他人或社会共同体绝对不可以占有他人的身体、生命。黑格尔强调说明："任何一种权利都只能属于人的，从客观说，根据契约产生的权利并不是对人的权利，而只有对在他外部的某种东西或者他可以转让的某种东西的权利，即始终是对物的权利。"〔4〕

个人所有权从客观地和外在地角度来说都只是人对外在物的所有权，这与个人对自身的身体生命的绝对所有并不矛盾和冲突，在这个意义上，个人所有权实质上就是财产所有权。对此，黑格尔的描述是："我把某物置于自己外部力量的支配之下，这样就构成占有；同样，我由于自然需要、冲动和任性而把某物变为我的东西，这一特殊方面就是占有的特殊利益。但是，我作

---

〔1〕［德］黑格尔：《法哲学原理》，范扬、张企泰译，商务印书馆1961年版，第48页。
〔2〕［德］黑格尔：《法哲学原理》，范扬、张企泰译，商务印书馆1961年版，第48页。
〔3〕［德］黑格尔：《法哲学原理》，范扬、张企泰译，商务印书馆1961年版，第50页。
〔4〕［德］黑格尔：《法哲学原理》，范扬、张企泰译，商务印书馆1961年版，第49页。

为自由意志在占有中成为我自己的对象，从而初次成为现实的意志，这一方面则构成占有的真实而合法的因素，即构成所有权的规定。"[1]黑格尔的所有权概念除了因其本身只是对纯粹外在物真实而合法的占有权利因而实质上是财产所有权之外，同时还因所有权在现实性和客观性上是单个个人的意志的表达和直接实现，因而必然是一种私人所有权。黑格尔作了这样的解释："在所有权中，我的意志是人的意志；但人是一个单元，所以所有权就成为这个单元意志的人格的东西。由于我借助于所有权而给我的意志以定在，所以所有权也必然具有成为这个单元的东西或我的东西这种规定。这就是关于私人所有权的必然性的重要学说。"因此，黑格尔的所有权，更确切地说，是财产所有权或私人所有权，主要体现的是人对物的权利。

自我意识的个人之间相互区分，首先在于他的个人所有权，私有财产表达了他个人的特殊意志和目的。"私有财产是不可避免的第一步，即个体认识到自身最大愿望是理性自由的第一步。它是一个基本的世俗目的之首要的基础性表达：外部现实的自由主人。共同拥有是对那种自由的危险性检验，因为个人将不被允许直接使用他们的财产作为他们特殊意志和目的的表达。"[2]通过财产的占有或私有财产，人类无差异、无规定的理性精神或自由本质第一次获得了具体规定和客观内容，同时自我也从无限性过渡到特殊性和有限性的自我认识，超越和克服了那种抽象的、潜在的无止境的自我诉求，亦即抽象的无限性自由。人在他的财产或所有物中，第一次感受到自己作为一个人存在的确定性自我意识，换言之，个人的身体生命以及私有财产是肯定自己自由意志的自然存在。"只有当自由获得确定性存在和现实性时，当它外在化自身时，才是自由的。"[3]"我"的精神与身体是直接同一的，"作为一个人，我同时拥有我的生命、身体以及其他事物，只有就此而言，我才拥有对它的意志或意愿"[4]。"直到个人拥有其生命、身体及财物的所有权，他才能作为理性物存在。即使我的这种最初的自由现实性是一种存在于外在物中

〔1〕 ［德］黑格尔：《法哲学原理》，范扬、张企泰译，商务印书馆 1961 年版，第 54 页。

〔2〕 Richard Teichgraeber, "Hegel on Property and Poverty", *Journal of the History of Ideas*, Vol. 38, No 1（Jan -Mar ，1977），pp. 47~64.

〔3〕 Hegel, *Lectures on Natural Right and Political Science-The First Philosophy of Right*, University of California Press，1995, p. 78.

〔4〕 Hegel, *Elements of the Philosophy of Right*, Allen W. Wood（ed），Translated By H. B. Nisbe（剑桥政治思想史原著系列影印本），中国政法大学出版社 2003 年版，第 78 页。

的现实性，因而是一种贫乏的现实性，但这正是抽象人格别无所有的直接存在。"[1]黑格尔强调必须首先承认并尊重个人作为自然有机体生命存在的原始既定事实，将其自然自由本性具体而客观地表达为神圣不可侵犯与剥夺的个人所有权，包括对自身生命、身体以及必需的物质生活资料的自然权利。在黑格尔看来，拥有财产并非是满足需要的一种手段，相反财产所有权本质上表达了人的自由意志本质，是人格尊严的首要物质基础与必要前提，抽象个人观念是通过私有财产变为现实的。"真正的观点在于，从自由的角度看，财产是自由最初的定在，它本身是本质目的。"[2]然而霍布斯和洛克将个人自由、生命和财产的必然性归于人自身利己的自然本性，并最终归于上帝或神的理性法则，而没有真正根据人自身的精神或自由意志本质来解释自由与权利、国家与法律的合理性本质。学者 Harry Brod 这样评价黑格尔相比于洛克的深刻性与卓越性："对黑格尔来说，洛克的财产权观点贬低了人类尊严，因为它把他们当作一种低于人类尊严所要求的存在，它按照生物的、动物的本性水平来看待他们，而没有达到人类精神本性的水平。"[3]"洛克对财产权的解释建立在人类自然方面的本性之上，即他们拥有身体和生物的需要。黑格尔的解释基于人类精神方面——他们拥有思想和意志。"[4]在黑格尔看来，"我对于一事物的权利不仅是占有，而且是作为一个人的占有，这就是所有权（property）"[5]。"人为了作为一个思想的存在物，他必须给予自身一个外在的自由领域，因为个人作为自在自为的无限意志，他起初整个地来说还只是一种抽象的确定性，因此它必须首先为其抽象意志确立一个确定性的自由领域。"[6]也就是说所有权，亦即财产所有权或私人所有权，是人之为人的自由意志本质或人格尊严的确定性存在与客观表达，因而具有不可任意侵犯和剥

[1] Hegel, *Elements of the Philosophy of Right*, Allen W. Wood (ed), Translated By H. B. Nisbe（剑桥政治思想史原著系列影印本），中国政法大学出版社 2003 年版，第 73 页。

[2] [德] 黑格尔：《法哲学原理》，范扬、张企泰译，商务印书馆 1961 年版，第 54 页。

[3] Harry Brod, *Hegel's Philosophy of Politics: Idealism, Identityand Modernity*, Westview Press, 1992, p. 67.

[4] Harry Brod, *Hegel's Philosophy of Politics: Idealism, Identityand Modernity*, Westview Press, 1992, p. 67.

[5] [德] 黑格尔：《精神哲学——哲学全书·第三部分》，杨祖陶译，人民出版社 2006 年版，第 315 页。

[6] Hegel, *Elements of the Philosophy of Right*, Allen W. Wood (ed), Translated By H. B. Nisbe（剑桥政治思想史原著系列影印本），中国政法大学出版社 2003 年版，第 73 页。

夺的神圣性。

二、财产权直接实现的困境：物质财富的自由争夺与不平等

黑格尔虽然强调个人所有权具有神圣不可侵犯的崇高地位，但是他从来不曾赋予个人所有权本身以自由真理的最后地位，而是明确指出它自身作为单一孤立的自由实现环节，如果直接贯彻到底必然走向自由的反面，使自由成为偶然的、个别的和特殊的。财产所有权作为个人的抽象权利领域，只是个人（person）人格本身的客观存在或规定，即抛开了各个个人的特殊性、主观性和偶然性的一种普遍的和抽象的平等权利，即是一个抽象普遍性存在，因而对财产所有权的具体实现，即占有什么，占有多少，以及如何占有，在抽象法领域是没有也不可能规定的，否则就会使财产所有权成为个别的、特殊的和偶然的感性存在。

财产所有权作为个人自由意志之实现，在其现实性和实践性的占有行动上，具有特殊性和主观任意性。正如黑格尔所说："在对外在事物的关系上，合理的方面乃是我占有财产。但是，特殊的方面包含着主观目的、需要、任性、才能、外部情况等……但是在这种抽象人格领域中，这一特殊方面还没有与自由同一化。所以我占有什么，占有多少，在法上是偶然的事情。"[1]所以，财产所有权通过个人的实际占有行动就进入了现象的、特殊的和偶然的不平等领域。"这种占有的自由意志，其基本的外在化从一开始就包含了偶然性因素，经验的单一性因素，以及仅仅需要的和任意性的因素"[2]，所以"这种权利实现的过程就进入了偶然性领域，即一时的意念和需要的偶然性，因此是不平等的领域"[3]。黑格尔认为财产所有权的平等与不平等并不矛盾和冲突，相反不平等正是财产所有权自身外在实现或显现的必然现象，正是各个个人自身自由意志的实现，而各个个人在自然和主观方面当然是存在差异和特殊性的。毕竟"把自然物据为己有的一般权利所借以实现的占有取得，作为外部行动，是以体力、狡智、技能，总之我们借以用身体来把握某物的

---

〔1〕　［德］黑格尔：《法哲学原理》，范扬、张企泰译，商务印书馆1961年版，第57页。

〔2〕　Hegel, *Lectures on Natural Right and Political Science: The First Philosophy of Right*, University of California Press, 1995, p. 65.

〔3〕　Hegel, *Lectures on Natural Right and Political Science: The First Philosophy of Right*, University of California Press, 1995, p. 66.

一切手段为条件的。按照自然物的差别，对这些物的获得和占取具有无限多的意义，以及同样无限的限制和偶然性。所以物的获得和外部占有也具有无限的方式，并且多少是不确定的和不完全的"。[1] 因此，"在这里，平等只能是抽象的人本身的平等，正因为如此，所以关于占有的一切——它是这种不平等的基地——是属于抽象的人的平等之外的"[2]。"抽象的人的平等"是指"他们仅仅作为人 (person)，即在他们的占有来源上，是平等的"[3]。各个人因其人格或自由意志本质上的平等，都拥有财产或占有外在物的平等权利，并非指他们在财富收入或占有多少意义上的平等。"正义要求各人的财产一律平等这种主张是错误的，因为正义所要求的仅仅是各个人都应该有财产而已。其实特殊性就是不平等所在之处，在这里，平等倒反是不法了。"[4]

如果将私有财产权这个单一的自由环节作为独立的唯一真理贯彻到底，不仅必然导致收入和财富占有的不平等，而且包含着使人物化或奴隶化的倾向。财产所有权作为自由意志的外在确定性领域或客观表达，一方面往往使人容易陷于对外在物或财富的无止境追求、计算与享受中，同时另一方面使自身容易遭受外在的强制与暴力，即通过对物质生活资料的剥夺而强制个人的自由意志，出现黑格尔所说的"主人与奴隶"的辩证关系。所谓"主人"就是他通过支配控制奴隶证明自己自我意识的独立性，占有奴隶劳动创造或"加工改造"的物来获得个人享受，满足自己的欲望，以此证明自己纯粹自我的独立性。"主人"何以能控制或强制"奴隶"呢？在"主人"眼里，"奴隶"并不被承认为一个独立的自我意识，而被看作否定性的自然存在物，因而通过强制其身体及其肉体存在所需要的外在物，来强制奴隶的意志，即强迫奴隶为自己劳动，生产满足主人欲望的物。这样，奴隶就失去了自己的自由意志或自我意识的独立性，奴隶的自我意识陷于生命和外在物中。关于强制的发生原理，黑格尔说道："我的意志由于取得所有权而体现于外在物中，这就意味着我的意志在物内得到反映，正因为如此，它可以在物内被抓住而遭到强制。因而我的意志在物中可能无条件地受到暴力的支配或者被强迫做出某种牺牲、某种行为，以作为保持某种占有或肯定存在的条件。这就是对

---

〔1〕 ［德］黑格尔：《法哲学原理》，范扬、张企泰译，商务印书馆1961年版，第60页。

〔2〕 ［德］黑格尔：《法哲学原理》，范扬、张企泰译，商务印书馆1961年版，第57页。

〔3〕 ［德］黑格尔：《法哲学原理》，范扬、张企泰译，商务印书馆1961年版，第58页。

〔4〕 ［德］黑格尔：《法哲学原理》，范扬、张企泰译，商务印书馆1961年版，第58页。

它实施强制。"〔1〕这就是说，因为一个外在的东西，甚至是我的身体，这样我的意志就有了外在性，由此他人外在的暴力行为是可能的，而且我表达于物中的意志也能这样被抓住，因此我能够被阻止使用属于我的东西，被阻止实践我的自由与权利，我的自由由此与我的个人所有权发生分离。马克思对资本主义经济制度的批判与黑格尔不谋而合，认为资产阶级正是通过剥夺工人无产阶级的生产资料甚至生活资料，使其劳动与财产所有权发生分离，进而剥夺其对宗教、文化和道德等精神领域活动的自由追求与主体权利，实际上"也就把人的类生活变成维持人的肉体生存的手段"〔2〕。马克思那里的"无产阶级"相当于黑格尔所说的"奴隶"，受资本家这样的"主人"支配和控制，为了自身及后代的肉体存在及生活资料而被迫劳动，他们丧失自己独立的自我意识和主体尊严。但是，黑格尔认为"主人"在某种意义上也是"奴隶"，并没有获得真正的自为存在，因为一方面他们沉陷于欲望的满足和物的享受中，其所有物并非是他自己自由意志的表达，即不是通过他自己的身体、体力、智力和技能的劳动来占有和获得的；另一方面"主人"的地位并不是通过另一个同样独立的自我意识的承认来获得的，正如他否定奴隶是一个独立的自我意识存在，而只视其为物或物性的存在。正如黑格尔所说："每一方虽说确信它自己的存在，但不确信对方的存在，因而它自己对自己的确信也就没有真理性了。"〔3〕

根据黑格尔的观点，我不应该仅仅被当作物或自然的肉体存在来看待和对待，更重要的是我作为一个拥有主观自我意识的精神主体，必须得到应有的肯定与尊重，而不应根据我财富拥有的多少来决定我的道德地位与主体尊严。因此，人与人之间不应仅仅是表面平等的契约关系或法权关系，更深层和更根本的是人作为自在的道德主体，相互之间内在的责任和义务关系，即相互承认的"互主体"关系。然而，"建基于财产权的社会，使得穷人感到受排斥、嘲笑，自我意识被逼到不再有任何权利的极限……贫困导致其缺乏他人的承认，剥夺了对穷人的尊重。穷人将他们自身看作自由的存在，但是他们的物质存在极大地否定了他们的自我尊重感，结果使他们感到自身处于内

〔1〕　[德] 黑格尔：《法哲学原理》，范扬、张企泰译，商务印书馆 1961 年版，第 95 页。
〔2〕　[德] 马克思：《1844 年经济学哲学手稿》，载《马克思恩格斯全集》（第 3 卷），人民出版社 2002 年版，第 274 页。
〔3〕　[德] 黑格尔：《精神现象学》（上），贺麟、王玖兴译，商务印书馆 1979 年版，第 125 页。

在和外在的分裂之中"[1]。以个人所有权保护为绝对目的的法律和政治体制，可能会无视财产占有的不平等漫延到精神和道德领域中主体尊严的不平等。然而"在洛克和自由主义者们看来，最不能容忍的暴行乃是对私人所有权的侵犯"[2]。黑格尔坚持"正义终极地在于人精神的自由意志本质"[3]，财产所有权作为完全为自身目的的个人权利，将自身仅陷于外在物的无限需求和占有中，成为与道德不相关的东西。所以，"黑格尔希望废除那种被称为'占有性'个人主义的政治理论假设"[4]。

在黑格尔那里，财产所有权或私有财产权之所以神圣不可侵犯，不是因为它具有本体论的价值优先地位，而是因为它是精神得以存在和实现的自然基础和首要前提，但它还不是精神本身追求的目的。人既作为精神和道德的自我意识主体，虽然首先要求其自然需要的满足，但是又决不可能在物的占有中得到满足，而是不断超越物的需求与满足，寻求自身精神和道德的主观需求与自由，从事精神的创造性认识与实践活动，如科学研究、技术发明、艺术创造、文化教育、哲学、宗教等精神性事业。因此，作为人类自然需要满足的私有财产和物质福利，只是人类精神自我实现、自我认同的一个过渡性环节或中介，不是人类自由的全部或最后的真理。"黑格尔对财产本质的解释，只有在他作为整体的理性发展哲学中，才能得到充分理解。仅根据它自身来看财产的本质，是没有真理性的。"[5]黑格尔正是要将人类精神和道德从沉湎于物的占有、对抗与争夺中拯救出来，使之能够真正回复到内心精神或思想的自由追求与创造中，从物的自我认同转向对人类精神或道德主体价值的自我认同，从人与人之间物质利益的冲突对抗，转向精神或道德的根本统一。无论是个体与个体之间，还是个体与社会共同体之间，或者说个体与自身及外在世界的和解与同一，都只能发生在精神和道德的认识和实践活动领

〔1〕 Costas Douzinas,"Identity, Recognition, Rights or What can Hegel Teach Us about Human Rights？" *Wily-Blackwell*：*Journal of Law and Society*, Vol. 29, No. 3 (Sep. , 2002), pp. 379~405.

〔2〕 [意] 洛苏尔多：《黑格尔与现代人的自由》，丁三东等译，吉林出版集团 2008 年版，第202 页。

〔3〕 Hegel, *Lectures on Natural Right and Political Science*：*The First Philosophy of Right* , p. 101.

〔4〕 Paul Thomas, *Property's Properties*：*From Hegel to Locke. Representations*, Vol. 84, No. 1 (Nov. , 2003), pp. 30~43.

〔5〕 Richard Teichgraeber,"Hegel on Property and Poverty", *Journal of the History of Ideas*, Vol. 38, No. 1 (Jan. -Mar. , 1977), pp. 47~64.

域中，决不可能发生在感性和自然的排他性物质利益与财富的占有活动领域中。正如黑格尔所说："时代的艰苦使人对于日常生活中平凡的琐屑兴趣予以太大的重视，现实上很高的利益和为了这些利益而作的斗争，曾经大大地占据了精神上一切的能力和力量以及外在的手段，因而使得人们没有自由的心情去理会那较高的内心生活和较纯洁的精神活动，以致许多较优秀的人才都为这种艰苦环境所束缚，并且部分地被牺牲在里面。因为世界精神太忙碌于现实，所以它不能转向内心，回复到自身。"[1]

三、财产权的具体实现：从市民社会到伦理国家的理性秩序

财产权作为抽象普遍性的个人权利，是个人自由意志得以实现的外在确定性领域，它自身作为单一孤立的自由理想阶段，内在地潜藏着财富占有的不平等、精神和道德尊严丧失等危险。但是，黑格尔仍然认为，它作为人类自由意志或精神事业发展的物质基础，作为个人特殊性和主观性自由的实现环节，必须不可压制和取消，市民社会便首先是个人财产所有权及主体（subject）自治权利得以充分实现和获得的具体实践场所。市民社会允许个人的特殊性和主观性、自由选择、任意行动，以及与自然相关的所有偶然性和幸福都得以充分施展和发挥，所有个人都平等地凭借自己自然和主观方面的特殊能力、才干，自由自主地谋求幸福生活、占有社会财富，获得个人成就、荣誉及社会承认。"市民社会的创造属于现代世界，它第一次允许自由思想的各种确定性都获得它们的权利。"[2]每个人作为人都有平等地追求自己特殊需要及其满足的权利，但是每个人需要及满足的内容、手段、方式和程度必然是不一样的，所以在人的整体生存依赖于需要和享受增殖的整个社会经济网络体系中，"一个人既面对自身与他人同一的意识，同时又面对着一种不平等的意识"[3]。市民社会中个人对普遍财富的分享及个体需要满足的现实性，受到劳动技能以及劳动所需要的自然体质、教育及资本等条件的制约，这些

---

〔1〕 ［德］黑格尔：《哲学史讲演录》（第1卷），贺麟、王太庆译，商务印书馆1959年版，黑格尔开讲辞第1页。

〔2〕 Hegel, *Elements of the Philosophy of Right*, Allen W. Wood（ed），Translated By H. B. Nisbe（剑桥政治思想史原著系列影印本），中国政法大学出版社2003年版，第220页。

〔3〕 Hegel, *Lectures on Natural Right and Political Science：The First Philosophy of Right*, University of California Press, 1995, p. 169.

偶然性因素产生了财富不平等的必然后果。所以黑格尔同时指出，仅仅参与到那个体系之中，这本身并不能保证一个人的需要是实际地得到满足，需要的经济体系只是给个人在社会中提供自由及其需要满足的可能性或机会，位于市民社会之下的经济性事业中的自由并不是绝对的。市民社会中无论"看不见的手"即斯密的"市场机制"和康德的"道德自律"，还是另一支"看得见的手"即强制性司法体系，作为社会的主要调节机制，它们无法消除市民社会中的"自然状态残余"，即个人特殊性、主观任意性所造成的一种市场之外和法律之外的偶然性或无故意侵害与危险。这就将原本属于必然的和普遍的人格权利、道德自由，降低为偶然性的和不确定的。因此，黑格尔反对将各个人追求和实现自身特殊性和主观性需要、占有私人财富的活动领域——市民社会，等同于法、道德和民生福利三者相统一的伦理性现代国家。

黑格尔对待市民社会的态度，不像霍布斯和洛克的现代自然法政治哲学那样，局限于"市民社会"领域，企图从个人自我利益、个人所有权至上原则来分析公共领域。"霍布斯和洛克对于市民社会问题的解决是一种非解决的解决。经典自由主义者所提供的生命和财产安全是以牺牲人类尊严和自由为代价的。资本主义社会不过是一切人反对一切人的战争。"[1]而"黑格尔的市民社会解释既包含着对于个人自由的承认，又包含着对于某种个人主义类型的自由的批判。"[2]黑格尔认为市民社会是伦理性现代国家得以建立所必需的物质基础，个人特殊需要、主观愿望的满足以及私有财产的获得，必须属于作为"需要体系"的市民社会领域；然而伦理国家则属于人们从中实现与自身精神和道德同一、获得生活意义的普遍性领域，绝对不是个人从中谋求私人利益或占取私有财产的地方。作为伦理国家的政府，既不排斥和压制个人的特殊需要与主观自由，相反促进它们的实现，同时国家又不以个人的个别主观性及特殊性利益作为自己的原则与目的。不过，为了国家的强大和稳定，个人需要发现他的特殊利益——他的人格、他的财产、他的物质福利——在国家中得到保证和安全。"国家是具体自由的现实；但具体自由在于，个人的单一性及其特殊利益不但获得它们的完全发展，以及他们的权利获得明白承认，而且一方面通过自身过渡到普遍物的利益，另一方面他们认

[1] Paul Franco, *Hegel's Philosophy of Freedom*, Yale University Press , 1999, p. 5.
[2] Paul Franco, *Hegel's Philosophy of Freedom*, Yale University Press , 1999, p. 250.

识和希求普遍物，甚至承认普遍物作为他们自己实体性的精神，并把普遍物作为他们的最终目的而进行活动。"[1]"特殊利益当然不能被抛弃，更别说压制它；相反它们应该与普遍利益协调一致，以便他们自身及普遍性两者都得到保持。"[2]

黑格尔辩证法视野中的个人所有权理论，如鲍·托马斯（Paul Thomas）所言："与其说黑格尔关心人们生活经验层次的个人动机，毋宁说他关心的是如何实现占有理智（reason）的理性（ration）重建"，"他希望废除那种被称为'占有性个人主义政治理论'的假设"，因为"财富可能直接地滋生权力是黑格尔最大的担忧之一"，"黑格尔权利哲学中设计的建筑性制度结构正是为了防止一种由财富及从中生长出来的权力渗透和同化的新的后封建制度"。[3]黑格尔对市民社会的超越和扬弃，或者说个人所有权的客观普遍性，正在于他重建的伦理性现代国家，即真正以精神的和道德的普遍平等概念作为其制度设置与实践安排的根本准则或价值理念，确立以宪法和法律为核心或至上原则的伦理政治秩序，实现法、道德和民生福利三者的内在统一，使所有公民在理性、客观和普遍有效的制度基础上被承认、被尊重和被对待为一个拥有普遍平等的独立人格和主体尊严的人，保证每个人自由、自主地寻求和创造自身的幸福生活，使其摆脱自由市场中人们自然和道德方面自然状态残余的任意性与偶然性危险，将其物质权利和道德权利从市场经济社会中偶然性意义的"是"，提升为必然性意义的"是"；制度性地尊重和保障每个公民个体平等的生命权、生存权、私有财产和主观自由以及各种物质福利的权利，使人们在享有其自然和道德方面应有的尊严与财富的基础上，回归自身的精神和道德本质，实现真正的人的自由和解放。

第三节　辩证法视野下的个人道德权利与客观普遍性的法

道德主体的自治权利或个人自主选择，是以罗尔斯、诺齐克等人为代表

---

[1] 黑格尔：《法哲学原理》，范扬、张企泰译，商务印书馆1961年版，第260页。

[2] Hegel, *Elements of the Philosophy of Right*, Allen W. Wood（ed），Translated By H. B. Nisbe（剑桥政治思想史原著系列影印本），中国政法大学出版社2003年版，第285页。

[3] Paul Thomas, *Property's properties：From Hegel to Locke*, Representations Vol. 84, No. 1（November 2003），pp. 30~43.

的新自由主义或新康德主义的核心主张和基本价值原则，他们主张在关于什么是善的问题上，人们各有自己的评价标准，不存在统一的善恶标准，所以在实践层面上的主要任务就在于协调各不相同的善观念，需要一套大家都可接受的"讨价还价规则"或"正义理论"。这种主张和观点在现今道德哲学、法哲学和政治哲学中占有突出地位并具有重要影响，当然也受到了以麦金太尔、桑德尔等人为代表的社群主义者的强烈批评。然而无论是麦金太尔重返亚里士多德传统伦理的主张，还是桑德尔对罗尔斯正义论的驳斥，都难以击中新自由主义的要害，也未能成功建树另一种令人信服的政治纲领。实际上，无论新自由主义的"个人权利优先于善"，还是社群主义的共同体伦理或传统美德，可以说是分别作为黑格尔自由—权利辩证法中人类自由本质实现的特殊环节，处于彼此互为中介、自我实现、自我否定和扬弃的永恒运动之中。黑格尔关于道德主体自治权利的哲学分析与论证，既坚定地维护个人道德主体自治权利的高贵性尊严，又深刻地剖析解释其固执化和极端化必然导致邪恶与不法、善恶不分，混淆合法与不合法的界限。

一、道德权利（morality）：主观自由的法

在康德看来，道德作为人之为人最高贵的本质，它与人类自身精神的自由和理性本质同一。黑格尔认为康德"这个原则的建立乃是一个很大的进步，即认自由为人所赖以旋转的枢纽，并认自由为最后的顶点，再也不能强加任何东西在它上面。所以人不能承认任何违反他的自由的东西，他不能承认任何权威"。[1]斯特劳斯也认为："康德将人的意志自由的道德法则作为政治实践的基础，以捍卫人的理性尊严和自由意志，这无疑是具有伟大的积极意义的。"[2]与康德一样，黑格尔认为道德才真正体现人类主体精神或主观自由的高贵性尊严和价值所在，其自由—权利辩证法的政治哲学正是要努力辩护和坚守这属于人类精神最高贵的自由本质。如果说康德论证了真正的道德是什么，提出了纯粹形而上学的道德原则，那么黑格尔则以人自由本质的现实性为原则，探索康德形而上学道德原则的现实性，扬弃其抽象的或形式的普遍

---

〔1〕［德］黑格尔：《哲学史讲演录》（第4卷），贺麟、王太庆译，商务印书馆1997年版，第289页。

〔2〕［美］列奥·斯特劳斯、约瑟夫·克罗波西主编：《政治哲学史》（下），李天然等译，河北人民出版社1993年版，第617页。

性与无限性，将其确立为个人主观自由的确定性领域，即"主观意志的法"
[1]或道德权利（morality）。

在黑格尔看来，道德作为自由精神的主观实在性，属于个人内在的主观
自由领域，是不同于作为自由精神客观实在性或自然定在的法权领域，即关
于个人外在自由领域的法，扬弃和超越了那种仅仅外在地表达为"个人所有
权"或"我的东西或财物"的自然自由本性。因为"在严格意义的抽象法
中，还未发生什么是我的原则或我的意图的问题……人都愿意别人对他按他
的自我规定来做出评价，所以不问各种外在的规定怎样，他在这种关系中是
自由的……人的价值应按他的内部行为予以评估，所以道德的观点就是自为
地存在的自由"。[2]

黑格尔认为道德的实现或完成，不可能像康德那样永恒地和严格地坚守
于自我内心，远离一切外在的、自然的和感性的东西。道德既作为人自身最
高贵的自由精神本质，它必须实现出来，成为被知道的确定性存在，也就是
说道德必须超出自身，疏离自身，与自身发生对立与矛盾，继而克服这种对
立和矛盾，才真正返回自身，实现道德的完成，使主观的道德权利成为客观
普遍性的伦理规定。"因为关于德的学说不是一种单纯的义务论，它包含着以
自然规定性为基础的个性的特殊方面，所以它就是一部精神自然史。"[3]在
黑格尔看来，道德必然首先直接地实现为单个人自我决定的主观意志或主体
自治权利，即脱离一切外在的自然、社会和政治的各种关系与权威，独立自
主地自我判断、自我决定，确信自身内拥有对理性普遍性的知识，如善或义
务的自我理解、判断和确认的主观能力。而且，这种道德意志的主观权利即
主观上是"我的东西"，必须在它的外在性中被我知道它是我的，行为是主观
意志与外在客观领域联系的中介。"行为在于主体对它的主观性的扬弃，并使
它的内部要素成为外在的。行为是意志的转变或翻译，是意志给予自身一种
作为存在（existent）的存在（being）模式。"[4]"人的真正的存在是他的行

---

〔1〕　[德] 黑格尔：《法哲学原理》，范扬、张企泰译，商务印书馆1961年版，第111页。

〔2〕　[德] 黑格尔：《法哲学原理》，范扬、张企泰译，商务印书馆1961年版，第111页。

〔3〕　[德] 黑格尔：《法哲学原理》，范扬、张企泰译，商务印书馆1961年版，第169页。

〔4〕　Hegel, *Lectures on Natural Right and Political Science: The First Philosophy of Right*, University of California Press, 1995, p. 108.

为；在行为里，个体性是现实的。"[1]"行为就是这个行为，它的存在不仅仅是一个符号，而是事情自身。行为就是这个人有什么样的行为就有什么样的个人。"[2]于是，个人行为成为道德的翻译者，使道德成为被知道的、与外在客观领域或他人相联系的东西，同时也意味着行为成为了解或评价个人是否道德的客观依据。

黑格尔超越了康德抽象的形而上学的道德原则，将其具体化和现实化为个人的基本道德权利（morality），具体包括：①我对自己行为及其外在客观存在的主观认识的权利；②我有把自己的福利满足作为行为的特殊目的或意图的权利；③我能在自身中将自己的特殊性提升为普遍性，即将普遍性的善或义务作为自身意志的绝对目的的自我确信，这就是我的良心和信念。

二、主观认识的权利

黑格尔首先从个人对其行为及责任的主观认识与自我判断上，肯定个人的理性认识能力和主体尊严。行为主体的主观认识权利，首先源于他是一个拥有自我意识的理性和自由意志主体，他能够根据自己的主观认识自我决定自己的事情及行为，并因此必须对自己的决定以及行为负责。"意志的法，在意志的行动中仅仅以意志在它的目的中所知道的这些假定以及包含在故意中的东西为限，承认是它的行为，而应对这一行为负责。行动只有作为意志的过错才能归责于我，这是认识的法。"[3]"我只是对我事先已经对其存在有所知识的行为负有真正的责任。"[4]"毕竟我只是与我的自由相关，而我的意志仅以我知道自己所作的事为限，才对所为负责。"[5]在这个意义上，道德的观点，正是强调任何一个心智成熟且精神正常的人，都必须被视作一个具有自己理智的主观认识和自我判断并能够对自己的行为负责的理性主体，即法律上所说的具有民事行为责任能力的主体。这正是对个人作为自我意识主体尊严的尊重，而不是仅仅把他视为浑沌不分的自然存在物，任意地左右、恐吓，

---

〔1〕［德］黑格尔：《精神现象学》（上），贺麟、王玖兴译，商务印书馆 1979 年版，第 213 页。
〔2〕［德］黑格尔：《精神现象学》（上），贺麟、王玖兴译，商务印书馆 1979 年版，第 213 页。
〔3〕［德］黑格尔：《法哲学原理》，范扬、张企泰译，商务印书馆 1961 年版，第 119 页。
〔4〕 Hegel, *Elements of the Philosophy of Right*, Allen W. Wood（ed），Translated By H. B. Nisbe（剑桥政治思想史原著系列影印本），中国政法大学出版社 2003 年版，第 144 页。
〔5〕［德］黑格尔：《法哲学原理》，范扬、张企泰译，商务印书馆 1961 年版，第 119 页。

甚至驱使和虐待他。黑格尔认为威吓刑罚论的不法性正是在于："威吓的前提是人不是自由的，因而要用祸害这种观念来强制人们……如果以威吓为刑罚的根据，就好像对着狗举起杖来，这不是对人的尊严和自由予以应有的重视，而是像狗一样对待他。"〔1〕

但是，黑格尔反对将道德的主观故意责任原则绝对化和极端化。"按照意志的法，意志只对最初的后果负责，因为只有这最初的后果是包含在它的故意之中。"〔2〕这样，个人就只是对行为最初的直接后果负责。或者说，主观故意只能为其行为的直接后果辩护，而不可能为自己整个行为的普遍性后果及影响辩护，由此可能逃避对于其行为产生的其他后果的责任。因此，仅仅道德的主观认识权利，不足以作为个人行为责任或法律判决的唯一根据或原则。行为主体的主观认识权利，如果仅仅局限于只对自己知道的东西负责，即只对自己主观目的中已经认识或表象了的行为后果负责，或者说仅把行为是否正当或道德的判断依据，限于行为主体直接的主观故意或主观认识环节，这是很不充分的。黑格尔指出，进入外在客观现象领域中的行为，实际上并非与其直接的主观目的或表象意识之间形成单一的必然联系，行为的外在存在可能超出意志主体预先的主观认识和表象。

故意和责任只是一种道德的理想状态，它假定了主观意志对其行为后果的必然性关系，认为其行为是其主观意志单一的必然性外在定在。黑格尔认为这种对于主观故意与其行为责任的单一必然性联系的认识，属于一种抽象的理智知识，它将行为的主观意志决定环节与其客观的外在对象及后果分离开来。由此将行为合理性与正当性的道德判断仅仅限于个人的主观意志领域，而与行为发生的外在客观存在分离开来。实际上，行为与其后果是不可分离的，不能脱离后果来论行为，也不能脱离行为主观意志而仅从后果论行为。两种片面、孤立的看法都是有限的，都会造成自由意志的主观性与客观性的分离。如果仅从行为本身直接的主观意志来论行为，即仅根据道德上"我的东西"来判断行为的本质，为行为辩护，就会使行为逃避法的追究。但另一方面，如果仅以行为的后果，即外在的客观表现或经验事实来论行为是否是善的或恶的，又违背了行为责任主体作为人的尊严与价值，因为他是一个主

---

〔1〕　［德］黑格尔：《法哲学原理》，范扬、张企泰译，商务印书馆1961年版，第102页。
〔2〕　［德］黑格尔：《法哲学原理》，范扬、张企泰译，商务印书馆1961年版，第120页。

观认识的理性意志主体，他必然对自己的行为有所认知和自我判断，从而自我负责。

黑格尔因此提出，主观故意或主观目的的道德法元素还在于，个人的主观故意中还应包含对自身行为及外在客观存在的普遍性认识。法自身的现实性和正当性还在于它必须承认并假定，每一个罪犯都是作为自我意识的理性主体而应有的道德尊严，尊重他们作为道德主体的主观认识权利，假定他们对自己的行为及其责任必定是有所认识的。故此，司法体系不得仅仅把罪犯当作有害动物，用棍棒加以恐吓和强制，刑讯逼供本身就是一种违法，它严重违反了个人主观意志的基本权利。黑格尔根据道德法的观点，对犯罪行为作了重新界定："一种行为是否是犯罪，取决于（1）犯罪情形是否出现于主体的意识中，（2）行为中的普遍性要素、公理、原则是否形成主体目的的一部分，行为必须已经先前想到过。主体必然知道犯罪或行为是某种与权利或法相对立的。"[1]

黑格尔在此强调我们的法律必须假定人类具有这种尊严，根据犯罪分子没有意识到行为的真正价值，使惩罚可能减轻。这是对人之异于动物的主体性尊严或高贵精神的尊重。"假定犯罪分子知道法律。然而，心智能力发展不健全的人可以获得减轻惩罚的辩护，但是只有当犯罪分子是一个小孩或神志不清的人，其他人总是假定具有这种尊严，他们自身内拥有这种普遍理性。因此，他们的行为与普遍的人类理性相对立，是理应受惩罚的。"[2]黑格尔认为拥有高度文明水平的民族，它们把自己的尊严置于他们自身内，拥有良好的法律，犯罪现象很少发生。相反，那些藐视人类主体尊严，仅仅依靠法的恐吓和强制来治理的民族或国家，犯罪现象却相当严重，个人受到的外在侵害也更加深。因为，在那种情况下，无论司法体系或个人都没有被当作精神的东西来看待。道德法的观点，正是强调司法体系必须尊重个人的理性主体性地位和尊严，假定他们对普遍性的法以及自己的行为都必然有自己的主观认识，从而必须对其自我决定的行为负责，这是个人意图的主观权利。意图的主观权利，进一步确定属于个人行为的责任，更加强调人类自由本质内蕴

---

〔1〕 Hegel, *Lectures on Natural Right and Political Science*: *The First Philosophy of Right*, University of California Press, 1995, p. 112.

〔2〕 Hegel, *Lectures on Natural Right and Political Science*: *The First Philosophy of Right*, University of California Press, 1995, p. 113.

的理性主体性尊严或道德尊严，尊重个人的主观认识或理性思维能力，即：只要行为主体是拥有健全理智的理性意识主体，那么他就能充分地认识到自己行为所包含的普遍性本质，完全能够考虑和意识到自身行为发生的相关附带情形及后果，从而更加明确地确认属于自己主观意识的行为并对之负责。因此出于个人主观意图的行为，必然是属于他自己的行为以及责任。

三、谋求幸福或福利的主体权利

关于道德的观点，人们通常将它与个人谋求福利的意图相对立。尤其康德与卢梭，将道德仅仅孤立为一种与普遍善同一的理性意志，保持为个人的道德良心，与个人的自然需要、物质欲望、私人利益，严格地对立起来。黑格尔主张，道德法不仅承认并尊重个人作为理性主体的主观认识权利，而且还必须肯定个人行为的主观意志中包含着属于他自己的特殊希求与满足，以此构成其行为的实质性内容和动力。黑格尔认为，包含在主体行为中的这个特殊性内容的实现，构成了更具体意义上的主观自由，正是在行为中找到他的主体权利的满足。"行为内容的特殊方面给予行为主观价值以及我的兴趣"〔1〕，这正是行为的现实性与具体性力量之所在，也正是主体对于其特殊目的在行为中获得的满足即福利，构成了其行为的根本规定。

黑格尔将道德的观点与个人的特殊利益或福利满足结合在一起，不像康德和卢梭那样将道德与人的自然需求、特殊利益严格分离并对立起来，并特别指出："道德律绝对地支配和压迫着所有的自然意向，谁这样看待道德律，谁就像奴隶似的屈从于它。但是，道德律同时是自我本身，它来自我们自身本质的内在深处。如果我们服从它，那么，我们反正只是服从我们自己。谁这样看待道德律，谁就是从审美角度看待它。"〔2〕这就是说，对于一个现实而具体存在的个人，我们不可能将其身体上的自然、既定的原始事实与其精神或道德的东西割裂开来，自然和道德都是人之为人必然的存在本性，自然不能冒充道德，道德也不能排斥生命有机体自然需要的满足。所以，黑格尔主张"更高的道德观点在于在行为中求得满足，而不停留于人的自我意识和行

---

〔1〕　Hegel, *Elements of the Philosophy of Right*, Allen W. Wood（ed）, Translated By H. B. Nisbe（剑桥政治思想史原著系列影印本），中国政法大学出版社 2003 年版，第 147 页。

〔2〕　［德］黑格尔：《费希特与谢林哲学体系的差别》，宋祖良、程志民译，商务印书馆 1994 年版，第 64 页。

为的客观性之间的鸿沟上"[1]，因为"人是生物这一事实并不是偶然的，而是合乎理性的，这样说来，人有权把他的需要作为他的目的。生活不是什么可鄙的事，除了生命以外，再也没有人们可以在其中生存的更高的精神生活了"[2]。

黑格尔赋予了道德更加丰富和具体的内容，不但考虑到行为目的的普遍性，而且将行为的特殊内容以及主体从其行为的特殊内容中获得满足，即特殊福利的满足，也赋予了道德的主体性意义，使道德不再与自然相排斥，并将主观意志的普遍性与特殊性二者结合起来。在黑格尔那里，道德就具有两方面的意义，即主观目的的普遍性与主观意图的特殊性。行为不可能完全是为普遍性的东西发生的，其中必然包含着行为主体的特殊目的，即个人福利的满足。"对于黑格尔来说，美德与世界存在方式，特殊利益与普遍性，道德与世界，都不是孤立的和外在地相互关联的对立的现实。它们是已经存在的单一精神现实中内在地相互关联的各部分，而不是某种仅仅应当实现的东西。……我们必须放弃那种仅仅作为原则和应当而存在的美德，因为它缺乏现实性的存在，并且它进入现实存在须通过牺牲个体性、特殊利益，或激情来实现。"[3]

黑格尔虽然将道德观点与特殊福利的满足结合起来，主张道德的东西并不应该排斥自然需求及特殊福利的满足。但是，黑格尔反对特殊福利以个人普遍权利的名义，声称一切为了福利、不论是他人或自己福利的行为就必然是道德的和正当的，即认为主观意图是好的，行为本身也就是好的。功利主义道德就常常持这样的观点，认为为最大多数人带来最大幸福的行为，就必然是道德的和正当的。这不仅是康德的道德法则极为反感的，同样也是为黑格尔所极力反对的："一种促进我的福利以及他人的福利的意图，尤其后者特别被称为道德的意图，它不可能为一种错误的和不法的行为辩护"[4]，"真正的道德品质毋宁在于首先做对的事情。"[5]在黑格尔看来，自然的东西固然

〔1〕 ［德］黑格尔：《法哲学原理》，范扬、张企泰译，商务印书馆1961年版，第124页。

〔2〕 ［德］黑格尔：《法哲学原理》，范扬、张企泰译，商务印书馆1961年版，第126页。

〔3〕 Philip J. Kain, *Hegel's political theory and philosophy of history*, Robert Stern（ed.），p. 365.

〔4〕 Hegel, *Elements of the Philosophy of Right*, Allen W. Wood（ed），Translated By H. B. Nisbe（剑桥政治思想史原著系列影印本），中国政法大学出版社2003年版，第153页。

〔5〕 Hegel, *Lectures on Natural Right and Political Science：The First Philosophy of Right*, University of California Press, 1995, p. 119.

不与道德的东西相冲突，但是自然的东西并不就是道德的东西，并不能独立地作为行为正当合法或合理的标准。"当我为了道德的意图可以放弃我的特殊权利，但我不可能为了那个理由而侵犯他人的权利。我也不可能根据道德意图而放弃我的权利能力，因为我不可能放弃我的自由。"[1]"在权利作为主体自己的确定性存在程度上，就是道德；在道德的意义上，邪恶的倾向就是侵犯他人的福利。"[2]因此，黑格尔强调在行为的外在客观性领域，道德不能完全充当或僭越法的原则，成为侵犯他人权利的借口。"权利因而决不能因为道德的目的而遭到侵害，无论它是什么样的道德目的。因为一种错误的行为侵犯自由。首要的道德义务毋宁首先在于，它是正当的，由法统治的。只有这样，才能进入道德的目的。"[3]

　　黑格尔主张，福利意图作为权利的主体确定性，必须与法相一致，任何人不得以个人或他人福利满足的道德意图而违法，侵犯他人所有权。但是，黑格尔提出，只有当个人生命权遭遇紧急危险的情况下，才对所有权具有优先性，此时法才让位于道德。黑格尔在此承继了康德关于生命紧急避险权的观点，同时也彰显了他在法和伦理政治世界中对人的生命及其道德尊严的执着坚守。"当生命遇到极度危险而与他人的合法所有权发生冲突时，它得主张紧急避难权。……一人遭到生命危险而不许其自谋所以保护之道，那就等于把他置于法之外，他的生命被剥夺，他的全部自由也就否定了。但是唯一必要的是现在要活，至于未来的事不是绝对，而是听诸偶然的。所以只有直接现在的急要，才可成为替不法行为作辩护的理由。因为克制而不为这种不法行为这件事本身是一种不法，而且是最严重的不法，因为它全部否定了自由的定在。"[4]假如某人生命正处于危险之中，而不允许他采取措施挽救自身，他将注定丧失所有的权利。因为他被剥夺了生命，他的整个自由就都被否定了。

　　个人意图福利的主观权利以及个人生命紧急避难权显示了抽象法权和道

---

　　〔1〕　Hegel, *Lectures on Natural Right and Political Science: The First Philosophy of Right*, University of California Press, 1995, p. 120.

　　〔2〕　Hegel, *Lectures on Natural Right and Political Science: The First Philosophy of Right*, University of California Press, 1995, p. 120.

　　〔3〕　Hegel, *Lectures on Natural Right and Political Science: The First Philosophy of Right*, University of California Press, 1995, p. 120.

　　〔4〕　[德] 黑格尔：《法哲学原理》，范扬、张企泰译，商务印书馆1961年版，第130页。

德法权的有限性与偶然性。这就是说，形式的权利或法是抽象的普遍意志领域，不是特殊人的实存，福利是特殊意志领域，缺乏权利和法的普遍性。为此，必须将法和福利以及法和道德相结合，实现客观的主观普遍性，黑格尔提出善的概念作为道德意志的实体性内容或作为道德意志的绝对本质，由此使"善"不仅仅被人们只是理解为"利他的福利满足"或"为了所有人的幸福"的观点，而且还必须与法相一致。简言之，善就是法和福利的统一，它反对无法的福利意图，同样反对无福利的法。"福利没有法不是善，同样，法没有福利也不是善。"[1]

四、良心和信念的自我确信权利

善的直接实现即个人的良心，也就是个人对善或普遍性道德意志的纯粹自我确信。但是良心作为一种形式的和主观的纯粹自我确信，它在现实世界中的外在实现必然具有个别的主观性、特殊性、偶然性和任意性，并可能转变成邪恶的东西。正如黑格尔所说："良心如果仅仅是形式的主观性，那简直就是处于转向作恶的待发点上的东西。"[2]在黑格尔看来，道德个体面临的最深刻的危险不是他可能被他的自私倾向引向背叛，而是当他坚持自己良心的神圣性时，他对善的意志自身的坚持变成了邪恶。"假如它将自己的特殊性作为它的确定性原则，这就是最高程度的伪善，直接与恶同一。"[3]

黑格尔指出，构成权利和义务的东西，作为理性的自在自为的意志确定性，本质上不是个别性的特殊所有物或任何其他个别的感性知识，而是法律和原则的形式。然而，良心只服从关于它的真理和错误的判断，它只诉诸于自身的主观确信，因而直接地对立于它所努力寻求的东西，即自在自为地有效的理性规则和普遍的行为方式。所以，国家不可能承认作为主观认识而具有独特形式的良心，任何科学的有效性也不可能在于主观意见、独断，以及诉诸于主观性意见。"原在道德中的应然在伦理的领域中才能达到，而且主观意志与之处于某种关系中的这种他物具有两重性，一方面它是概念这种实体

---

〔1〕 Hegel, *Elements of the Philosophy of Right*, Allen W. Wood（ed），Translated By H. B. Nisbe（剑桥政治思想史原著系列影印本），中国政法大学出版社 2003 年版，第 157 页。

〔2〕 ［德］黑格尔：《法哲学原理》，范扬、张企泰译，商务印书馆 1961 年版，第 142 页。

〔3〕 Hegel, *Lectures on Natural Right and Political Science：The First Philosophy of Right*, University of California Press，1995, p. 125.

性的东西，另一方面它是外部定在的东西。即便人们在主观意志中被设定了善，但这并不就是实行。"[1]因此，黑格尔认为不能像康德那样将道德领域的主观自由与客观普遍的法权领域分离开来，即主张法权对道德领域自我决定的主观自由不得干涉和过问，个人相互之间根据道德自律原则达到和谐统一。黑格尔主张："自我意识的主观权利，即知道他的行为或者是善的或者是恶的确定性，这必须不能同这种确定性的绝对的客观权利相冲突，并把两者看作是分离开来的、不相关的或相互间是偶然对立的。"[2]

在黑格尔看来，善和恶、合法与不合法只有根据客观的理性普遍性的法的内容与规定才存在明确的区分和差异，它们是自由意志概念实现的不同环节或不同的特有规定。如果说根据道德领域的主观故意或主观意图的法来判断，善和恶则是无区分、无差别的，善和恶都是抽象的无规定的普遍性，它取决于个人的主观判断，即在我看来是善的、有用的东西就不是恶。如果所有一切被认为是权利和义务的东西，都被主观思想指明为虚无的、局限的和完全不是绝对的东西，一切之前有效的规定都消失了，那么这时，自我意识就能够或者把自在自为的普遍性当作自己的原则，或者把自己的特殊性、任意性提高为普遍性原则，并通过行为来实现它，这样它就成为邪恶的了。

如果善和恶都取决于个人主观性的自我认识和自我规定，这就取消了善与恶的区别，道德与不道德的区分，一切行为皆因善良的主观意图而免责。"如果好心肠、好的意图以及主观的信念，据说是赋予行为价值的因素，那么就根本不再存在任何伪善和邪恶了。因为一个人可以根据好的意图和动机以及他的信念所坚持的善的要素，把他所做的任何事都转变成好的。因此，不再有为自身的犯罪或邪恶这样的事情，相反它们是自由的开放的。"[3]但是，黑格尔肯定，根据人的概念，邪恶与伪善必然是具有明确的普遍性品定和区分的。无论如何，有一个绝对的要求，即任何人不得从事罪恶和犯罪的行为。人既然是人而不是禽兽，他对于善恶邪正、合法与不合法是具有普遍性意识的。

〔1〕 ［德］黑格尔：《法哲学原理》，范扬、张企泰译，商务印书馆1961年版，第113页。

〔2〕 Hegel, *Elements of the Philosophy of Right*, Allen W. Wood（ed），Translated By H. B. Nisbe（剑桥政治思想史原著系列影印本），中国政法大学出版社2003年版，，第171页。

〔3〕 Hegel, *Elements of the Philosophy of Right*, Allen W. Wood（ed），Translated By H. B. Nisbe（剑桥政治思想史原著系列影印本），中国政法大学出版社2003年版，第178页。

黑格尔不仅指出了个人道德良心作为判断事物或行为本身正当性与合法性标准的不足，而且揭示了那种以个人信念为标准的自由主义，具有经验的实用主义或功利主义以及相对主义的主观倾向，同样取消了善与恶、合法与不合法之分。黑格尔指出了信念的实质："只有通过他的信念某种东西才能成为善的。这里的缺陷就在于一切但凭信念，自在自为地存在的法已不复存在。……但是客观真理跟我的信念仍然是不同的，信念并无善恶之分。信念始终是信念，只有我所不确信的东西才算是恶的。"[1]然而，"这种信念的原则不值一文，在这种最高标准中占支配地位的只是任性"[2]。

因此，信念观点就成为一种抹煞善和恶、合法与不合法的最高观点，它是对普遍性真理和义务的嘲弄或讽刺，因为它是以个人主观确信的东西为真善美标准，不再有任何自在自为的权利或法，善、真理和权利对于这种信念而言仅仅是它可以加以利用的形式，即借以使自己特殊意志、特殊权利获得普遍性承认及合法性地位。"伦理的自我意识，由于它的自我的普遍性的缘故，是直接与本质合而为一的；而信仰则是从个别的意识开始，它是个别意识永远趋赴于这个统一而又永远达不到它自己的本质的那个运动过程。"[3]所以，如果个人行为根据主观自由的信念辩护原则，那么个人最终将丧失意志自由，而且明显地感受到自身正在遭到外在力量的强制与压迫。因为在信念辩护原则之下，每个人都可以坚持自己的信念的真理性与合法性，而且都希望获得普遍的承认和合法性地位。我感到他人信念的正义实施对于来我说是一种外在强制或压迫，也正如他人感到我的信念的正义性实施对于他来说是一种强制。

黑格尔指出，特殊实存的个别意志是否达到与善的普遍意志同一，是属于主观教养差异的不确定问题。"由于这种法（主观意志的法）的形式上的规定，判断也可能是真的，也可能是单纯私见和错误。个人达到他的那种判断的法，根据仍然属于道德领域的观点，是属于主观教养的问题"[4]，从而使关于善恶、合法与不合法、正当与不正当的普遍必然性知识成为偶然的和任意的主观判断。由此，黑格尔主张判断道德善的法与判断行为的法必须区别

---

〔1〕〔德〕黑格尔：《法哲学原理》，范扬、张企泰译，商务印书馆1961年版，第160页。

〔2〕〔德〕黑格尔：《法哲学原理》，范扬、张企泰译，商务印书馆1961年版，第160页。

〔3〕〔德〕黑格尔：《精神现象学》（上），贺麟、王玖兴译，商务印书馆1979年版，第288页。

〔4〕〔德〕黑格尔：《法哲学原理》，范扬、张企泰译，商务印书馆1961年版，第134页。

开，二者同时想成为普遍有效的法，必然会产生冲突。"这种判断善的法和判断行为的法是有区别的。按照后者，客观性的法所具有的形态在于，由于行为是一种变化，应发生于现实世界中，而将在现实世界中获得承认，所以它必须一般地符合在现实世界中有效的东西。谁要在这现实世界中行动，他就得服从现实世界的规律，并承认客观性的法"〔1〕，"在国家的客观领域中，对权利的洞识与对合法或不合法的洞识相适应"〔2〕。

黑格尔反对将道德的主体自治权利看作至上的自由真理，而将其直接地贯彻到底。道德的主观权利作为一种无根基的主观自由或主体自治，它陷于纯粹自身内的自我反思与自我决定之中，最终取消了罪恶与美德、真理与谬误等的区别，权利、责任和义务皆取决于自我对于善的主观认识、主观意图以及个人信念。结果，为了摆脱纯粹形式的主观自由所导致的空虚性和否定性的痛苦，人们就产生了对客观性、普遍性和坚固性的权威东西的渴望，甚至宁愿在这客观性中降为奴仆，完全依从。黑格尔明确指出，纯粹道德领域内的主观自由或主体自治所造成的精神空虚与贫乏，将必然由其对立面，即某种不自由的专制或独裁式权威实体来代替，个人自由意志的精神主体性地位及客观的自然权利由此纳入个人特殊意志及权力的奴役与控制之下。

五、道德权利的理性实现：福利与法的统一

道德律的履行被托付给个体的善良意志注定是不充分的，它不可避免地充满了诸多主观感觉的任意性、偶然性与特殊性因素。道德仅仅表达了人类自由本质最直接的普遍性，它依然受到主体——道德个体——的特殊性影响。在黑格尔看来，只有在伦理的层面，道德律才能够不仅获得善的现实性，还获得善的普遍性，进而人们的道德尊严与主体性权利才能够得到客观而稳定的普遍性尊重与保护。"无论法的东西和道德的东西都不能自为地实存，而必须以伦理的东西为其承担者和基础，因为法欠缺主观性的环节，而道德则仅仅具有主观性的环节，所以法和道德本身都缺乏现实性。"〔3〕"主观的善和客

---

〔1〕　[德] 黑格尔：《法哲学原理》，范扬、张企泰译，商务印书馆 1961 年版，第 134 页。

〔2〕　Hegel, *Elements of the Philosophy of Right*, Allen W. Wood（ed），Translated By H. B. Nisbe（剑桥政治思想史原著系列影印本），中国政法大学出版社 2003 年版，第 159 页。

〔3〕　[德] 黑格尔：《法哲学原理》，范扬、张企泰译，商务印书馆 1961 年版，第 163 页。

观的、自在自为地存在的善的统一就是伦理。"〔1〕

无疑，黑格尔将道德上的主观自由权利或人的主体性尊严纳入了普遍的人的概念，使之不再成为保持在个别道德英雄或精神牧师那里的自由特权，而是根本地内在于所有个人精神本质之中的普遍的自由。"'道德''道德良知'以及'道德的人'的发明，同时也是自由的发明。这一发明具有双重含义：在一个强的、现代的意义上，自由意味着克服主观性与政治客观性的直接同一"，"有必要承认，在每个人那里都有着一个道德主体的尊严，都有自我反思的能力，都有自由的资格。在古代，奴隶被看作劳动的工具，因此他们没有被包含在人这个范畴之中。这使道德普遍性的建立成为了不可能"〔2〕。然而，主张道德自治、主观自由的自由主义者，却将这种审美主义的道德自治极端化和理想化，把国家客观的法和伦理政治秩序"谴责为一个羞辱性的、去个性化的强制，与他们基于个体自由意志和道德良知的'解决方案'对立起来。"〔3〕在黑格尔看来，这种将个人道德良知的主观自由坚持到底，最终走向它的反面——伪善与邪恶，从而践踏他人的道德尊严及主体权利，这离道德律本身则更加遥远了。"智慧与德行，在于生活合乎自己民族的伦常礼俗。"〔4〕"伦理的东西，正在于毫不动摇地坚持于正确的对的东西，而避免对合法的对的东西作任何变动、动摇和变更。"〔5〕"如果说它们应该得到我的意见的赞同，这就等于说我已经动摇了它们的坚定不移的自在存在，并把它们视为一种对于我也许真也许不真的东西。"〔6〕道德权利属于个人内心自由领域，外在自由的法必须予以尊重和保护，不得随意侵犯和剥夺。法是为保护个人所有自由本性的具体权利而设定的，不应与内心的主观自由相冲突甚至限制个人的道德权利。但与此同时，道德权利不得冒充甚至僭越外在自由领域的客观普遍性法，将自己作为正当合法性的最终根据和标准。

---

〔1〕〔德〕黑格尔：《法哲学原理》，范扬、张企泰译，商务印书馆1961年版，第162页。

〔2〕〔意〕洛苏尔多：《黑格尔与现代人的自由》，丁三东等译，吉林出版集团2008年版，第312页。

〔3〕〔意〕洛苏尔多：《黑格尔与现代人的自由》，丁三东等译，吉林出版集团2008年版，第314页。

〔4〕〔德〕黑格尔：《精神现象学》（上），贺麟、王玖兴译，商务印书馆1979年版，第235页。

〔5〕〔德〕黑格尔：《精神现象学》（上），贺麟、王玖兴译，商务印书馆1979年版，第289页。

〔6〕〔德〕黑格尔：《精神现象学》（上），贺麟、王玖兴译，商务印书馆1979年版，第290页。

第四节　市民社会中经济自由和社会自由在相互依赖制度下的实现

黑格尔按照人自身精神或自由本质的现实性，即人的自然、道德及理性三种根本自由本性（或根本的存在方式）及其客观权利的现实性，来解释和评价关于法、道德、伦理及国家制度等政治构造物的本质真理和合理性意义。黑格尔的市民社会概念包含了人类自由本性实现的两个合理性层次：即公民作为需要和利己的个体充分实现其特殊利益和目的的自由实践，以及作为自治主体自愿选择和加入某种共同体或社会团体的自由实践。前者主要是指实现个人所有权（property）的需要体系，即公民个体各种特殊的、主观的和自然的自由本性在竞争的市场经济网络体系中的充分发挥和实现，主要实现为一种经济自由；而后者则是公民为维护自身自由和权利免受社会经济网络体系中各种特殊性等级以及政治国家中各种普遍性等级的侵害而自愿选择或加入的社会组织或共同体，主要实现为一种社会自由，更多地体现为公民对自身自由与权利的自我维护或自治，具有社会整合的功能，即增进秩序，降低社会冲突。

一、作为需要体系的市民社会：在相互依赖性普遍秩序中的经济自由

黑格尔的"市民社会"概念所包含的第一个自由层次，是人类自由本性最直接的实现，包括个人自然和主观方面的特殊性和任意性自由的实现，体现为需要满足的个人所有权的实现，也就是为自身生命有机体的可持续生存而努力生产、创造和占有财富。因此在黑格尔第一个层次的"市民社会"中，个人是以自己本身的利益为目的，寻求自身的特殊目的和需要的满足，个人的独立人格与权利在此获得独立和尊重。个人占有外在物的所有权以及个人的主观知识、主观意图等源于自由意志本质的必然性自由与权利，将在这里得到充分的实现与解放。"市民社会的创造属于现代世界，它第一次允许自由思想的各种确定性都获得它们的权利。假如国家被表象为不同的个人的统一

体，作为一个仅仅是利益的共同体，那么这指的只是市民社会的确定性。"〔1〕因此，黑格尔的"市民社会"概念的第一个层次，正是个人伸张自己占有或交换、转让财物的个体权利，以及通过自己的努力和劳动满足他们自己需要和利益、意欲其特殊福利的权利，此即自由的经济活动领域。"但是应该注意黑格尔关心的并不是仅仅建立在需要（need）基础之上的经济活动，毋宁说他关心的是建立在我们的自由和权利基础上的通过自由生产和产品交易满足我们需要的个人权利。"〔2〕"市民社会整个地就是一个中介的领域，其间所有的个性特征、所有的能力、以及所有出生和运气的偶然性都被释放出来。"〔3〕黑格尔认为，特殊性是内在于个人自由本质之中的，是必然要解放和实现出来的，所以不可能排除掉特殊性。"柏拉图的理想国想要把特殊性排除出去，但这是徒然的，因为这种办法与解放特殊性的这种理念的无限权利相矛盾的。"〔4〕只有在市民社会中，人才以自己的特殊性为目的，并作为具有自我保存之自然需要与内在的主观自由、自我决定的独立主体，进入与他人的需要及满足方式、手段相互交织的社会经济体系之中，即进入具体的社会关系总和的普遍性网络之中，从而不再是抽象的个人，个人的特殊性存在于以需要及满足为中介的普遍性社会关系网络之中。"每个人在为自己取得、生产和享受的同时，也正是为了其他一切人的享受而生产和取得。在一切人相互依赖全面交织中所含有的必然性，现在对每个人来说，就是普遍而持久的财富。这种财富对他来说包含着一种可能性，使他通过教育和技能分享到其中的一份，以保证他的生活；另一方面他的劳动所得又保持和增加了财富。"〔5〕这时市民社会对所有个人平等地开放，允许所有个人通过自己身体的和智力的特殊技能、才能及劳动自由谋生，占有和分享社会财富。

既然需要存在于自然生命和偶然性领域中，多种多样的需要就产生了。尽管每个人作为人都有平等的追求自己需要及满足的权利，而每个人需要及满足的内容、手段、方式和程度必然是不一样的。所以在人的整体生存和享

---

〔1〕 Hegel, *Elements of the Philosophy of Right*, Allen W. Wood（ed），Translated By H. B. Nisbe（剑桥政治思想史原著系列影印本），中国政法大学出版社 2003 年版，第 220 页。

〔2〕 Stephen Houlgate, *Freedom, Truth and History*, London and New York, 1991, pp. 105~106.

〔3〕 Hegel, *Elements of the Philosophy of Right*, Allen W. Wood（ed），Translated By H. B. Nisbe（剑桥政治思想史原著系列影印本），中国政法大学出版社 2003 年版，第 220~221 页。

〔4〕 ［德］黑格尔：《法哲学原理》，范扬、张企泰译，商务印书馆 1961 年版，第 200 页。

〔5〕 ［德］黑格尔：《法哲学原理》，范扬、张企泰译，商务印书馆 1961 年版，第 210 页。

受依赖于需要和享受增殖的整个系统中，"一个人既面对自身与他人同一的意识，同时又面对着一种不平等的意识。"[1]劳动是需要满足和财富获得的必要性条件与手段，每个人需要的满足都必须通过劳动满足他人的同时满足自己，并因此通过自己的劳动获得普遍而持久的财富。然而，随着外在的自然偶然性向人类自由选择的偶然性的转变，偶然性范围更加无限地延伸，即表现为自然体质和心灵能力的不平等。于是，获得普遍财富的可能性，需要满足的现实性，就受到劳动技能以及劳动所需要的自然体质、教育及资本等条件的制约，这些偶然性因素产生了技能与财富不平等的必然后果，因而贫富分化或占有财富的不平等就成为市民社会中不可避免的问题。不平等是市民社会中得到释放或存在于市民社会中的任性和特殊性的部分，黑格尔认为市民社会中不可能实现个人财富的普遍平等。因为真正的平等是一种思维的精神和道德概念。就此而言，黑格尔认为试图以抽象的平等要求来对抗市民社会中的不平等，就是试图取消特殊性与主观性自由的满足与实现，从而把自由局限于抽象的普遍平等，这实际上就是一种不自由，或者说是不现实的自由。市民社会的责任只在于为每个人特殊需要的满足提供和平、安全的外部环境，即提供个人生命及其所有权不受侵犯和干扰的法治秩序，无需做太多，否则就窒息或限制了公民个体自由谋生的各种途径、方式和手段，毕竟"公众必须有权用这种或那种方式谋生"[2]。

二、作为社会共同体体系的市民社会：社会自由的自治实践与共同体陶冶

黑格尔"市民社会"概念的第二个自由实现的层次，即当前学界通常所称的"公民社会"[3]或"民间组织""社会共同体"。在黑格尔看来，以个人自然需要和主观目的的特殊性为原则的第一层次的市民社会，始终是以"个人及其所有权不受阻碍的保障"为绝对目的的，因而始终难以摆脱"自然状态的残余"。穷人和弱者恰恰是人类任意性和偶然性"自然状态残余"的牺牲

---

〔1〕　Hegel, *Lectures on Natural Right and Political Science: The First Philosophy of Right*, Translated by J. Michael Stewart and Peter C. HodgsonUniversity of California Press, 1995, p. 169.

〔2〕　［德］黑格尔：《法哲学原理》，范扬、张企泰译，商务印书馆1961年版，第240页。

〔3〕　注释：黑格尔《权利哲学》中的"公民社会"思想蕴含在其"市民社会"理论中，在语词表达上与"市民社会"并没有明确区分，而是同一个词"civil society"。但是他提出的社团、团体（the corporation）概念或行会体系（guild system）明确地反映和表达了他的"公民社会"思想。

品或受害者，他们被迫进入市民社会需要体系的市场契约之中，成为市场交易或契约的对象。个人通过努力劳动满足自己的特殊需要和利益，市民社会中的个人达到这种认识：需要及其满足的经济体系自身是他自己的自由及其满足的条件。但是，在黑格尔看来，仅仅参与到那个体系之中，这本身并不能保证一个人的需要是现实地得到满足的。需要的经济体系只是给个人在社会中提供自由及其满足的可能性或机会。个人是否实际上在这个体系中获得满足依赖于其他因素，包括他们是否拥有有用的技能、资本、教育等，而且他人是否允许他们满足其需要。因此，位于市民社会第一层次之下的经济性事业中的自由不是绝对的。然而，公众有权利要求经济体系被保持为一个能够为所有人获得自由、权利和福利的地方，每个人都能通过自己的劳动实现它，那就意味着个人没有权利为了他们自己的利益而侵犯或损坏其他人的福利。所以，黑格尔认为市民社会作为所有个人自由竞争的需要体系，仅仅依赖市场机制这支看不见的手来实现社会资源和利益的分配是不够的，因为我是否有机会在经济体系中获得满足不应该仅仅保持为依赖于其他个人的良心和利益的一种可能性和偶然性，合法性的公共权威应该保证它为一种客观的权利，此即司法体系。

然而，黑格尔认为通过实定法以及司法体系只是使个人的抽象权利自身获得了客观的规定和保护，扬弃了个人主观见识的特殊性与偶然性。但是实际上出现在特殊性中的权利，不仅意味着各种主观目的中掺杂的偶然性和特殊性应该被取消，以及个人和财产的安全应该得到不受干扰的法律保障。更重要的是，个人的生存和福利应该在现实的必要性物质条件上得到普遍保证，以阻止大量的人民落入贫困以及对他们生存和财产权的威胁。但是司法对于所有权和人身侵害以外的不法行为，并没有具体的规定，它只是对已经造成的侵害的制止与消除，而不管侵害行为或违法行为之外的事情，它不管个人如何具体实现其需要及满足的特殊方式、手段，也不管人们是否切实地实现了个体生存、必需的财富和生活资料、特殊福利等个人权利。法律系统的目的是禁止或取消对权利的不法侵犯，警察的目的，则是预防它们的发生。警察的主要作用在于，消除对于人身安全和所有权及福利普遍实现的外在障碍，保证每个人特殊福利实现的外部秩序，而不干涉个人特殊福利实现的方式、方法及分享普遍财富程度上质和量的具体细节。黑格尔认为司法体系和警察这样的公共权威总是不完善、不充分的，即使公共权威保证个人分享普遍资源的可能性存在，它仍然为主观性的偶然性因素保留了相当大的余地，尤其弱势群体和贫困人口的生命、自由和财产往往处于不确定、不安全的危险和威胁之中。

因此，黑格尔认为在市民社会中无论无形的市场机制还是有形的公共性权威——司法体系，都仍然只是将公民个人的自由和权利保持为一种可能性、偶然性和特殊性，个人在法律和市场机制之下只是一个"自由"而孤单无助的原子式个体，对各种或隐或显的奴役、侵害、压迫以及贫困毫无防御和抵抗能力，他在抽象的或形式的法律自由系统之下只是一个"独立自主""势单力薄"和"无家可归"的"原子"。因此，需要市场经济体系不能仅仅根据人们的特殊技能、天赋以及财富来分化个人，还必须根据他们的职业、满足手段以及教育类型的共同点把他们结合到社会团体或社会共同体中。由此，个人在自然需要和主观方面的特殊性和差异性，在市民社会中客观地实现为个人自主选择而自愿进入的不同特殊性集体，即黑格尔所说的差异性等级。黑格尔认为，个人根据自己的主观意愿而置身于某一特殊等级正是自己特殊性和主观性自由的实现与满足，同时使自己成为一个现实的、具体的人，而不再是抽象的个人，不再是仅仅追求自然需要满足的孤单无助的原子式个体。"如果主观特殊性被维持在客观秩序中并适合于客观秩序，同时其权利也得到承认，那么，它就成为使整个市民社会变得富有生气、使思维活动、功绩和尊严的发展变得生动活泼的一个原则了。"〔1〕所以，个人所属的等级，不仅仅是由客观的、自然的外在因素决定的，更重要的是由他自己的主观特殊性和任性决定的。"个人只有通过进入普遍的存在，因此进入确定的特殊性，他才获得现实性，他必须相应地把自身置于一个特殊性的需要领域。""一个人必须作为某个人即属于某个等级、阶层，等级或阶层是个人拥有的现实性和普遍性。"〔2〕在黑格尔看来，正是一个人的阶层地位建立了义务的真实内容，它构成了能够为每一个人所知道的确定性义务和责任。正因为一个人的阶层地位所形成的品格，使美德不再是偶然的、由个人主观赋予的。正是这个阶层地位而不是个人的主观识见规定了这个阶层中所有人的义务与责任。人与人

---

〔1〕　[德] 黑格尔：《法哲学原理》，范扬、张企泰译，商务印书馆 1961 年版，第 215~216 页。

〔2〕　Hegel, *Elements of the Philosophy of Right*, Allen W. Wood（ed），Translated By H. B. Nisbe（剑桥政治思想史原著系列影印本），中国政法大学出版社 2003 年版，第 238~239 页。

之间不再仅仅保持为市场经济体系中那种相互满足各自需要和利益的外在法权关系，相反，人们结合在同一个共同体内，彼此间充满了内在的伦理责任和义务关系，这是一种超出家庭伦理的社会共同体伦理。如果说个人在家庭中的伦理责任和义务主要是出于一种直接的、无意识的和自然的爱与情感，那么在社会共同体中的伦理责任与义务则是一种有意识的、自觉的自由本性，能够充分体现或实现个人的主观自由或主体尊严与荣誉。伦理义务是关系的义务，它们是我们在履行社会职责的行为中形成的我们作为个别人的具体身份，这些社会责任的履行同时就是自我实现。

因此，个人自由和权利的进一步实现，除了基于自然的血缘关系而作为最初的伦理家庭成员以外，个人还需要根据自己的爱好、志趣、技能寻求一个获得社会认同和自我满足的第二个伦理家庭——社团（the corporation）或同业公会（guild system），如环保组织、慈善协会、科技组织、法律援助组织、青少年联合会、工商农联合会、消费者保护协会、私营企业主协会、个体劳动者协会等特殊的普遍性共同体，即我们今天所说的各种民间组织。在这个整体中，个人自觉地服从并服务于这个整体的活动与目的，摆脱个人独自竞争与谋生的偶然性与不稳定性，将个人从市民社会需要和手段的直接性、自然性与任意性中解放出来，使他摆脱自己生存与福利的危险以及对他人的危险。"同业公会在公共权力监督之下享有下列各种权利：照顾它内部的本身利益；接纳会员，但以他们的技能和正直等客观特质为根据，其人数则按社会的普遍结构来决定；关心所属成员，以防止特殊偶然性，并负责给予教育培养，使之获得必要的能力。总之，它是作为成员的第二个家庭而出现的。"[1]个人通过这"第二个伦理家庭"，在实现和满足其特殊的和主观的需要和目的的同时，其内在的理性普遍意志得到陶冶和锻炼、成长和发展。因此，"如果个人不是一个合法同业公会的成员，他就没有等级尊严，并由于他的孤立而被归结为营利自私，他的生活和享受也变得不稳定了"[2]。在这个意义上，"对黑格尔来说，行会充当着一种从市民社会的个人主义和原子主义向国家的普遍性生活过渡的关键的桥梁作用"[3]。"个人作为这个整体中的

---

〔1〕 ［德］黑格尔：《法哲学原理》，范扬、张企泰译，商务印书馆1961年版，第249页。
〔2〕 ［德］黑格尔：《法哲学原理》，范扬、张企泰译，商务印书馆1961年版，第250页。
〔3〕 Paul Franco, *Hegel's Philosophy of Freedom*, Yale University Press, 1999, p.276.

成员同时拥有他自己的尊严和荣誉。"[1]"个人的特殊福利在这个联合的共同体中将作为一种权利得到实现。"[2]个人正是在自己所隶属的各种社会团体中权利和尊严得到保障的同时，心灵受到陶冶，使他"有志于并致力于这种整体的无私目的"，逐渐回到自身精神和道德的普遍性本质上来。

如果说自由竞争的市场经济体系主要是个人开明的自私、利己本性的实现，那么各种等级的社团、共同体或行会体系则是个人"合群"本性的实现。这样，置身于各种特殊的志愿者团体、同业公会或行业协会等社会共同体之中的个人，不再是孤立无助的单个"原子"，也不是无组织的随意聚集的"人民"或"乌合之众"，从而减少了他人或团体对自身自由与权利的侵害、压迫，同时也使个人自身受到教育和培训，避免对他人造成直接侵害或威胁。社会共同体的主要社会功能正是在于：一方面能够有效地减少个人与个人或个人与团体之间直接冲突与对抗的危险和混乱，另一方面使人们能够自觉、自主和理性地通过共同体组织实现和保护自身自由与权利。各种活跃的社会组织或团体有利于社会平衡，增强低地位人群的力量，增进秩序，降低社会冲突，实现一定程度的社会自治。

三、经济自由和社会自由的制度保障：市民社会向国家理性秩序的过渡

在黑格尔看来，"市民社会"，作为公民自主地实现个人经济自由和社会自由的实践场所，是一个国家秩序稳定和繁荣统一的社会基础，因而必须得到国家的尊重和保护。因为由各种特殊性等级、权力和职能统一而成的国家中，人民不再是无组织的、原子式的分散的特殊个体，而是隶属于各个不同的特殊团体或同业公会，其特殊需要和福利都应得到具体实现和保证，其合法性权利必须得到国家的承认与保护。黑格尔指出，国家保护市民社会这个特殊性领域自身的自我统治，这个事实形成了国家中重要的民主性原则，这也正是公民的爱国心之所在。在黑格尔看来，公民的爱国心绝不应仅仅停留在国家空洞的普遍性教育或强制灌输，而是让人民确实地感受到他自身的个体福利、他的生命和财产安全，明确地意识到国家宪法体制是所有成员普遍

---

[1] Hegel, *Elements of the Philosophy of Right*, Allen W. Wood (ed), Translated By H. B. Nisbe（剑桥政治思想史原著系列影印本），中国政法大学出版社 2003 年版，第 272 页。

[2] Hegel, *Elements of the Philosophy of Right*, Allen W. Wood (ed), Translated By H. B. Nisbe（剑桥政治思想史原著系列影印本），中国政法大学出版社 2003 年版，第 273 页。

利益所在，是以所有成员的普遍生存、生命权和财产权的安全和保障为目的的，而不是个别少数人的特权和利益。所以，黑格尔主张，假如国家能够将普遍利益与个人的特殊利益联系在一起，它将是内在地强大和稳定的。假如，另一方面，个人不能在国家中发现他自己特殊性的满足，国家就将是脆弱的，它的普遍意志就仍然保持为抽象的，没有现实性的。"行政权力或执行权力普遍性地关心特殊领域的保存和福利以及引导其回到普遍性的任务，同时为了普遍的目的提供公共机构、设施……特殊领域首先关心的是特殊的所有权、目的、以及个别性地方共同体、同业公会、各阶层等级以及各种社团的利益，它们受到这些自身作为法的团体的管理。"[1]国家行政权不能作为政治特权，干涉和控制市民社会各种特殊性领域的自主性与特殊性，而是要引导它们走向规范化与合法化，必须采取行动避免它们相互侵犯，或者对普遍性的侵犯，从而保证个体特殊性与主观性自由—权利获得客观而稳固的普遍实现。"已经构成的个别阶层、等级必然获得国家的承认；他们必须拥有权利，他们必须照顾自己的利益，部分地因为他们有那方面做事的特殊能力，而且部分地和主要地因为他们必须有那样做的行动，实现他们的利益。"[2]

黑格尔不仅要求国家给予公民团体合法性地位以尊重和保护，而且要求实现公民团体自身一定程度的自治权利。国家作为自由概念的客观实体，必然包含着对自由特殊性实现领域的认识、肯定与保证，这才是国家作为自由精神的理性实体的现实性和合理性。"现代国家的原则，就是个人所做的一切都要由自己的意志来决定。……但是只有每个人可以接受的那一方面来对待每个人，才是对主观自由的尊重。"[3]黑格尔进一步强调，由公民特殊性和差异性所形成的等级性社团的自由与权利，只有通过加入立法的等级议会中才能获得现实性。黑格尔虽然认为王权和行政权作为普遍的等级在立法权中要优先于议会中特殊的等级要素，而等级议会只是作为一个联系人民与王权及政府权力的中介机构。但是等级要素的必然性在于使法律这种主观自由的普遍物得以自为地存在，而不仅仅在于等级要素包含的量上的"大多数"。因为

〔1〕 Hegel, *Lectures on Natural Right and Political Science: The First Philosophy of Right*, University of California Press, 1995, p. 260.

〔2〕 Hegel, *Lectures on Natural Right and Political Science: The First Philosophy of Right*, University of California Press, 1995, p. 262.

〔3〕 〔德〕黑格尔：《法哲学原理》，范扬、张企泰译，商务印书馆1961年版，第318页。

等级要素，包括各社会团体、自治团体、同业公会等，它们是个人特殊性需要与福利实现的特殊普遍物或组织实体，它们包含着个人特殊性主观认识与外在需要和利益的内在统一，是个人的第二个伦理组织或家庭，是特殊性主观认识和客观需要、福利的具体整体或统一体。

马克思认为黑格尔"立法权"中的等级要素使市民社会具有了政治国家的性质，造成了市民社会中的政治特权，使市民社会成为由国家决定的特殊政治领域。实际上，马克思所担心的市民社会政治特权，也正是黑格尔所要努力克服和防止的。黑格尔将市民社会这个特殊领域纳入政治国家的立法权要素，正是为了防止政治权力对于市民社会中个人特殊利益和主观意见的漠视，防止它们对于市民社会各种特殊团体及其成员利益的侵犯或专制。在黑格尔看来，市民社会特殊领域内各级代表参与立法，正是为了实现人民的特殊性和主观性自由，将其纳入国家的普遍合法性中，保护他们的权利和主体性尊严不受侵犯。这同时也正是国家立法权普遍性目的的现实性体现，使人民的特殊性和主观性权利受到尊重与保护，而不是仅仅由政治国家内部普遍性等级的主观意见说了算。"等级议会的这种地位意味着他们承担的是有机行政权力的中介性职能，一方面确保主权权力不至于表现为一种孤立的极端，因而仅仅表现为一种任意的主导权力，另一方面，确保自治团体、同业公会和个人的特殊利益不至于成为另一个孤立的极端。或者说更重要的是，他们确保个人也不致结合起来成为群众和群氓，从而提出无机的见解和希求并成为一种反对有机国家的赤裸裸的群众力量。"[1]

黑格尔通过立法权中的等级要素为中介，实现人民对国家事务的参与，反对抽象地谈论一切人都是国家成员，因而一切人都应参与国家事务的观点。"一切人都应当单独参与一般国家事务的讨论和决定，因为一切人都是国家的成员，国家的事务就是一切人的事务，一切人都有权以自己的知识和意志去影响这些事务。"[2]黑格尔认为这一看法是想给国家机体灌输没有任何合理形式的民主因素，这种肤浅的思维正是抓住抽象概念不放，将人民看成抽象的原子式个人，将国家理解成所有原子式个体的集合体，即各种特殊性、主观

---

〔1〕　Hegel, *Elements of the Philosophy of Right*, Allen W. Wood（ed）, Translated By H. B. Nisbe（剑桥政治思想史原著系列影印本），中国政法大学出版社 2003 年版，第 342 页。

〔2〕　［德］黑格尔：《法哲学原理》，范扬、张企泰译，商务印书馆 1961 年版，第 321 页。

性、任意性和偶然性利益与意见的集合体。然而，这恰恰在国家内容易造成特殊等级的政治特权，形成对无助的原子式个人的直接压迫。黑格尔主张国家是具体的，是许多有机的特殊团体或共同体的结合。国家的每一个成员首先是属于一个等级或阶层的成员[1]，只有在这个客观的确定性中，他才被看作是与国家相联系的。"个人是类，但是他只有作为最近的类才具有自己内在的普遍的现实性。"[2]"只有当特殊性领域被组织起来时，才谈得上立法权力。"[3]通过等级议会中介实现的是公民参与国家事务的形式的政治自由，公民以各等级机构为中介实现与国家普遍性的有机联系，是公民政治自由在国家中的间接实现。国家的立法权不再仅仅由政治体内部的普遍性等级来决定，而是加入了市民社会特殊领域中的各等级要素，代表所属团体人民的特殊需要、特殊利益与主观愿望，保护人民的权利与主体性道德尊严不受侵犯与压迫，由此与国家的普遍性形成有机的联系，实现人民的政治自由。

黑格尔并不把市民社会中需要体系的主观性和特殊性实现，看作如同霍布斯所说的自由的"自然状态"，而是把它看作人类自由本质自身的自然性、主观性和特殊性的必然实现，亦即是人类个体权利的必然性实现，因而具有不可鄙视和取消的合理性。在黑格尔看来，在现代世界中，市民社会的自治不是一个自然现象而是一个政治现象，它正是国家现代性本质的反映，因为它充分地尊重和保护个人的特殊性和主观性自由。"黑格尔的市民社会作为个人需要及满足的自由社会经济体系，并非是纯粹的人类自然状态，而恰恰是以重要的主观自由为原则的现代国家的标志。"[4]黑格尔的现代国家理念，坚持自由的现实性原则，试图将特殊利益与道德和伦理结合并统一起来，因而市民社会和国家都是关键的和重要的。在他看来，没有市民社会，就没有个人主义，就没有个人特殊利益满足的领域，然而这正是自由的一个重要元素。真正的伦理国家，它必须承认和包含人类自由本质实现的各特殊环节于自身内，并使之获得客观的制度性保证与尊重，扬弃特殊性、主观性和任意性自

〔1〕注释：黑格尔市民社会中所说的等级并无个人身份、地位的上下尊卑之分，它只表示个人自主选择而进入的不同组织与团体之间的差异性、特殊性。

〔2〕[德]黑格尔：《法哲学原理》，范扬、张企泰译，商务印书馆1961年版，第326页。

〔3〕Hegel, *Elements of the Philosophy of Right*, Allen W. Wood（ed），Translated By H. B. Nisbe（剑桥政治思想史原著系列影印本），中国政法大学出版社2003年版，第331页。

〔4〕Paul Franco, *Hegel's Philosophy of Freedom*, Yale University Press, p. 249.

由导致的偶然性伤害。国家作为理性的伦理政治共同体，它始终以所有个人的个体生存权、特殊福利及主体性尊严的制度性尊重、承认与保障为最终目的。因此，在黑格尔看来，国家不是外来的和先天的"神"强加于人，而是每个个人自己的自由和理性之"神"的普遍追求与现实。

第五节　伦理国家中自由与权利的制度性保障与实现

黑格尔的伦理国家概念，既非"无人身"的纯粹概念演绎，也非外在的技术设计或先天规则，而是源于人类自由本质的现实性发展，即人类寻求自身自然、道德和理性三种根本自由本性及其权利全面发展和实现的辩证历史活动与实践创造。黑格尔的伦理国家正是要向人们表明：第一，伦理国家并非直接的和空虚的必然性或普遍有效性，而是被家庭和市民社会中介了的，其强大力量和丰富内容在于所有公民个体生命、身体和财产安全及幸福自足的物质生活保障；第二，澄清人类自由本质的个体性与普遍性、或自我与世界秩序分离和对立的颠倒假象，指出个体性发展和实现的同时导致普遍性秩序的形成，本质的普遍性东西以个体性形式复活和再现出来；第三，以国家宪法和法律为核心的公共性伦理政治秩序，作为与人类精神和道德自由本质同一的理性客观性规定，决不是为个人利益、家庭、市民社会或私有财产、经济关系等特殊性总体的多元性、差异性所控制、轻易动摇或随意变更的东西。因为"伦理的东西，正在于毫不动摇地坚持于正确的、对的东西，而避免对合法的、对的东西作任何变动、动摇和变更"〔1〕，"智慧与德行，在于生活合乎自己民族的伦常礼俗"〔2〕。

一、伦理国家主旨：法、道德和福利的统一

黑格尔的国家概念，作为人类自由—权利辩证发展的历史产物，"与通常的政治哲学实践相反，他并不是从人类学的、超验的或实用主义的观点出发证明一些实践原则的普遍有效性，为了达到它们的制度—政治性效果"〔3〕。

---

〔1〕　［德］黑格尔：《精神现象学》（上），贺麟、王玖兴译，商务印书馆 1979 年版，第 289 页。

〔2〕　［德］黑格尔：《精神现象学》（上），贺麟、王玖兴译，商务印书馆 1979 年版，第 235 页。

〔3〕　Gyorgy Markus, "Political Philosophy as Phenomenology: on the Method of Hegel's Philosophy of Right" *Thesis Eleven*, No. 48, Feb 1997.

相反，黑格尔的国家是由人类精神及其自由本质自我实现、自我发展的"自然"历史所决定的，如 F. R. Cristi 所说，"黑格尔辩证推演的关键在于从个人自由的自我寻求、自我实现行为中自然产生的自发秩序"[1]。伦理作为人类社会最高的至善或普遍意志，决非仅仅是空虚的道德主观性原则，而是实体，即"在客观的东西中充满着主观性"[2]，如在家庭、市民社会和国家三种基本的伦理实体中，正是充满着源于人类最高贵的理性精神或自由本质的客观规定与具体内容，即各自拥有不同内容和规定的法律与权力。正如黑格尔所说："一个人必须做些什么，应该尽些什么义务，才能成为有德的人，这在伦理性的共同体中是容易谈出的：他只须做在他的环境中所已指出的、明确的和他所熟知的事就行了。正直是在法律上和伦理上对他要求的普遍物。"[3]因此，抽象法领域中的人格权利和道德权利，都只是作为个人的抽象普遍性自由与权利，分别地是对人的自由意志本身外在的客观实在性和内在的主观实在性的本质描述或概念规定，尚无具体现实的内容，而且外在自由的法与主观自由的道德法是相互分离的。黑格尔认为："无论法的东西和道德的东西都不能自为地实存，而必须以伦理的东西为其承担者和基础，因为法欠缺主观性的环节，而道德则仅仅具有主观性的环节，所以法和道德本身都缺乏现实性。"[4]也就是说，个体性（individuality）和主体性（subjectivity），或人格权利（personality right）与主体自治权利（subject autonomy right），以及道德的实体性本质——善，只有在一个相互交往、相互作用的社会交往体系或伦理生活秩序，如家庭、社会和国家等具体的伦理生活形态中，才真正获得客观的普遍性及具体内容与规定。"权利和道德只是理想的阶段，只有在伦理生活中，它们才能获得存在（existence）。现实的道德只是在伦理生活整体中的道德。"[5]

伦理性的东西作为具体自由的现实，就是指个人在家庭、市民社会和国家三种基本伦理实体中的现实存在、特殊行动与利益。家庭是以两性结合的婚姻为基础、以血缘和爱的情感为纽带的自然的和直接的伦理统一体，市民

〔1〕 F. R. Cristi, "Hegel's Conservative Liberalism", *Canadian Journal of Political Science*, Vol. 22, NO. 4 (Dec., 1989), pp. 717~738.

〔2〕 [德] 黑格尔：《法哲学原理》，范扬、张企泰译，商务印书馆1961年版，第165页。

〔3〕 [德] 黑格尔：《法哲学原理》，范扬、张企泰译，商务印书馆1961年版，第168页。

〔4〕 [德] 黑格尔：《法哲学原理》，范扬、张企泰译，商务印书馆1961年版，第163页。

〔5〕 Hegel, *Elements of the Philosophy of Right*, Allen W. Wood (ed), Translated By H. B. Nisbe (剑桥政治思想史原著系列影印本)，中国政法大学出版社2003年版，第130页。

社会作为个人的"第二个伦理家庭",满足和保障个人独立的、特殊的和主观的需要、目的、利益、才能的尽情发挥与实现,同时作为个人根据自身志趣、爱好、倾向等自愿选择加入和组建的社会团体或组织,培养和陶冶个人普遍的和无私的共同体责任和社会合作精神。然而,婚姻中自然的和感性的性与爱的偶然性导致家庭的不稳定以及对家庭成员权利的伤害,市民社会中的司法体系无法避免和消除在法之外的无故意伤害与贫困堕落,所以,伦理作为自由理念的现实在家庭和市民社会中并没有得到完全实现,自由意志的理性普遍性本质尚未获得客观实现和存在。

在黑格尔那里,国家才是"伦理精神的现实——是作为显示出来的、自知的实体性意志的伦理精神,这种伦理精神思考自身和知道自身,并完成一切它所知道的,而且只是完成它所知道的"[1]。相比之下,家庭中的自然伦理是一种不自觉的统一体感觉,而市民社会中的伦理则是一种特殊形态而非普遍性的理性伦理,无疑地家庭和市民社会构成了国家真实的物质基础和伦理基础,国家知道这正是它自身特殊形态的实现和完成,并由此得以提升和认识自身的普遍性。国家"是绝对自在自为的理性东西,它是实体性意志的现实,在被提升到普遍性的特殊自我意识中具有这种现实性"[2]。国家是理性伦理精神的实体,是普遍性的客观精神,其合理性"是普遍性和单一性相互渗透的统一。按其内容是客观自由(即普遍的实体性意志)与主观自由(即个人知识和他追求特殊目的的意志)两者的统一,按其形式就是根据普遍的规律和原则而规定自己的行动"[3]。可见,国家在其内容和形式上都是普遍性的,在内容上是每个个人特殊需要和主观自由的实现,在形式上是以宪法和法律制度为核心的伦理政治秩序与理性普遍性权威,国家的产生和形成(不是经验现象意义上的历史发生学)正是个人自由本质发展的必然结果,"个人本身只有成为国家成员客观性、真理性和伦理性……他们进一步的特殊满足、活动和行动方式,都是以这个实体性的和普遍有效的东西为其出发点和结果"[4]。

---

〔1〕 〔德〕黑格尔:《法哲学原理》,范扬、张企泰译,商务印书馆1961年版,第253页。
〔2〕 〔德〕黑格尔:《法哲学原理》,范扬、张企泰译,商务印书馆1961年版,第253页。
〔3〕 〔德〕黑格尔:《法哲学原理》,范扬、张企泰译,商务印书馆1961年版,第254页。
〔4〕 〔德〕黑格尔:《法哲学原理》,范扬、张企泰译,商务印书馆1961年版,第254页。

　　国家作为"伦理性整体"是"自由的现实化"〔1〕，它并非凌驾或压制公民个体自由与主体权利的"利维坦"怪兽，但是伦理国家在自由开放的社会经济活动领域，必须具有并发挥其强制性功能。这只是因为人们在自由竞争的市场经济活动中，相互间处于各自特殊需要与利益的对立、排斥和冲突之中，外在的普遍性强制和保护因而成为必要性的。因为"正义是市民社会中的首要因素：好的法律使国家繁盛，自由的所有者身份是它成功的根本条件"〔2〕。"自在自为的正义是什么，只能在正义的客观形象中，即在国家作为伦理生命的结构中体现出来。"〔3〕在黑格尔看来，家庭是国家"概念的特殊规定"（即自然的和直接的统一体），而市民社会是国家"存在方式的特殊规定"〔4〕（即各自独立和分散的行会、部门、社会团体、组织等），正是国家实现和完成了它所知道的家庭和市民社会中的"善"，包括法、道德和福利，将其从感性的和直觉的、特殊的和主观的偶然性意义之"是"，提升为必然性意义的"是"，即普遍性和客观性的法律制度与公共权力，以及每个个人自由、福利与生活意义的具体现实，真正成为法、道德和福利三者相统一的伦理国家。国家因此是"调整家庭和市民社会的规律，是映现在它们中的理性东西的制度"〔5〕，通过保证家庭和市民社会这两个环节都在它内部获得发展使自身成为有生气的。

　　在黑格尔那里，家庭—市民社会—伦理国家，正是人类自身精神及三种根本自由本性获得不同程度和不同方式的实现与满足的必然性阶段或环节，它们之间并不具有存在或经验意义上的价值论优先排序关系。它们体现的正是人类寻求自身三种根本自由本性及其权利全面发展与实现的自由—权利辩证法，即不断努力使自身全部生命力量与存在内容获得整体性实现与满足，这在现实上同时也是一个民族或国家寻求法、道德和福利相统一的政治文明发展历程。这意味着，伦理国家在实践建构上，必须坚持"理性的规律和特

---

〔1〕［德］黑格尔：《法哲学原理》，范扬、张企泰译，商务印书馆1961年版，第258页。

〔2〕Hegel, *Elements of the Philosophy of Right*, Allen W. Wood（ed），Translated By H. B. Nisbe（剑桥政治思想史原著系列影印本），中国政法大学出版社2003年版，第259页。

〔3〕［德］黑格尔：《精神哲学——哲学全书·第三部分》，杨祖陶译，人民出版社2006年版，第306页。

〔4〕［德］黑格尔：《法哲学原理》，范扬、张企泰译，商务印书馆1961年版，第264页。

〔5〕［德］黑格尔：《法哲学原理》，范扬、张企泰译，商务印书馆1961年版，第265页。

殊自由的规律相互渗透，以及个人的特殊目的必须同普遍目的同一"，"个人的自信构成国家的现实性，个人目的与普遍目的双方面的同一构成国家的稳定性"，因此"国家的目的在谋公民的幸福"〔1〕。这样，国家才能获得巩固的真实基础，以及个人对国家的信任和忠诚的基础，国家因此才会是站得住脚的。

二、以公民经济自由及生命和财产安全为基础的国家稳定

黑格尔自由—权利辩证法视野中的伦理国家，作为人类自身理性自由本性的实现，它必然包容和理解人们在自然和道德方面的个别性、主观性及特殊需求与利益的自由发挥与实现，也就是必然尊重公民经济自由的自主实践，保护公民利益需求和生命、财产安全。然而，由于人自身自由本质的个体性与普遍性在现实中往往以颠倒的形式呈现出来，个体自由与公共伦理秩序在表面上总是表现出对立和分离的假象："个体性变成了它自己的以普遍的形式出现的对象，而在这个对象中它却认识不出它自己来。"〔2〕黑格尔认为，伦理国家的本质就是普遍性应该与公民的个体特殊性及物质福利相联系，个人自由的现实性正在于国家作为已经实现了的自由思想。"国家是现实性的，它的现实性就在于这个事实，即整体的利益通过诸多特殊目的认识到自身。现实性总是普遍性与特殊性的统一，普遍性分解成为特殊性；后者因而表现为自足的，尽管它只有通过整体才能得以维持和支持。假如这种统一没有得到表现，就没有什么东西是现实的，即使它可能表现为是存在（exsitence）着的。"〔3〕"没有特殊的利益、知识和意志，普遍的东西就不会获得有效性或实现，并且个人如果不同时将其意志朝向普遍目的，并有意识地行动，那么个人就不可能作为私人只为了这些特殊利益而生活。"〔4〕伦理国家作为理性普遍性整体，其必然性和合理性就在它自身分解成的若干特殊性和有限性环节之中，正是这些具有差别的个别性和特殊性，创造和巩固着国家的持久存在与

〔1〕　[德] 黑格尔：《法哲学原理》，范扬、张企泰译，商务印书馆1961年版，第266页。

〔2〕　[德] 黑格尔：《精神现象学》（上），贺麟、王玖兴译，商务印书馆1979年版，第290页。

〔3〕　Hegel，*Elements of the Philosophy of Right*，Allen W. Wood（ed），Translated By H. B. Nisbe（剑桥政治思想史原著系列影印本），中国政法大学出版社2003年版，第302页。

〔4〕　Hegel，*Elements of the Philosophy of Right*，Allen W. Wood（ed），Translated By H. B. Nisbe（剑桥政治思想史原著系列影印本），中国政法大学出版社2003年版，第282页。

规定性。

因此，伦理国家既不排斥和压制个人的特殊需要与主观自由，相反促进它们的实现，同时国家又不以个人的个别主观性及特殊性利益作为自己的原则与目的。个人特殊需要、主观愿望的满足以及私有财产的获得，必须属于作为"需要体系"的市民社会领域。伦理国家属于人们从中实现与自身精神和道德同一、获得生活意义的普遍性领域，绝对不是个人从中谋求私人利益或占取私有财产的地方。然而，为了使国家成为强大的和稳定的，个人需要发现他的特殊利益——他的人格、他的财产、他的物质福利——在国家中得到保证和安全。黑格尔认为，这时权利和义务统一的概念是最重要的一个因素，国家的内部力量就体现在其中。在履行其义务的过程中，个人必须达到他的利益满足，形成他在国家中的地位，对于他的权利必须自然增加，由此普遍性事业才成为他自己的特殊性事业。"国家是具体自由的现实；但具体自由在于，个人的单一性及其特殊利益不但获得它们的完全发展，以及他们的权利获得明白承认，而且一方面通过自身过渡到普遍物的利益，另一方面他们认识和希求普遍物，甚至承认普遍物作为他们自己实体性的精神，并把普遍物作为他们的最终目的而进行活动。"[1]"特殊利益当然不能被抛弃，更别说压制它；相反它们应该与普遍利益协调一致，以便他们自身及普遍性两者都得到保持。"[2]黑格尔关于个人特殊利益与普遍利益的辩证观点，西方学者颇为赞同："社会或个人本体论优先的观点是伪问题……黑格尔认识到个人的和社会的分裂是同一枚硬币的两面，其中一个问题的解决必须同时是两个问题的解决。"[3]没有一种普遍性能够离开或优先于它自己的特殊物存在，国家正是借自身的各种特殊性、差异性、有限性创造物与历史实践，完成自身的使命，使人类自由在其中得到全面实现和解放。因此，国家不是直接的或空虚的抽象普遍性和统一性，而是被家庭和市民社会中介了的。国家的合理性意义和权威，或者说它持久而稳定存在的"自然生命"，在于所有公民获得生

---

〔1〕 〔德〕黑格尔：《法哲学原理》，范扬、张企泰译，商务印书馆1961年版，第260页。

〔2〕 Hegel, *Elements of the Philosophy of Right*, Allen W. Wood（ed），Translated By H. B. Nisbe（剑桥政治思想史原著系列影印本），中国政法大学出版社2003年版，第285页。

〔3〕 Frederick C. Beiser, "Hegel's Ethics: The basic context and structure of Hegel's Philosophy of Right", Frederick C. Beiser（ed.），*The Cambridge Companion to HEGEL*, Cambridge University Press, 1993, pp. 236~244.

命、生存和财产安全及幸福自足自主的物质生活和精神文化生活。

三、以公民自治的社会共同体为基础的伦理教育和民主政治

黑格尔认为，伦理国家的本质意义及其现实力量，不仅在于尊重和保护公民的经济自由及私有财产，还在于尊重公民的社会自由和自治权利，培育各种健康积极、有益人民物质和精神生活的社会共同体，允许公民自由结社或自愿选择加入各种正当性社会团体、共同体组织，尊重和保护其自治权利，培养和训练公民高尚的道德情操。位于市民社会经济性事业中的自由只是可能的、有限的和偶然的，无论无形的市场机制还是有形的公共性权威——司法体系，都仍然只是将公民的自由保持为一种可能性和偶然性。因此，个人自由和权利的进一步实现，除了基于自然的血缘关系而作为最初的伦理家庭成员以外，还需要根据自己的理想、追求、爱好、志趣、职业等，寻求一个获得社会认同和自我认同的第二个伦理家庭——公司企业（corporations）、各种行会或协会（guilds）等社会团体，"个人的特殊福利在这个联合的共同体中将作为一种权利得到实现"[1]。

个人置身于各种不同的职业团体、志愿者团体、社区、行业协会等社会共同体组织之中，不是无组织的随意聚集的"人民"或"乌合之众"，相反受到了普遍性的伦理教育和培养。黑格尔认为国家是具体的，但又决不是一个个相互排斥和分散的"单子"或"原子"相加聚集而成的，而是由许多有机的社会团体或共同体构成，其中贯穿和凝聚着人们的自由和理性精神。这就是说，国家的每一个成员首先是属于一个团体或阶层的成员，只有在这个客观的确定性中，他才被看作是与国家相联系的。"只有当特殊性领域被组织起来时，才谈得上立法权力。"[2]假如国家能够将普遍利益与个人的特殊利益联系在一起，它将是内在地强大和稳定的。这意味着伦理国家的行政权或政府，不能作为政治特权，强制性地消除或干预控制市民社会各种特殊性领域的自主性与特殊性，而是引导它们走向规范化与合法化，并必须采取行动避免它们相互侵犯，或者对普遍性法和伦理政治秩序的违背与侵犯。所以，

---

〔1〕　Hegel, *Elements of the Philosophy of Right*, Allen W. Wood（ed），Translated By H. B. Nisbe（剑桥政治思想史原著系列影印本），中国政法大学出版社 2003 年版，第 273 页。

〔2〕　Hegel, *Elements of the Philosophy of Right*, Allen W. Wood（ed），Translated By H. B. Nisbe（剑桥政治思想史原著系列影印本），中国政法大学出版社 2003 年版，第 331 页。

一方面，"已经构成的个别阶层、等级必须获得国家的承认；他们必须拥有权利，他们必须照顾自己的利益，部分地因为他们有那方面做事的特殊能力，而且部分地和主要地因为他们必须有那样做的行动、他们的利益"〔1〕。另一方面，"行政权力或执行权力普遍性地关心特殊领域的保存和福利以及引导其回到普遍性的任务，同时为了普遍的目的提供公共机构、设施"〔2〕。作为伦理整体的国家，负有引导各个特殊的社会共同体朝向普遍性善，即理性的客观普遍性伦理政治秩序的责任。"如果主观特殊性被维持在客观秩序中并适合于客观秩序，同时其权利也得到承认，那么，它就成为使整个市民社会变得富有生气、使思维活动、功绩和尊严的发展变得生动活泼的一个原则了。"〔3〕国家尊重和保护并适当引导市民社会这个特殊性领域自身的自我组织、自我负责、自我管理，这个事实形成伦理国家中重要的民主性原则，同时也是公民的爱国心之所在。

四、与公民普遍利益及其理性自我意识相一致的伦理政治制度

根据黑格尔的观点，无论自然和道德本性直接统一的家庭，还是作为需要体系满足和公民自治为原则的市民社会，都不是公民理性自我意识或精神和道德的自由与平等概念的实现。各个个人、家庭、社会团体都以自身特殊利益为目的，相互间处于利益的相互对抗与冲突之中，因而必然出现由财富占有不平等或贫富分化所导致的暴力、犯罪、特权、压迫和贫困，以及相应的教育、医疗、住房、就业等诸多方面权利的不平等、不公平，并最终导致大部分人主体尊严与价值的丧失，从而导致整个社会道德和伦理的丧失。然而黑格尔认为，一个法、道德和福利相统一的伦理国家对其人民来说，不是一个外在的和强制的机械构造物，而是人民自由自我意识的理性生命体、伦理世界和公民情感倾向的系统。这就是说，公民在伦理国家中，不仅获得他人和社会对自身生命、身体、财产及物质需求的普遍尊重，而且获得对自身精神和道德的主体尊严与价值的普遍尊重。"一个民族的国家制度必须体现这

---

〔1〕 Hegel, *Lectures on Natural Right and Political Science: The First Philosophy of Right*, University of California Press, 1995, p. 262.

〔2〕 Hegel, *Lectures on Natural Right and Political Science: The First Philosophy of Right*, University of California Press, 1995, p. 260.

〔3〕 〔德〕黑格尔：《法哲学原理》，范扬、张企泰译，商务印书馆1961年版，第215~216页。

一民族对自己权利和地位的感情，否则国家制度只能在外部存在着，而没有任何意义和价值。"〔1〕

　　黑格尔主张国家的宪法和法律自身必须被认识到是公民理性意志的表达，伦理国家的公正和正义，从而其神圣的独立性与权威性，正在于它使精神和道德的自由与平等概念获得客观实现，将公民的理性自我意识实现为被大家知道和理解，并共同遵从的客观普遍性东西，即以宪法和法律为核心和至上原则的伦理政治制度，包括民众的社会风尚和传统道德。"作为民族精神的国家构成贯穿于国内一切关系的法律，同时也构成国内民众的风尚和意识，因此，每一个民族的国家制度总是取决于该民族的自我意识的性质和形成；民族的自我意识包含着民族的主观自由，因而也包含着国家制度的现实性。"〔2〕"现代世界是以主观性的自由为其原则的……一切国家制度的形式，如其不能在自身中容忍自由主观性的原则，也不知道去适应成长着的理性，都是片面的。"但是，黑格尔反对将个人的主观性与特殊性混同于伦理国家中精神和道德的普遍原则，坚决反对原子论的政治观点："个人的意志本身就是国家的创造原则。个人的特殊需要和嗜好，就是政治上的引力，而共体或国家本身只是一个外在的契约关系。"〔3〕以宪法和法律为核心的伦理政治秩序，不同于市民社会的特殊性和主观性自由领域，不是任由个人主观任意性加以理解和应用、甚至随便否定和动摇的东西。"如果说它们应该得到我的意见的赞同，这就等于说我已经动摇了它们坚定不移的自在存在，并把它们视为一种对于我也许真也许不真的东西。"〔4〕这样，伦理国家就将倒退到以特殊性为原则的市民社会中，丧失其精神和道德的伦理本质，损毁其客观的理性普遍性和有效性，堕落成为偶然性的东西。然而，伦理国家"表现它有眼光有见识的地方，就在于它既不让个别性、有限性这类东西归属于绝对本质，也不把它们附加到绝对本质上来……它懂得如何把它自己和它的有限性财富都安排到它们应有的位置上，懂得如何尊严地对待绝对"〔5〕，而不是柏林所以为的那样"黑

　　〔1〕　[德] 黑格尔：《法哲学原理》，范扬、张企泰译，商务印书馆1961年版，第296页。
　　〔2〕　[德] 黑格尔：《法哲学原理》，范扬、张企泰译，商务印书馆1961年版，第291页。
　　〔3〕　[德] 黑格尔：《小逻辑》，贺麟译，商务印书馆1980年版，第215页。
　　〔4〕　[德] 黑格尔：《精神现象学》（上），贺麟、王玖兴译，商务印书馆1979年版，第248页。
　　〔5〕　[德] 黑格尔：《精神现象学》（下），贺麟、王玖兴译，商务印书馆1979年版，第95页。

格尔和费希特赞美组织有序的庞大整体——国家组织"[1]。相反,另一位西方学者 Abel Garza 的评价比较中肯:黑格尔的"现代国家思想具有一个鲜明的特征,那就是国家是自由的实现,不是根据主观任性,而是根据意志的概念即根据它的普遍性和神圣性"[2]。也正如黑格尔自己所说,其权利哲学是要将关于法和国家的伦理政治世界,从人们的"主观目的和私见"、"主观感情、私人信念",以及"皈依的宗教和圣经"[3]的颓废中挽救出来,从"最自负的新时代哲学所发表的言论"、"各人从他的心情、情绪和灵感发出的真理"[4]中挽救出来。

黑格尔伦理国家的终极使命在于"精神的正义",亦即将人们的精神和道德从深陷于眼前利益和私人财富的追逐与斗争中振拔出来,使人类的生活不再处于残酷的分裂和痛苦中,不至"于服从规律时缺乏对它自身的享受,于逾越规律时缺乏对它自己高贵性的意识"[5]。从这个意义上可以说,"黑格尔的法律和政治的哲学在今天这个社会衰退和异化的时代仍然具有重要意义,因为它试图调和现代个人主义及主体性与共同体及伦理生活的需要……黑格尔贯穿其整个哲学事业所面对的任务在于,在保持自由的个体主体性的同时,为共同体和社会伦理创造一个空间"[6]。这意味着作为伦理国家的组织构造、制度设计及实践安排,必须与所有公民个体的普遍利益及其理性自我意识的发展相适应和一致,不能外在于甚至违背人类精神和道德的自由与平等。从而"整个现存的制度安排及其有效性规则与实证法,并不意味着是直接接受的东西,它们恰恰是那些应该被考察其合理性的东西"[7]。可以说,"黑格尔的权利哲学无疑是对现代合法性最伟大的探索之一"[8],同时也是对现代社会"一切人反对一切人"的普遍斗争可能导致全球毁灭之前的深刻警示与

---

〔1〕 [英]以塞亚·伯林:《自由及其背叛》,越国新译,译林出版社 2005 年版,第 2 页。

〔2〕 Abel Garza Jr., "Hegel's critique of liberalism and natural law: Reconstructing ethical life", David Lamb (ed.), *HEGEL vol I*, Ashgate Publishing Company, 1998, p. 345.

〔3〕 [德]黑格尔:《法哲学原理》,范扬、张企泰译,商务印书馆 1961 年版,序言第 7~8 页。

〔4〕 [德]黑格尔:《法哲学原理》,范扬、张企泰译,商务印书馆 1961 年版,序言第 12 页。

〔5〕 [德]黑格尔:《精神现象学》(上),贺麟、王玖兴译,商务印书馆 1979 年版,第 245 页。

〔6〕 Hegel, *Elements of the Philosophy of Right*, Allen W. Wood (ed), Translated By H. B. Nisbe (剑桥政治思想史原著系列影印本),中国政法大学出版社 2003 年版,第 282 页。

〔7〕 GyorgyMarkus, "Political Philosophy as Phenomenology: on the Method of Hegel's Philosophy of Right", *Thesis Eleven*, No. 48, Feb 1997, pp. 1~19.

〔8〕 Gyorgy Markus, "Political Philosophy as Phenomenology: on the Method of Hegel's Philosophy of Right", *Thesis Eleven*, No. 48, Feb 1997, pp. 1~19.

拯救。[1]也就是说当代国家的法和伦理政治世界，应该根据其所有公民个体自身三种根本自由本性及其权利获得全面发展和实现的客观程度，即所有公民个体的生命、生存和财产安全及幸福自足的物质生活保障，科学、艺术、文化、宗教和哲学等精神领域事业的繁荣与发展，以及整个社会形成健康团结、和谐统一的良好道德风气，来获得肯定性与合理性的评价、解释和辩护。

第六节　辩证法视野下个体自我与伦理共同体的内在统一

当代自由主义—社群主义关于"个人与社群谁更优先和本质"的辩论，在黑格尔那里是个伪问题。当代自由主义者和社群主义者都向黑格尔求助，以获得各自立场的支持，但是它们都不自觉地割裂了黑格尔关于二者表面分离对立、实则内在有机统一的辩证思想。黑格尔的法权哲学作为人类自由和理性精神的现实化，亦即人类寻求自身全部自由—权利获得全面实现和发展的辩证法，从来不曾静止地固定在单一的自由主义或社群主义立场。正如有学者所说："黑格尔并不是简单地区分当代自由主义与社群主义之间的差异，而是在很多方面完全超越了它们之间的争论语境。"[2]在黑格尔那里，个人与社群，或个体自我与伦理共同体，实际上是人类尊严及其自由—权利实现和存在的不同方式与环节，属于个体自我全部本质力量获得整体性表现的有机构成要素，不存在谁更优先和本质的问题。黑格尔的政治学—哲学理想在于，人类尊严的全面实现，即所有个人自身的自然、道德和理性三种根本自由本性及其权利，能够在现实政治社会中得到肯定、尊重、保护和全面实现。然而，黑格尔的观念或概念推演的神秘表达方式，常常为人所误解甚至不屑和不信，黑格尔所谓的"三段论"或概念的逻辑推演，实质上正是人们不断寻求自身自由本质获得具体、现实而全面发展的历史实践活动，此即自由—权利的辩证法。然而至今还有部分学者仍纠结于个人与社群或个人权利与伦理共同体外在表面的分离、对立假象之中。尤其如此，我们有必要回到黑格尔的自由—权利辩证法视野中，厘清个人与社群、个人权利与伦理共同体，何以起

〔1〕　Costas Douzinas, "Identity, Recognition, Rights or What Can Hegel Teach Us about Human Rights?" *Journal of Law and Society*, Vol. 29, No. 3 (Sep. , 2002), pp. 379~405.

〔2〕　Paul Franco, "Hegel and Liberalism", *The Review of Politics*, Vol. 59, No. 4 (Aut. , 1997), Cambridge University Press , pp. 831~860.

源、何以分离和对立、又何以统一的辩证关系？

一、个体生命中普遍性伦理品格与个别特殊性的自在同一

1. 黑格尔何以从精神出发解释人类世界

人们之所以会产生个人与社群谁更优先、谁更本质的争论，根据黑格尔的观点看来，主要在于它们非哲学或非精神的认知方法，即以观察的理智或形而上学的知性眼光，来看待和理解人类自身及其所处的世界。黑格尔主张用精神或哲学的眼光，也就是从人类自身普遍同一的实体性[1]精神本质，亦即自由和理性意志出发，来看待和理解自身及其所处世界。"实体就是还没有意识到其自身的那种自在而又自为地存在着的精神本质。至于既认识到自己即是一个现实的意识，同时又将其自身呈现于自己之前的那种自在而又自为地存在着的本质，就是精神。"[2]这就意味着精神本身既是一种尚未认识自身本质的实体性存在，即自在存在的精神，如作为抽象普遍性原理存在的上帝、真理和自由，抑或人类的真、善、美统一体，又是一种能够认识自身、实践自身的主观意志和个别行动，即自为存在的精神。自在自为的精神，则是认识到了自身普遍性本质，并通过自己的意志和行动创造出与自身本质相一致的客观存在或"普遍业绩"，如实体性的民族伦理、国家制度等。精神作为自在的实体，以自身的自为行动和实践创造为中介，实现为自在自为的实体，这就是精神不断认识自身、实践自身、回到自身的永恒运动。"精神既然是实体，而且是普遍的、自身同一的、永恒不变的本质，那么它就是一切个人的行动不可动摇和不可消除的根据地和出发点，而且是一切个人的目的和目标，因为它是一切自我意识所思维的自在物。这个实体又是一切个人和每一个人通过他们的行动而创造出来作为他们的同一性和统一性的那种普遍业绩或作品。"[3]在黑格尔看来，无论是人自身，还是他们认识和实践活动所创造的"普遍业绩或作品"，即人类社会的法、道德和国家制度等伦理构造物或"法的体系"（黑格尔称之为"第二自然"），都不可能被当作直接存在的、

---

〔1〕 注释：黑格尔认为人现实上是一种双重存在，即个别性的和实体性的存在。个别性即个人的特殊性、差异性和有限性，实体性即人区别于动物的无限普遍性本质——精神，亦即人的自由和理性精神。

〔2〕 ［德］黑格尔：《精神现象学》（下），贺麟、王玖兴译，商务印书馆1979年版，第2页。

〔3〕 ［德］黑格尔：《精神现象学》（上），贺麟、王玖兴译，商务印书馆1979年版，第2页。

感性确定性的那种经验的或自然的个别和偶然现象，按照自然科学的方法来认识和解释其概念本质。人自身及其实践活动所创造的"普遍业绩或作品"，如民族的伦常习俗或国家的法和伦理政治制度等，当然必须从人自身的自由和理性精神本质出发来认识、描述和解释它们在现实世界中的真、善、美表现，批判和评价它们现实存在的肯定性与合理性。

2. 何为伦理：人类自身理性精神的直观或对象性存在

根据黑格尔的观点，人类社会文明发展的理想与目标或起点与终点，在于人类精神逐渐成长发展为自我意识的和实现了的理性或自由，实现自身与内在世界及外在世界的和解与统一，达到"我即我们，我们即我"[1]的和谐统一状态。正如："理性已意识到它的自身即是它的世界、它的世界即是它的自身时，理性就成了精神。"[2]这个发展成熟了的理性精神，在人类社会中的客观存在和具体现实，就是伦理。"当精神所具有的这个理性最后作为一种理性而为精神所直观时，当它是存在着的理性时，或者说，当它在精神中是一现实并且是精神世界时，精神就达到了它的真理性：它即是精神，它即是现实的、伦理的本质。"[3]这个现实的伦理本质，"当它处于直接的真理性状态时，精神乃是一个民族的伦理生活"[4]。所谓"直接的真理性状态"即是指我们每个人生来就直接面对和身处的现实世界，其普遍性本质和真理性，并不为我们所认识和理解，所以当民族作为实现了的或现实的伦理实体，就是指已经从特殊性提升为普遍性的自我意识，亦即本民族公民的公共本质。"在实际存在着的意识的复多性中实现了的绝对精神，即是公共本质或共体……作为现实的实体，这种精神是一个民族，作为现实的意识，它是民族的公民。"[5]可见，民族作为公民生活的一个共体（或共同体），它是一种精神性的伦理实体或公民的公共本质，即客观精神，不同于感性的、物质的自然实体，它的现实性在于公民的民族意识或爱国情感。民族这种现实的伦理实体或公共本质，

---

〔1〕　见黑格尔《精神现象学》上卷 1979 年版第 122 页中所说："精神是这样的绝对实体，它在它的对立面之充分的自由和独立中，亦即在互相差异、各个独立存在的自我意识中，作为它们的统一而存在：我就是我们，而我们就是我。"

〔2〕　[德] 黑格尔：《精神现象学》（下），贺麟、王玖兴译，商务印书馆 1979 年版，第 1 页。

〔3〕　[德] 黑格尔：《精神现象学》（下），贺麟、王玖兴译，商务印书馆 1979 年版，第 4 页。

〔4〕　[德] 黑格尔：《精神现象学》（下），贺麟、王玖兴译，商务印书馆 1979 年版，第 4 页。

〔5〕　[德] 黑格尔：《精神现象学》（下），贺麟、王玖兴译，商务印书馆 1979 年版，第 7 页。

因其本质上是对其自身有所意识的现实，黑格尔称之为"人的规律"[1]："在普遍性的形式下，它是众所周知的规律和现成存在的伦常习俗，在个别性的形式下，它是一般的个体对其自身所具有的现实确定性……它乃是政府；它的真理性在于它的公开明显的有目共睹的有效准性或权威性……"[2]一个民族或国家的伦常习俗，以及以宪法和法律制度为核心的政府权威，皆是人们理性精神的直观或客观定在，即一种本性上普遍的东西，它们不是自然的、感性的和偶然的直接实存，在内容上必须是整个的和普遍的，即"伦理行为所关涉的只能是整个的个体，或者说，只能是其本身是普遍物的那种个体"[3]。

一个民族的伦常习俗或一个国家的政府权威，它们作为现实的伦理实体或共体，是人的理性精神的直观，即与人的实体性普遍本质相一致的概念性存在，亦即作为普遍性的个体存在。但是，人自身的个别性存在，包括自己个别的自我意识、主观目的、特殊需要等偶然的、有限的差异性，亦即个别性的人的个体生命力量还没有获得现实性。所以，此时人的伦理品格或对普遍性伦理实体的自我意识只是自在地同一于个体生命里，二者尚未历经分裂和矛盾之后的彼此认同与肯定，因而同时也可以说人的实体性存在，即直接确定性的伦理实体，与人自身特殊的个别性存在或个体生命，此时尚处于相互外在和平静的和谐统一中。那么人的个别性存在或个体生命是如何寻求自身实现与存在的呢，如何与自身实体性伦理本质发生分离和矛盾的呢？

二、伦理本质与个体生命的分离：以满足个人特殊需要的个体行动为中介

1. 伦理本质与个体生命何以分离？

在黑格尔看来，伦理本质作为人内在的实体性东西或普遍本性，原本就居住在每个人的个体生命之中，与个体的特殊性品格是自在地同一的，谁也不比谁更优越、更本质，只是因个人的外在行动而发生了分裂或对立的假象。

---

〔1〕 黑格尔认为伦理世界包括"人的规律"和"神的规律"。"人的规律"即一个民族的伦理生活或一个国家的政府权威与效准，等等，它们在本质上必须借助于现实的个体，即一种有自我意识的现实行动和外在的行为才能证明自身的有效性与确定性存在；相反，"神的规律"则是公民最后的义务，以彼岸的个体为其内容与权力，其力量仅在于抽象的纯粹的普遍物。总之，"人的规律"属于此岸世界的自在自为的普遍物，而神的规律即属于彼岸世界的纯粹抽象的普遍物。

〔2〕 ［德］黑格尔：《精神现象学》（下），贺麟、王玖兴译，商务印书馆1979年版，第7页。

〔3〕 ［德］黑格尔：《精神现象学》（下），贺麟、王玖兴译，商务印书馆1979年版，第9页。

因为上述的个体性伦理实体只是出现为普遍的意志或普遍的自我意识，如民族或国家这种公共本质或共体，而个别的人的自我意识还没有取得权利以个别的个体性形式出现，个别的人还不曾有所行为，只有有所行为才是现实的自我。[1]于是，人的个体性行动、特殊需要、主观目的，打破了他个体生命内部普遍性的神圣义务或良心与个人主观需要、特殊利益，在概念本质上或意识范围内平静的稳定、和谐与统一，使之成为彼此外在地对立着的不同领域。"行动本身是这样一分为二的，自己把自己建立起来，并面对自己建立起一个异己的外在的现实，其所以有这样一个现实，正是行动本身的事情，正是它自己的结果。"[2]人们正是在寻求自身主观目的、特殊需要和利益满足的个体性行动，亦即实现自己个别的自由意志与生命力量，包括个人的冲动、激情、任性、欲望等，同时也不知不觉地实现着自身内在的实体性伦理本质，也就是建构起了他们普遍共同遵守的外部秩序，如国家的法和伦理政治制度等普遍物。然而，人们通常将民族的伦常习俗、国家的普遍性权威与秩序，与自身的个别性存在、特殊知识、意志、需要和目的看成是相互分离和对立的。这就是黑格尔所说的伦理世界在现象世界中颠倒的假象。

2. 独立人格与主体自治权利：普遍性伦理本质在个体生命运动中的实现

在黑格尔看来，普遍性伦理本质与个别特殊性的分离，实际上是精神自己实现自身的实践活动所导致的自我分裂。从现象上来看，这种活动一方面外在地表现为个体行动或个人的特殊意志，另一方面内在地表现为人的普遍性伦理品格不再仅仅作为精神形态的伦理自我意识，即神圣义务或良心保持在人们内心，而是转向另一种客观的存在形态，即法权（personal right）。这就赋予了个人一种自身有效准的、不可侵犯的、绝对平等的独立个体资格，也就是说个人拥有了现实的行动力量或权利资格。这里形成了人的实体性精神本质与个别性个体生命的辩证运动："普遍物已破裂成了无限众多的个体原子，这个死亡了的精神现在成了一个平等原则，在这个平等中，所有的原子个体一律平等，都像每个个体一样，各算是一个个人（person）。"[3]"从伦理实体的生活中就产生出了个人人格（personality）；人格是意识的现实而有效

---

〔1〕 ［德］黑格尔：《精神现象学》（下），贺麟、王玖兴译，商务印书馆 1979 年版，第 20 页。

〔2〕 ［德］黑格尔：《精神现象学》（下），贺麟、王玖兴译，商务印书馆 1979 年版，第 24 页。

〔3〕 ［德］黑格尔：《精神现象学》（下），贺麟、王玖兴译，商务印书馆 1979 年版，第 33 页。

准的独立性。"〔1〕原来自在地存在于个体生命中的实体性伦理本质，现在实现为每个个人的单一自由意志亦即独立人格，由此，每个个人，无论种族、肤色、年龄、性别以及体力、智力等方面的特殊性、差异性、偶然性和有限性，他们都因这一无限普遍性本质即人格，而拥有普遍平等且神圣不可侵犯的个人权利，当然这是一种抽象的普遍性权利。正如黑格尔所指出的，人格包含一种权利能力，它是作为一切法的抽象基础，因而包含着这样的命令："成为一个人，并尊敬他人为人。"〔2〕这里，人类理性精神或自由意志的普遍本质，其直接现实性在于单一个人的自由意志——个人人格，即有限个体生命中的无限性。有限个体生命因其内部的无限普遍性本质——人格，而成为与一切其他个人普遍平等且独立自治的权利主体或法权主体。

黑格尔认为，各个个人自由—权利的普遍平等和神圣不可侵犯，根本地源于他与所有其他人普遍同一的自由和理性精神本质，亦即他自身内的普遍性伦理品格，同时普遍性伦理本质的实现，又必须有赖于个体生命寻求自我实现、自我获得的现实行动。然而，原子论自由主义者不理解个人权利至上的神圣性与其自身普遍性伦理品格的辩证同一性，却高举"天赋人权""人生而自由平等"等不证自明的公理式先天原则，固执于抽象理智，声称个人权利至上，希望保持个人之间的相互独立和互不干扰。在黑格尔看来，原子论自由主义者将抽象的法权主体即"人（person）"或"人格（personality）"形式上的抽象普遍性自由与权利，加以直接实践和贯彻，内在地具有自我解构和自我毁灭的特点。因为"这位世界主宰……也跟别人一样是一个个人，但他是一个孤独的个人，他跟所有的人对立着……他们这里毋宁各是自为的个人，排斥他们跟别人的连续性，保持他们跟别人绝对互不干扰的间断性（或独立性）……自觉为无上威力的这个自我主体，是纯粹的摧毁作用"〔3〕。黑格尔意思是说，如果我们固执于抽象理智，将抽象的人或人格直接实践是危险的、否定的和破坏性的，因为一方面，作为法权主体的人（person）和道德的自治主体（subject），是抽掉了一切外在差异性和特殊性的形而上学的人，决非具体的和现实的人（man）或个体（individual），因而排斥跟别人的

---

〔1〕〔德〕黑格尔：《精神现象学》（下），贺麟、王玖兴译，商务印书馆1979年版，第34页。
〔2〕〔德〕黑格尔：《法哲学原理》，范扬、张企泰译，商务印书馆1961年版，第46页。
〔3〕〔德〕黑格尔：《精神现象学》（下），贺麟、王玖兴译，商务印书馆1979年版，第37页。

连续性，诸如历史、传统、文化、教育、宗教、哲学等实质性联系与差异，因而破坏现存的一切差异性或区分性的制度、规则与秩序；另一方面，这种排斥一切差异的普遍平等的抽象个人的实现，现实中又实际上成了个人自然和主观方面一切特殊性、任意性和偶然性的自由释放。所以，盲目而狂热地追求个人在形而上学概念上的普遍自由与平等，不能理解和容忍现实生活中的任何差异与现存秩序，同时每个个人自身内的各种自然性、偶然性、任意性和特殊性却都以人格的名义要求平等的存在权利，结果就会走向人人自由平等的反面———一切人对一切人斗争的无政府状态，最终反而寻求专制或独裁式的统治，要求获得巩固的和安全的外部秩序。正如英国政治学教授赫尔德所说："自由主义和自由主义民主国家实际上必然是强制性的或强力国家。"[1]另一位美国学者斯蒂曼（Peter G. Stillman）也指出："仅仅建立在抽象或自然人基础上的政治理论，对于人类道德、有效的人类关系、人类文化和文明，以及自由的发展等问题是欠考虑的。简言之，一个由抽象的或自然人生活的世界是一个受限制的、非人类的、非仁爱的世界……抽象权利或自然权利的加强总是复仇。"[2]

在黑格尔看来，作为抽象法权的个人所有权，以及作为道德权利的主体自治、主观自由，只有在社会中充分发展了的人才会有实质性差异和个性，如阶层、职业、文化、教育、历史、传统、宗教等，从而在权利和道德的规定上，才会有相应客观而具体的内容。总之，在黑格尔那里，无论作为拥有独立人格或单一自由意志的权利主体，即 person，还是作为拥有主观地自我认识、自我判断和自我决定等主观自由及图谋福利的道德自治主体（subject），都还只是形而上学的人，亦即抽象的人的概念。换言之，黑格尔这是关于人之为人的资格与尊严的概念描述与解释，这里的人及其自由—权利都只是自在地存在的思想或概念，因而还只是形式上而非现实上具体的自由与权利。

三、个体特殊性与普遍性品格的具体现实与统一：家庭—市民社会—国家

黑格尔认为，一个具体而现实的人（man）或个体（individual），他的个

---

〔1〕　［英］戴维·赫尔德：《民主的模式》，燕继荣译，中央编译出版社 1998 年版，第 121 页。

〔2〕　Peter G. Stillman, "Hegel's Critique of Liberal Theories of Rights", *The American Political Science Review*, Vol. 68, No. 3（Sep., 1974）, pp. 1086~1092.

人所有权以及道德的主观自由与主体自治权利，必须在活生生的伦理生活秩序中，才能得到具体实现。因为个人自由—权利的具体现实性并不在纯粹自身内，而是必须在一种具体的社会结构关系和义务范围之中，个人的权利和义务只有在具体的伦理生活秩序和结构中才会有客观的具体内容和规定，并且在每个个人自身内内在地和有机地统一起来，这就是黑格尔所谓的"客观伦理"，即"自在自为地存在的规章制度"或有差别的具体的实体。它代替了抽象的善，使抽象法和道德有了具体的存在和规定，实现为有差别的具体的实体，如家庭、市民社会和国家三种基本伦理实体及其客观的法律和权力，人类自身自然、道德和理性三种根本自由本性及其具体权利，正是从中获得不同程度和方式的实现与满足。

1. 家庭：个人特殊需要及自私心转变为以血缘和爱为纽带的共同体关怀

首先，家庭作为自然的伦理形态，以血缘、爱和情感为核心纽带，个人在家庭中不是以个人自身的特殊利益或个人权利为目的，而是直接地或自然而然地以对家庭这个统一体的爱、责任和共同财产为目的。"在这里，在抽象所有物中单单一个人的特殊需要这一任性环节，以及欲望的自私心，就转变为对一种共同体的关怀和增益，也就是转变为一种伦理性的东西。"[1] 而且，家庭中父母对子女的教育，一方面"灌输伦理原则，使他们的心情拥有伦理生活的基础，在爱、信任和服从中度过他生活的第一个阶段"，另一方面，"使子女超脱原来所处的自然直接性，达到独立性和自由的人格，从而达到脱离家庭的自然统一体的能力"。[2] 家庭是培养个人自由和理性能力的第一个伦理驿站，但是个人独立人格或其独特的个别性存在尚未在家庭中获得实现。所以黑格尔认为婚姻家庭并不是个人自由实现的终点，不能简单地要求人们在与他人爱的联合中放弃他们的个人权利。由此，黑格尔提出个人主观特殊性自由能够获得充分实现和发展的第二种伦理生活形式——市民社会。

2. 市民社会：个人的个体生命力量及其主观特殊性的全面实现和伸张

在黑格尔看来，只有生活在市民社会中的人才是具体的和独特的人。他说："在法中对象是人（person），从道德的观点说是主体（subject），在家庭中是家庭成员，在一般市民社会中是市民（即 bourgeois），而这里，从需要的

---

〔1〕 ［德］黑格尔：《法哲学原理》，范扬、张企泰译，商务印书馆 1961 年版，第 185 页。
〔2〕 ［德］黑格尔：《法哲学原理》，范扬、张企泰译，商务印书馆 1961 年版，第 188 页。

观点说，是具体的人（mensch）。"[1]在市民社会中，"具体的人作为特殊的人本身就是目的；作为各种需要的整体以及自然性与任性的混合体，他是市民社会的一个原则……但是每一个特殊的人都是通过他人的中介，同时也是无条件的通过普遍性的形式的中介，而肯定自己并得到满足。这一普遍性的形式是市民社会的另一个原则"[2]。因而市民社会可以说是各个个体为着自己的特殊需要和主观利益而行动的同时建立起了相互依赖的外部普遍性制度。黑格尔表明，这样一种允许个人充分发挥、尽情施展自己在自然和主观方面的特殊自由，并且以自己私人需要和利益为目的的事情，只是在现代世界中才形成的。"市民社会是在现代世界中形成的，现代世界第一次使（自由）理念的一切规定各得其所……在这一基地上，一切癖性、禀赋、一切有关出生和幸运的偶然性都自由地活跃着，一切激情的巨浪，汹涌澎湃……"[3]总之，市民社会"赋予特殊性以全面发展和伸张的权利"[4]，所有个人都平等地凭借自身自然和主观方面的资本、特殊技能、才干，自由自主地谋求幸福生活，占有社会财富，获得个人成就、荣誉及社会承认。

市民社会中，人们为着相互钩系的需要和相互满足这些需要，自由选择或自愿结合进了各种不同的等级或社会团体、组织和部门等，单个个人正是在不同的等级部门中使自己的个体需要、私人利益成为肯定的、现实的和可靠的，同时受到了伦理教养和熏陶，扬弃了个人自然的和孤立的简单直接性和危险性。相互依赖的形式普遍性和所在等级的伦理普遍性，皆是个体在满足自己私人需要和利益的行动过程中建成的，个人正是在实现自己主观特殊性自由的同时陶冶和提升了自己的普遍性理智。"特殊性通过锻炼自己和提高自己所达到的这普遍性的形式，即理智性，又使特殊性成为真实的和自为存在的单一性。由于特殊性给予普遍性的充实内容和无限的自我规定，所以它自己在伦理中就成为无限独立的和自由的主观性。"[5]人们正是在自由开放的市民社会中成长、成就自己的个体性物质力量和精神力量。市民社会既然是各个人主观目的、特殊需要和福利自由实现的场所，从而具有不可被取消

〔1〕［德］黑格尔：《法哲学原理》，范扬、张企泰译，商务印书馆1961年版，第205~206页。

〔2〕［德］黑格尔：《法哲学原理》，范扬、张企泰译，商务印书馆1961年版，第197页。

〔3〕［德］黑格尔：《法哲学原理》，范扬、张企泰译，商务印书馆1961年版，第197页。

〔4〕［德］黑格尔：《法哲学原理》，范扬、张企泰译，商务印书馆1961年版，第198页。

〔5〕［德］黑格尔：《法哲学原理》，范扬、张企泰译，商务印书馆1961年版，第203页。

和压制的权利，那么黑格尔为什么还要从市民社会过渡到国家呢？

3. 国家：理性意志的客观实体和普遍自由的具体现实

黑格尔对市民社会中的贫困和不平等充满了担忧。市民社会作为人们自然和主观方面各种特殊性需要尽情发挥和释放的开放性社会经济活动领域，它"既提供了繁荣兴旺和荒淫贫困的景象，也提供了为两者所共同的生理上和伦理上蜕化的景象"[1]，"一方面穷奢极欲，另一方面贫病交迫，道德败坏"[2]。人们置身一切人相互依赖全面交织的社会经济网络体系中，他分享社会财富的可能性受到他所拥有的资本、技能、教育等自然和主观各方面诸多偶然性因素的制约，这可能加剧人们原来不平等的天赋和体质发展上的差异，最终导致占有社会财富的不平等，生存和发展的不平等。这就是说，人们在市民社会中的自由还是各别的、特殊的、有限的和偶然的，而非普遍的、必然的和具体的现实。其次，由个体需要满足建构起来的那种外在普遍性仍然是特殊的和各别的，包括各种共同体组织、同业公会等，也仍然是各自自为的特殊普遍性。这正如一位国外学者所说："市民社会无法提供真正的同一性中心……市民社会只能提供一种量的聚合，它不可能提供内在的整合……和谐确切说来正是市民社会必然并且必须缺乏的东西，它没有统一的原则。"[3]因为市民社会中各个人相互结合的最后目的只是为着单个人本身的特殊利益，而非人们意志中绝对合乎理性的东西。所以黑格尔反对将以个人获取私有财产为目的的特殊领域——市民社会，等同于以理性意志为根据、以普遍利益和公共荣誉为目的的理性普遍性领域——国家。国家作为以宪法和法律为核心和至上原则的伦理实体，是人们理性意志的客观表达和确定性存在，"自在自为的国家就是伦理性的整体，是自由的现实化，而自由之成为现实乃是理性的绝对目的"[4]。

国家作为理性伦理精神或人类自身理性本质的客观实体，不同于它直接的自然形态——家庭，也不同于纯粹自为的特殊性形态——市民社会，同时国家的稳定必须以婚姻家庭和市民社会中的伦理制度为基础。"作为伦理总体的

〔1〕［德］黑格尔：《法哲学原理》，范扬、张企泰译，商务印书馆1961年版，第199页。

〔2〕［德］黑格尔：《法哲学原理》，范扬、张企泰译，商务印书馆1961年版，第209页。

〔3〕Paul Thomas, "Property's properties: From Hegel to Locke", *Representations*: Vol. 84 No. 1. November 2003, pp. 30~43.

〔4〕［德］黑格尔：《法哲学原理》，范扬、张企泰译，商务印书馆1961年版，第258页。

国家，它的生命原则在普遍的自由意志展示自身与必然性一致的程度上才是已被实现了的。……自由必须是在必然性意义上的'是'，而不是偶然性意义上的'是'。"〔1〕这意味着国家必须将自由从家庭和市民社会中那种特殊性、偶然性和有限性的实现，提升为普遍的、必然的和具体的现实，亦即国家作为理性意志的客观实体，它必然是实现了自由的特殊性和普遍性的有机统一体。"国家是具体自由的现实；但具体自由在于，个人的单一性及其特殊利益不但获得它们的完全发展，以及他们的权利获得明白承认，而且一方面通过自身过渡到普遍物的利益，另一方面他们认识和希求普遍物，甚至承认普遍物作为他们自己实体性的精神，并把普遍物作为他们的最终目的而进行活动。其结果，普遍物既不能没有特殊利益、知识和意志而发生效力并底于完成，人也不仅作为私人和为了本身目的而生活。"〔2〕为了使国家成为强大的和稳定的，个人需要发现他的特殊利益——他的人格、他的财产、他的物质福利——在国家中得到保证和安全，同时又坚决不以个人的特殊利益为作为国家行动的目的和原则。可见，"黑格尔并没有把主体遗忘或淹没在一个集权的整体主义国家之中"〔3〕。"黑格尔给我们提供了一种超出原子主义和狭隘自我利益的传统自由论的方法，他给我们提供了一种社会善的概念，这比仅仅生命和财产的保护更加高尚和鼓舞人心。他做到这一切而无需牺牲自由主义政治思想的个人权利和自由。主观自由、特殊性、任意性并不被看作是他们以自身为目的，相反，是作为更庄严的人类总体尊严和本质的基本要素。"〔4〕

四、个人自由在家庭—市民社会—国家伦理生活中的整体性获得

在黑格尔的权利哲学中，法权—道德—伦理，以及家庭—市民社会—国家等都是人类尊严或自由本质实现的特殊环节，它们既不是具有同等价值的平行罗列，也不是按价值或本体论优先次序的前后排列，而是共同构成自由真理的全体。个人的全部自由—权利或整体性自我，正是在这些不同环节、

〔1〕 Hegel, *Lectures on Natural Right and Political Science*：*The First Philosophy of Right*, University of California Press, 1995, p. 227.

〔2〕 [德] 黑格尔：《法哲学原理》，范扬、张企泰译，商务印书馆1961年版，第260页。

〔3〕 "Hegel's critique of liberalism and natural law: reconstructing ethical life", DavidLamb（ed.）, HEGEL. vol I Ashgate Publishing Company, 1998, p. 354.

〔4〕 Paul Franco, "Hegel and Liberalism", *The Review of Politics*, Vol. 59, No. 4（Aut., 1997）, Cambridge University Press, pp. 831~860.

不同层次的生活形态中获得不同程度与方式的实现和满足。"对黑格尔来说，现代主体、个体和自利是朝向自由的辩证历程中的新阶段，而不再是前社会的、固定的和永久性的假说……主体和自由个体，甚至追求自利的出现，都是精神发展、自我意识的实现，以及个体主体性与更大的社会秩序相统一的必然性步骤。"〔1〕人类寻求自身自然、道德和理性三种根本自由本性及其权利全面实现与发展的历史，同时也是一个民族或国家寻求法、道德和伦理相统一的政治文明发展过程，或者说人们寻求自身个体生命的整体性实现与获得的过程，同时也就是建构与自身理性精神或普遍性伦理本质相一致的法和国家政治秩序的过程。这便是黑格尔政治哲学的自由—权利辩证法秘密之所在，现实性力量之所在。在他的辩证法政治哲学视野中，个人与社群，个人权利与伦理共同体，个人利益与公共利益，谁都不是单一的、自足的实体性存在，谁都不是固定静止的起点、中点或终点，它们共同处于人类自由—权利及其社会制度永恒运动发展，亦即人类自由和理性精神愈益发展和成熟的历史进程之中。人本质上作为自由和理性精神主体，他从来不会永久固定地驻足在某个单一立场或满足于某种单一的存在方式而止步不前。因为"精神总是以不同的态度对待它自己的不同方式的现实，不同地对待当前已有的他物，有时候精神采取现实的态度，使自己适应于现有的风俗习惯、伦理道德以及以精神自身为对象的那些思维方式，等等；有时候精神持反对现实的态度，进行独立思考，根据自己的兴趣情感来挑选其中特别为它自己的东西，使客观事物适应于它自己"〔2〕。人们具体的和现实的自由生活原本就是这样：他自由的认识和行动，自由的调适自己，陶冶自己，努力实现与自身、与他人、与外在世界的和解与统一。

---

〔1〕 "Hegel's critique of liberalism and natural law: reconstructing ethical life", David Lamb (ed.), HEGEL. vol I Ashgate Publishing Company, 1998, p. 354.

〔2〕 ［德］黑格尔：《精神现象学》（上），贺麟、王玖兴译，商务印书馆 1979 年版，第 200~201 页。

第三章
黑格尔辩证法视野的法权理论
对西方政治哲学的超越

第一节　黑格尔"狡黠理性"的法权哲学与自由主义政治哲学

　　自由和权利，从古至今，都是法学、政治学乃至政治哲学共同关注并努力促进的目标和主题。当今世界最流行的自由主义思潮在"天赋权利"的自明原则下，即在对个人自由和权利本身无需证明与解释的前提下，假设人类在相当大的程度上是非社会的、自治的和自我的，并且优先于社会和共同体的原子式个别存在，因此常常将个人权利或自我主体性，与外在的普遍性伦理习俗、文化传统、社会规范及国家制度等，视为相互外在、独立和分离的，以个人"免于什么的自由（free from something）"和"自由地做某事（free to do something）"为自由的核心旨趣，以消极自由和积极自由，或者肯定性自由和否定性自由的外在实现为反思目标，不断地探讨、争论、设计和修订实现个人自由权利的具体内容、范围以及实现的程度、大小，不断在个人与社会、个人与国家，或者公域与私域之间设置各自行为或实践活动的权利边界，争论国家或政府的权力内容、范围和行使的边界与限制，辩论一个自由的社会和国家中政治和法律机制应该怎样设计，个人的自由行动应该坚持怎样的原则，等等。不同立场和观点的自由主义者争论的结果是：从一种特殊设计到另一种特殊设计的不断推翻、代替，终究不能求得一个令双方满意的结果，不得不经常陷于解释的无穷后退或无限延伸的窘境之中。

　　在黑格尔看来，个人现实的自由和权利，以及法、道德、伦理及社会和国家的真理，不是由任何外在的设计和想象决定和规定的，而是由人自身的自由意志本质决定的。黑格尔的"狡黠理性"作为与上帝、世界真理及人类自由本质同一的"绝对精神"，在政治社会领域中作为人类自由真理，要求在法和国家的伦理政治世界中获得现实性力量和客观存在，即不断地通过实践改造和斗争，使自身自然、道德及理性三种必然性自由本性及其权利得到尊重、保护和全面实现。黑格尔"狡黠理性"的外在实现、具体化或显现，首先显现为人的精神、自由和理性本质；其次更客观具体地显现为个人的自由与权利，包括法权意义的自然权利和道德权利；再次显现为伦理精神及其具体形态，包括家庭、市民社会和国家。

一、黑格尔法权体系中的"狡黠理性"：上帝、真理和自由的同一

黑格尔的"理性"之"狡黠"在于它是与上帝、世界真理以及人类自由本质同一的"绝对精神"，它不仅在认识方法上，而且在内容表现上都是"狡黠"的。它既不断地通过各种个别的、特殊的、暂时的、虚假的或错误的外在偶然性形式、表面现象来表现或实现自己，既承认和包容它们各自的合理性，同时又从不承认任何一种特殊的原则、方法或特定的阶段、现象、经验实存，可以代替或等同于最后的或绝对的真理性地位。黑格尔认为，上帝作为无限自由的精神，就是宇宙世界的真理与绝对本质。"精神在其绝对的真理中，——这就是绝对精神"〔1〕，"哲学和宗教皆以真理为对象——就真理的最高意义而言，上帝既是真理，而且唯有上帝才是真理"〔2〕。作为世界真理的"绝对精神"之所以是绝对的，在于它是永恒运动、自我显现着和创造着的自由精神，这正是与人类自身自由和理性本质相统一的主体性精神。

权利，作为个人自由意志在政治社会领域中的实现，可以说是潜藏在政治世界中的真理——个人自由——的实现。权利既然生长于精神或自由意志的土壤中，因而对权利本身的理解，仍然必须回到人的精神或自由意志的自我意识与发展运动中去认识权利自身实际之所是。政治世界领域中的权利实现，同样属于精神自我意识与自我实现的历史过程，即自由本质自我认识与自我实现的历史，包含着若干发展的特殊环节与表现。"权利有各种各样的阶段，有时它是更加抽象的，有时它是更加具体的；因此它可能是不正义的、错误的。"〔3〕黑格尔反对仅仅从某一发展阶段或特殊环节所片面理解的抽象自

---

〔1〕 ［德］黑格尔：《精神哲学——哲学全书·第三部分》，杨祖陶译，人民出版社 2006 年版，第 27 页。

〔2〕 ［德］黑格尔：《小逻辑》，贺麟译，商务印书馆 1980 年版，导言第 37 页。

〔3〕 Hegel, *Lectures on Natural Right and Political Science: The First Philosophy of Right*, University of California Press, 1995, p. 56.

由，认为固执在任何单一方面的独立理解，都是对自由本质的滥用或曲解，甚至可以说是对人类精神本质的侮蔑与践踏。人的自由本质实现自身的历史，就是人类为了实现自身自由与权利，在政治社会领域中不断从事斗争劳作和实践改造的历史。

在黑格尔看来，政治社会中一切存在皆是人类自由本质自然的外在实现或显现，即显现为各种法的规定，包括私法、道德、伦理以及家庭、市民社会和国家等，它们表面看似各自独立的存在或外在于人自身的存在，实际上是人自身自由本质的对象性存在，因而对于人来说并不是真正的他物。法和伦理政治世界中各种构造及制度安排必然与人自身的自由本质是相一致的，其肯定性与合理性内在于人自身自由本质实现的历史性环节中，它们并不是彼此独立、各不相干的存在，相互之间是连续性的、互为中介和相互过渡的。"有机物的存在，从本质上说，乃是普遍性或反映于自身，所以无论它的整个存在或它的个别环节都不能是一个固定的解剖系统，它们实际表现于外的，毋宁只是流行于形态各个部分中的一种运动，在这运动中，被割裂出来被固定为个别系统的都以本质上是流动性的环节而出现。"[1]如果将人的自由本质发展历史作直线性的理解，那么一方面可能产生一种价值优先论的理解，将自由发展看作一种优先性的前后排序，这样必然把理性自由本性及其客观存在形态——国家，认作最高的和决定一切的最后真理，吞没掉个体性和特殊性，这就导向绝对国家、国家至上主义或极权的法西斯主义的误解。另一方面，会导致把原本自身等同的三种不等同的东西当作三种相互独立、互不相干的实体性要素，将其分割成三个不同的世界，三者的无限等同性与不等同性在直线式的思维里被当作一种经验的、坏的无穷尽或无限性，不知尽头何在，最终成为不可认识和把握的东西。

如果把自由外在存在或实现自身的各种形态看作一个各自独立、互不相干的固定系统，就会窒息自由本质永恒运动的本性，"因为固定的系统不但不是内在环节的表现，而且本身根本没有有机的真理性。有机的本质，要求有机环节是流行运动的过程，换言之，是在现实中普遍的东西，正如有机物自身之为普遍或共相那样，它并不企图在一个孤立的事物上给普遍或共相捞到

---

〔1〕　〔德〕黑格尔：《精神现象学》（上），贺麟、王玖兴译，商务印书馆1979年版，第184页。

一幅固定的图象"〔1〕。人作为不可分割的有机整体，它的各种外在表现或实现形态始终不可能变成与自己完全不同的他物，即是说他终究会回到自身，即从自身自由本质出发，分裂成不同的看似对立的和相互区别的不同形态，但总是以自身本质为目的。所以人自身自由本质自我实现的行动必然是一个不断超出自身、脱离自身，同时又不断寻找自身、并回归自身的圆圈式历史运动。"必然性在发展历程中是隐藏着的，只在终点才显现出来，正是这个终点，表明必然性也曾经是起点。终点为什么表明它自己也就是起点呢？这是因为行动所造成的变化并不产生什么与原来不同的东西出来。"〔2〕"起点就表明自己是一种以其自身为终点的东西，因此，它作为起点就已经是回归到了自身的……因此，它通过它的行动的运动而达到的不是别的，只是它自己……诚然出现了它现在是什么与它所追求的是什么之间的差别，但这只是一种差别的假象。"〔3〕"要开始去行动的个体，好象处于一个圆圈之中，在这个圆圈中，每一个环节都已假定别的环节为前提，因而好象不可能找到起点；因为，它的目的必然即是它的原始本质，它只能从行为里认识出它的原始本质，但是它为了要行动，又必须先有目的。但唯其如此，它又必须立即开始，而不管情况如何，不考虑什么是起点、中点、终点，直接进入行动；因为它的本质和自在存在着的本性乃是起点、中点、终点一切归一。"〔4〕在黑格尔的观点看来，无论激进的个人自由主义者，还是保守的自由主义者，对自由的理解都处在一种知性的观察层次，它们使"被理解的东西变成了一种固定的规定性，一种直接的属性或一种持存不变的现象，从而进一步被接纳于数量的规定之中，于是概念的本性（自由的本性）就被压抑了"。〔5〕然而，为观察的知性理智所了解的东西，只是理性的某种特殊表现或存在形态，并不是它自身之所是的全部真相。

二、黑格尔法权哲学的"狡黠理性"对多种自由面相的批判性理解

黑格尔的"狡黠理性"在政治社会实践领域中作为人类的自由与权利目

〔1〕〔德〕黑格尔：《精神现象学》（上），贺麟、王玖兴译，商务印书馆1979年版，第184~185页。
〔2〕〔德〕黑格尔：《精神现象学》（上），贺麟、王玖兴译，商务印书馆1979年版，第174页。
〔3〕〔德〕黑格尔：《精神现象学》（上），贺麟、王玖兴译，商务印书馆1979年版，第174页。
〔4〕〔德〕黑格尔：《精神现象学》（上），贺麟、王玖兴译，商务印书馆1979年版，第265页。
〔5〕〔德〕黑格尔：《精神现象学》（上），贺麟、王玖兴译，商务印书馆1979年版，第186页。

标，它必须在人类改造现实世界的客观实践活动中，各族人民的实践改造与历史斗争中显现自己、具体化自己，却又从不将自身固定地停留在某种特殊的具体存在和有限的个别现象里。黑格尔指出，"自由虽然是一个内在的观念，它所用的手段却是外在的和现象的，它们在历史上直接呈现在我们的眼前。我们深信人类的行动都发生于他们的需要、他们的热情、他们的兴趣、他们的个性和才能，这类需要、热情和兴趣，便是一切行动的唯一的源泉"[1]。"有限精神的任务即在于使其神圣本质得到自觉。"[2]因而人类认识和改造现实世界的劳作与斗争，主观地来说既是对世界真理的寻求，客观地来说，是人类自由与权利在政治社会领域中的实现，创造一个具有普遍理性秩序的国家、道德和法律等的伦理政治世界。人类自身自然、道德及理性三种必然性自由本性的实现就是国家、道德和法的伦理政治世界全部真理、责任和意义的实现。

黑格尔将那种脱离一切内容以及从一切感性确定性和特殊性中抽离出来的自由称为否定性自由（negative freedom），如他的"狡黠理性"。当然，这并不意味着以塞亚·伯林使用这同一术语时所包含的意思，对伯林来说，否定性自由不是指人类行为的终极源泉或永恒发展的动力，它不过是指人类在其中以不受阻碍的方式行动的领域。这是霍布斯主义或边沁主义者以及整个经验主义者们的自由观念，即我们"免于外部障碍"地做自己意愿或喜欢做的任何事情。对黑格尔来说，否定性自由在终极意义上是人类行为的源泉，无论它们是否来自于或终极地作为个人自己的自我表达，它与我们不受阻碍地追求经验性欲望与倾向无关。"黑格尔心目中所谈论的否定性自由并非是霍布斯和边沁等经验主义传统，毋宁说是康德和费希特的理性主义传统。"[3]黑格尔的所谓"否定性自由"，是理性精神对自身外在实现、外部行动的自我批判、自我改造，目的是为了全面地实现自己、成就自己。黑格尔指出，现时代很多人把意志自由理解为自我对自身纯思维的那种无界限的无限自由，以为自我具有超出或不受一切外在的规定性或界限拘束的无限自由，从而陷入一种对纯思维的无限自由的痴迷和狂热。实际上，这种纯粹思维的无限自由，

---

〔1〕　[德] 黑格尔：《历史哲学》，王造时译，上海书店出版社 2006 年版，绪论第 20 页。

〔2〕　[德] 黑格尔：《小逻辑》，贺麟译，商务印书馆 1980 年版，第 291 页。

〔3〕　Paul Franco, *Hegel's Philosophy of Freedom*, Yale University Press, 1999, p. 160.

只是思维本身的性质或能力，它还不是一种客观的现实存在，它只停留在自我意识的思维里，还没有客观的现实内容，还没有进入客观实践或获得客观存在，没有亲自经验和获得自身的特殊形象，也就是对自身没有真正认识。这种对自身内容和行动无认识的抽象自由，无论将其直接付诸实践，还是将其孤独地保守在个人内心深处，都不是真正的自由。黑格尔认为，真正的自由，必须具有其形式和内容的确定性。首先，从形式的观点看，意志的形式确定性在于它是"我的"；其次，从其内容的观点看，即它所意欲的内容来看意志的确定性，就它是真的而言，它并不仅仅是"我个人"的主观意图。

从内容上看，最初仅仅自在地自由的意志只是直接的或自然的意志。这即是说，意志最初实现出来的东西，只是个人自身内的自然冲动、欲望、倾向和热情等所指向的外在物，而我自身的需要、欲望、兴趣、倾向和热情等又总是不确定的、偶然的，它们总是根据外在的经验刺激产生和变化，表现为一群多种多样的冲动，其中每一个与其他一起都是我的冲动，同时每一个都在满足上具有多种多样的对象和方法的某种普遍性和无规定性，同时身外自然的或经验的各种外在刺激物或条件、因素也是不确定的和偶然的。在形式上，我作为有自我意识的自由意志主体，我可以超出它们之上，从它们中抽象出来，我可以根据自己的需要、目的和兴趣等对它们进行任意选择和自我决定，我把它们纳入我自身内，设定为我的东西。面对这种自身内和自身外的双重无规定性和不确定性的偶然性，我必须在多种冲动及不确定性因素中做出决定和选择，必须给予自己以一种单一的确定性形式，构成意志的决定。"只有当它做出决定，它才是现实的意志。"[1]然而，我既然具有可能这样或那样地来规定自己，也就是说，我既然可以选择，我就具有任性。人们通常把这种在多种可能性中可以任意选择或自我决定的自然意志称作自由，即我可以按照我自己的喜欢和意愿不受阻碍地选择和决定做自己的事情，这种任意选择和决定本身被当作自由。这就是人们通常所说的"消极自由"。

但是，我的选择和决定这种形式上的无限性或自由，与我所选择的内容是不一致的。就是说选择的内容并不是我自身中的东西，选择本身并不是由我自身内的东西决定，而是由外在的东西决定的。我之所以可以选择是根据意志的普遍性形式，我可以把这个或那个东西变成为我的东西。所以，选择

---

〔1〕 ［德］黑格尔：《法哲学原理》，范扬、张企泰译，商务印书馆1961年版，导论第23页。

是根据自我作为纯粹思维的无规定性，以及某一特殊内容的规定性。意志虽然自在地在形式上具有无限性的一面，然而因为这内容特有的规定性之故，它是不自由的。黑格尔根据上述规定指出，此时意志的自由是任性，任性是作为意志表现出来的偶然性，任性这一矛盾是作为各种冲动和倾向的辩证法而显现出来的。这些冲动会驱策自己，相互排挤，彼此妨碍，彼此阻挠，它们每一个都想得到满足。其中一个的满足必然要求另一个的满足服从于它，或者要求另一个牺牲其满足，如此等等，这实际上使人陷入了不由自主的不自由境地，只能靠偶然的冲动。由于冲动除了它自身直接的和自然的特殊规定性外，没有其他的方向，它自身没有价值判断的尺度。如果按照理智通常所想的办法，把各种冲动编成隶属顺序，也是无济于事，因为这里没有尺度可以用来做出这种编排。所以决定或规定使另一个服从或牺牲，只能是出于任性的偶然决断。当然，任性在决断时，可以运用理智来较量，哪一个冲动会给予最多的满足、或者任性也可根据任何其他任意考虑做出决断。[1]霍布斯和边沁及其他经验主义的追随者，就往往将这种最初的、直接的自然意志定义为自由，把这种在多种可能性中任意选择和自我决定称为自由，将理智决断时的计算与谋划称作理性。

在黑格尔看来，这种始终带有偶然性、任意性的所谓自由选择和自我决定的自由，永远不可能解决它自身中的矛盾，并且永远也达不到它所理想的自由。因为这种直接的自然意志的自由是外在的经验现象领域中的任意自由，它无论如何摆脱不掉经验或自然的偶然性与不确定性。霍布斯和洛克关于个人自我保存的自然必然性、边沁最大多数人最大幸福的普遍主义功利原则，都不能解决从自然或经验现象领域中生长出来的自由与权利的自我矛盾。任意性是一种极端的有缺陷的自由，它总是不确定地认为没有任何特殊事情是意志的决定性实现，每一个选择都是相对性的，正如多种可能性中的一种。任意性具有两方面的缺陷：第一，它导致一种无限的量的可能性观念，它没有一个主导性的目标，也没有一种最终令人满意的可能性。第二，任意意志不能取得和体现自由，即使可以任意的选择，它仍然依赖于外在的刺激。因此，它最终导向一种极端任意的学说：意志被视为任意自由，从而世界也必然是任意可能性的聚集。

---

〔1〕〔德〕黑格尔：《法哲学原理》，范扬、张企泰译，商务印书馆1961年版，导论第28页。

黑格尔并没有将自然意志当作完全无效或无意义的东西而丢弃不顾，相反，自然意志在意志逐渐确定自身的过程中起着重要的作用。他指出，人类自由，尽管最初是自然冲动，但并不在于要驱除那些总体的冲动，并因此逃避他的自然本性，而是要认识到它们作为一种必然性，作为一种合理性的东西，是必须得到实现和满足的东西。"黑格尔对传统自然权利和意志观点并不是简单地放弃，而是对其所引发的问题提供一种新的答复。"[1]黑格尔坚信自然法内蕴的人类精神或自由本质必定会在客观世界的实践活动中实现出来，发展成为对象性的法、伦理、宗教以及科学的现实性。人的自由本质最初作为与绝对精神或真理、上帝同一的东西，它只是一个空虚的抽象的普遍性，它必然要借助种种现象、特殊内容来规定自己、充实自己，即以特殊的现象或内容规定为中介实现和证明自身存在的现实性与客观性。然而各种规定或特殊存在形态还处于分裂的或差异与对立之中，即互不相干、相互外在的状态，还不能彼此认识、包容和理解对方，同时各自也体会了自身独立存在的有限性与片面性，因而力求进一步发展和认识自身，即最终回到自身的普遍性本质，但是此时是包含了丰富内容于自身的普遍性。这就形成了三段论的发展过程。这整个历史发展过程表现为：自由本质的普遍性—特殊性—普遍性这个三段论形式，或普遍性的自然个体—特殊性—普遍性的理性个体，即如家庭—市民社会—国家何以必然发展成三段论。如果对人类自身自由意志运动作孤立静止的知性观察，那么，人类自由在现实世界便呈现出相互独立、不可通约的自由面相。

第一种知性的自由观是停留在抽象的普遍性自由本质里，表现为否定性的自由或消极自由和积极自由两种——be free from something, I have freedom to do something that I like or I wish——我拥有不受阻碍地做一切自己喜欢或愿意的事情的自由，尽管自由主义者一再强调这只是限于个人私域内，而且是在法之下，但是仍然只是一种空无内容，同时又可任意填充一切内容的自由。如果只是停留在抽象的形式普遍性的自由本质，那么它就是一种空虚的无限性，任意的无限性自由，即可以超出一切内容和客观规定性的自由，可以加入人们的各种主观想象、个人偏好和倾向。这就出现：普遍性本质直接实现

〔1〕 Donald J. Maletz, "The Meaning of 'will' in Hegel's Philosophy of Right", DavidLamb (ed.), *HEGEL*: vol I, Ashgate Publishing Company, 1998, p. 226.

为个别的，个别的直接被当作普遍本质的东西。空洞的唯心主义"仅仅将最初的理性作为理性；而由于它指明在一切存在中有这个意识的纯粹我性并从而将事物表述为感觉或表象，于是他就自以为已经指明了我性即是完全的实在。所以这种唯心主义就不得不同时是一个绝对空虚的经验主义"〔1〕。"为了充实这个空虚的我性，即为了空虚的我性的差别、发展及其体现，它的理性就需要一切外来的冲击，因为感觉或表象的多样性是寄托在外来的冲击里的，这个唯心主义于是就正如怀疑主义一样是一种自相矛盾的歧义的东西……它徘徊摇摆于两者之间，终于陷入于坏的、即感性的无限之中。"〔2〕

　　第二种知性的自由观就是停留在特殊性的自由环节，包括自然和道德方面的主观性与特殊性，前者将自由的全部真理视为所有权至上及其不受阻碍的保障，后者认为自由的真理在于个人的主观自由、独立的主体自治权利。这样，这两种自由本性就被分裂为两种各执一端的存在，从而将人也分裂成抽象的存在，即分别作为自然个体和道德主体的存在，而且往往以自然本性僭越道德本性，即以自然或事实代替价值或道德，或者以道德权利压抑人的自然本性，以价值或道德取消"是"或自然。固执在人的自然自由本性，包括主张所有权至上的经济自由主义，最大多数人的最大幸福的功利主义，主张以人的道德自由本性即主观自由、主体权利为基础的自由观，主张政治或国家与伦理道德的分离，反对普遍伦理，主张最低限度主义的伦理或道德（moral minimalism or meta-ethical quietism），如休谟、康德和费希特等。但这几种自由观最终都停留在黑格尔所说的市民社会层次，主张国家最小化或警察国家，密尔主张的群己权界论自由，认为国家的职责只是保证市民社会中各个个体相互无涉地自由竞争、自由行动的和谐统一。在黑格尔看来，这一个"死气沉沉的、单纯地存在着而不对立着的两极端。……只是各自让对方自由自在，互相漠不相干地把对方当作'物'"〔3〕，因而人与人之间、个人与国家之间始终保持着敌意和对抗，它们之间的统一只能依靠外在力量偶然的达到。

　　第三种知性的自由观就是固定静止地停留在所谓的自由最高点——国

---

　　〔1〕　［德］黑格尔：《精神现象学》（上），贺麟、王玖兴译，商务印书馆 1979 年版，第 159 页。
　　〔2〕　［德］黑格尔：《精神现象学》（上），贺麟、王玖兴译，商务印书馆 1979 年版，第 159~160 页。
　　〔3〕　［德］黑格尔：《精神现象学》（上），贺麟、王玖兴译，商务印书馆 1979 年版，第 127 页。

家——这个层次，视之为与个人自由和开放社会相敌对的绝对主义国家、极权主义国家。波普尔[1]批评黑格尔是开放社会的敌人，阿伦特[2]把黑格尔的国家观视为极权主义的思想起源，哈耶克[3]认为黑格尔的国家是"通往奴役之路"。这种理解和批评就是把黑格尔自由实现的历史和逻辑运动中最高点——国家——当作经验实存意义上的最高，以为国家支配、控制和决定个人、家庭和市民社会，把个人、社会和国家对立起来。在黑格尔看来，国家中的法和政治制度并不是从外面强加给个人和社会的，而是个人和团体在实现自身需要、目的和利益的实践行动中自己建构起来的普遍性伦理秩序。但是在经验的和观察的眼光看来，它们的利益是相互对立的。"这个世界就是法权的外在本质和自由内容……这种外在现实，不仅仅是偶然出现在自我面前的外在的原始的存在，而且又是自我的劳作，不过不是他的肯定的而是他的否定的劳作罢了。"[4]

个体跟外在的社会环境是辩证统一的，个人不可能离开外在环境的规定，外在环境也不可能脱离开个体。"构成个体性规律之内容的环节，一边是个体自身，另一边是个体所面对着的普遍的无机自然界，如当前的环境、形势、风俗、道德、宗教等；特定的个体就要根据这些情况才可理解。它们既包含着特定的或有规定的东西也包含着普遍或公共的东西，并且同时又是一种现成存在的东西，这现成存在的东西一方面把自己直接呈示在观察面前，另方面又以个体性的形式把自己表现出来。"[5]任何个人都置身于既是特殊的又是普遍的外在现实环境之中，二者是相互映现对方的，也是通过对方认识和了解自身的，不可能彼此相互隔绝和独立自存。无论特殊的还是普遍的社会环境都是个人自己自由和权利的现实体现和存在。

三、黑格尔法权哲学对自由主义各种争论的方法论超越

黑格尔的权利哲学，作为人类自身现实存在的三种根本的必然性自由本

---

[1] ［英］卡尔·波普尔：《开放社会及其敌人》，陆衡等译，中国社会科学出版社 1999 年版。

[2] ［美］汉娜·阿伦特：《极权主义的起源》，林骧华译，生活·读书·新知三联书店 2008 年版。

[3] ［英］弗里德里希·奥古斯特·哈耶克：《通往奴役之路》，王明毅译，中国社会科学出版社 1997 年版。

[4] ［德］黑格尔：《精神现象学》（下），贺麟、王玖兴译，商务印书馆 1979 年版，第 38 页。

[5] ［德］黑格尔：《精神现象学》（上），贺麟、王玖兴译，商务印书馆 1979 年版，第 202 页。

性及其权利自我意识和自我实践与创造的历史，它包含着自由实现的多种客观确定性存在形态。"自由实现"或"自由的现实性"在黑格尔那里实际上就是人类自由本性发展和实现的不同阶段，达到不同的客观确定性存在形态。如自然—道德—理性，或权利—道德—伦理，以及家庭—市民社会—国家，主（君）权—行政权—立法权，它们都是自由的现实性客观存在，同时也就是自由的合乎理性的存在。它们相互之间是一种合乎理性的本质关系，反映了精神自身自由本性自我意识和自我实现的"自然历史"[1]。

然而，在霍布斯、洛克等早期自由主义者及 19 世纪功利自由主义者那里，权利—道德—伦理、个人—社会—国家，它们之间是一种基于个人利己的自然本性即个人自我保全的利益而形成的一种外在必然性关系，它们的合理性最终依据个人自然的利己天性来解释。由于他们坚持以个人的利己本性或者说仅仅根据自然的自明事实，作为个人内在价值的基本依据，主张对于道德、法律以及国家和伦理的解释都不能超越个体价值。从 17 世纪的自然法政治思想体系到 19 世纪激进自由主义的功利主义政治哲学，对于个人自由与权利的解释以及国家的法律和政治建构，其理论内容和论证方法，始终徘徊于自然、道德及理性三种必然性原则的混淆与僭越、分离与排斥的困境之中。它们不能合理解释从而不能有效地解决自然、道德及理性三种必然性论辩原则或价值标准，以及个人、社会及国家之间在经验现实中遭遇的各种冲突与矛盾。对此，萨拜因曾指出："如果能把理性、事实和价值三者融为一体，或者说倘若能把理性解释为同时包含三者，那么一种新的逻辑、新的形而上学以及对绝对价值的新辩护也许可能产生。这就是哲学在康德的指引下并最完整地体现于黑格尔的唯心主义所选择的道路。"[2]

黑格尔之所以主张将三者历史的和逻辑的综合并统一起来，并不是按照某种外在的既定规则或技术方法，而是三者本身事实上就是内在地统一于人类自身精神活动的自由本性之中的。黑格尔指出，理性和自由，首先是源于人类自身拥有自我意识、自我运动的精神本质，而人的精神活动外在表现出

---

〔1〕 这里"自然历史"意即是人类自由本质自身自我意识、自我实践和自我创造的历史，而不是由任何外在的自然的、机械的外在因素或原则决定的历史，也不是特殊的、个别的历史现象堆积起来的历史。

〔2〕 ［美］乔治·霍兰·萨拜因：《政治学说史》（下），刘山等译，商务印书馆 1986 年版，第679 页。

来的自然、道德及理性特性，正是所有个人作为人现实生存和发展的三种根本的必然性存在方式或生活事实，道德和法以及伦理的政治世界正是人类为实现自身三种必然性自由本性或存在方式而不断改造和斗争的创造物，即黑格尔所说的"第二自然"。在黑格尔看来，关于法和伦理的政治世界中，私人法权—道德权利—伦理，以及家庭—市民社会—国家，正是人类对自身自然、道德及理性必然性本性的自我认识与自我实现的历史过程，即从个人最基本的自然必然性需要满足、占有财富的自由，到个人道德必然性的主观自由、主体权利或自治权利的实现，最后到国家及其宪法体制下的伦理和政治秩序中，实现所有个人的个体自由及其特殊福利的历史发展。这一切正是由人类自身的自由精神本质自我实现和自我发展的"自然历史"决定的，而决不是由任何外在的权威、既定的逻辑规则或技术方法强加于他的，也不仅仅是像人们通常所了解的那样，它是由若干"正—反—合"的三段论式逻辑命题机械构成的。

黑格尔对自由主义并非完全持批判和否定态度，而是将自由主义主张的个人权利、平等、正义等当作自由本质应有的内容或者说作为自由本质实现的重要环节，因而不可废弃或取消，相反在政治纲领上应保证它们的客观实现。因为个人自然和道德方面的自主权利是人类自身的自由本质，是自由精神的外在实现和见证，个人权利，包括生命、生存和财产所有权是自由意志客观的外在实在性或自然基础，即外在自由领域，而道德的主体自治权利则是自由意志自身内在的实在性，即内在自由领域。这两种权利因自由意志的形式普遍性本质而具有不可取消的神圣地位。关于个人所有权或财产权的观点，黑格尔与经典自由主义的根本分歧在于财产所有权的必然性与合理性，是源于人的自由精神本质还是自然的生物需要和利己本性。黑格尔认为"所有权所以合乎理性不在于满足需要，而在于扬弃人格的纯粹主观性。人唯有在所有权中才是作为理性而存在的"[1]。"人有权把他的意志体现在任何物中，因而使该物成为我的东西；人具有这种权利作为他的实体性目的，因为物在其自身中不具有这种目的，而是从我意志中获得他的规定和灵魂。这就是人对一切物据为己有的绝对权利。"[2]"因此每一个人都有权把他的意志

---

〔1〕〔德〕黑格尔：《法哲学原理》，范扬、张企泰译，商务印书馆1961年版，第50页。

〔2〕〔德〕黑格尔：《法哲学原理》，范扬、张企泰译，商务印书馆1961年版，第52页。

变成物，或者物变成他的意志，换句话说，他有权把物扬弃而改变为自己的东西。"〔1〕"如果把需要当成首要的东西，那末从需要方面看来，拥有财产就好象是满足需要的一种手段。但真正的观点在于，从自由的角度看，财产是自由最初的定在，它本身是本质的目的。"〔2〕

　　自由主义者的权利观只是人作为抽象个体即 person 或 subject 的权利，还不是作为一个现实的人即 individual 处于具体的现实伦理生活境遇中的人。片面地强调个人权利，无论自然个体权利还是道德的主体自治权利，实际上都是一种抽象的自由。如果只是将人看作单一的原子式个体，这只是赋予他们形而上学的自由，而无现实性内容和规定。近代个人主义的自由主义政治哲学，不能辩证灵动地理解人自身的自由本性，不理解他自身内必然包含着自然、道德及理性三种必然性自由本性的统一，不理解权利—道德—伦理，以及家庭—市民社会—国家，正是个人自由实现的多种客观确定性形态，正是个人自身的自然、道德及理性自由本性及其权利的历史性全面实现。所以他们总是或者根据个人自然的利己天性，或者根据个人道德的主观自由，来解释法、道德、伦理以及国家，不可避免出现一种自由僭越或限制另一种自由，一种权利排斥另一种权利，所以不断忙于在经验范围内、从外在机制上解释或解决公私利益，权利与道德，以及个人、社会与国家之间的自由与权利边界。当代理性普遍主义、经验的特殊主义和功利自由主义政治哲学，以及多元论的中立自由主义政治哲学，它们主要以个人免于什么的自由（free from something）和自由地做某事（free to do something）为自由的核心概念或规定，不同立场的自由主义者坚持不同的立场和考虑——或者自然的和事实的必然，或者道德的和道义的价值必然，或者理性的和逻辑的普遍性必然——不断增进、修饰和规定自由与权利有什么的谓词，即在自由和权利的具体内容或外延上无穷地增加、删减或限制。由于它们内在的本质关系不能得到清晰合理的解释与认识，以致对它们外在关系的协调始终陷于经验现象范围内的无穷后退或无限递进。结果到最后，自由主义者们自己都不知道到底什么才是真正的自由，哪一种自由才真正让人感觉到满意和释怀，似乎每一种自由之间都具有不可通约的独特价值，由此陷入相互之间无休止的争论。正如意大利

　　〔1〕 ［德］黑格尔:《法哲学原理》，范扬、张企泰译，商务印书馆 1961 年版，第 53 页。
　　〔2〕 ［德］黑格尔:《法哲学原理》，范扬、张企泰译，商务印书馆 1961 年版，第 54 页。

作家洛苏尔多所说："黑格尔今天的自由主义批评者们会发现他们被逼着要明确表示自己是否是'自由主义者'，而这个词的含义却完全是含糊的、不确切的。在决定之前，他们当然会觉得有必要做出区分和澄清，最后，他们终究还是不情愿地、然而客观地肯定了黑格尔进路的优越性，尤其是他对'自由'和'自由主义'的具体历史现实的密切关注。"〔1〕

自由主义思潮内部各种派别根据外在反思，不断增进自由和权利是什么的谓词，在自由的具体内容或外延上无穷地增加、删改和限制，然而其谓词并非来自主词（自由或权利）本身的概念内涵，而是外在地加给主词一些特殊的和有限的规定，主词与谓词只是"有"的关系，不是"是"的关系。在黑格尔看来，自由主义者无论通过反思加给自由和权利的谓词多少规定性，都不能穷尽自由和权利的固有本性和概念，仍然不知自由和权利到底是什么？现存的政治构造与活动安排，离自由和权利的概念本质及其客观存在有多远、有多大的合理性，不是根据现有的经验事实和特殊现象以及人们的想象和设计，可以决定和解释的。如黑格尔所言："无论概念也好，判断也好，均不单纯是在我们脑子里找出来的，也不单纯是由我们造成的。概念乃是内蕴于事物本身之中的东西；事物之所以是事物，即由于其中包含概念，因此把握一个对象时，那并不是根据我们的主观活动去加给对象以这个谓词或那个谓词。"〔2〕

经典自由主义者虽然知道人是绝对自由的，但是并不认识自由，也就是不认识人自身之所是的全部真理内容，只是外在地、感性地或经验地来解释自由和制度设计，将自由的必然性解释为源于人自我保全的利己欲望或先天原则，从而自由的现实性就在于个人不受任何外在约束或强制（除了法律）的自由选择，进而在政治上将国家或政府看作是保护这种自由的外部和平秩序的工具或手段。在黑格尔看来，这种自由选择的自由充满了不可解决的内在矛盾，因为个人选择始终受外在内容的刺激与约束，"我的"选择这个自由或自主的形式与选择的内容并不是一致的，而且选择什么或怎么选择也是没有尺度或固定标准的，只是充满了任意性。这样，不但使人的自由成为非精

---

〔1〕 ［意］洛苏尔多：《黑格尔与现代人的自由》，丁三东等译，吉林出版集团2008年版，第101页。

〔2〕 ［德］黑格尔：《小逻辑》，贺麟译，商务印书馆1980年版，第339页。

神的外在的、特殊的、有限的和偶然性的东西而与人普遍同一的精神本质相违背，而且将国家神圣的独立性尊严也下降为工具和手段，而并非与人的自由本质相一致的客观精神实体，导致国家与个人及社会的理论与实践对立。因此，自由主义者们通常讨论的这种或那种自由，即特定的、多元的、经验的自由概念，虽然努力做到承认和穷尽人自身的全部存在和活动内容，然而任何一种自由本性或存在方式都不具有决定性或真理性的地位。经典自由主义者所说的自由只是人类自由本质实现的外在领域，即不受外在强制的自主选择，将外在环境或普遍性规则与个人生活对立起来。这种自由相当于黑格尔所说的市民社会中的经济自由和社会自由，自由主义者则将这个层次的个人主观性和特殊性自由，与伦理国家中以每个个人具体自由的现实为目的的普遍性自由不加区分，或者说将市民社会层次的自由混同于伦理国家中的自由。不受强制的自由，虽然对自由的边界或范围进行不断修饰和限制，却最终导向一种无穷后退或漫无目的无限前进，即黑格尔所说的恶无限，而且可能导致不自由。"真正令人恐怖之处只在于永远不断地规定界限，又永远不断地超出界限，而并未进展一步的厌倦性。"[1]不受强制的自由是一种外在的和经验的自由，容易产生自我矛盾。它不同于黑格尔的精神本质的自由，即让精神自我外化、自我否定、自我批判，最终回归自身精神本质，即始终以自身精神本质的自由为目标和方向。

黑格尔权利哲学体系中所解释的权利—道德—伦理，以及家庭—市民社会—国家，主（君）权—行政—立法，它们都是人类自由本质实现的现实性客观形态，并不存在经验意义或价值次序上的优劣与先后关系。否则，我们又将会回到自由主义与非自由主义者通常的争论中：公与私，个人与社会及国家，或自然、道德及理性，谁具有本体上优先的内在价值，谁就拥有解释权的优先地位。正如洛苏尔多所说："问黑格尔是否是一个自由主义者，这是一个会牵连到对《法哲学》的理解的迂回的问题。"[2]罗素认为黑格尔混淆了形而上学的实在性问题与伦理学上的价值问题，他将黑格尔的全部哲学归为这样一个基本问题的回答：全体比部分是不是有较多的实在性？是不是有较多的价值？他认为黑格尔对这两个问题都作了肯定的回答。罗素进一步追

---

〔1〕［德］黑格尔：《小逻辑》，贺麟译，商务印书馆1980年版，第229页。
〔2〕［意］洛苏尔多：《黑格尔与现代人的自由》，丁三东等译，吉林出版集团2008年版，第35页。

问黑格尔的真正问题是：国家作为目的来说是不是本身即是好的：公民为国家而存在，还是国家为公民而存在？在罗素看来，黑格尔把内在价值归于国家，因此国家在黑格尔那里作为一个超人格的东西，就像整个身体对眼睛的关系那样，高居我们本身之上。罗素认为，国家这个超人格的东西不过是形而上学的怪物，社会的内在价值是由各成员的内在价值而来的，而且国家是手段，不是目的。[1]实际上，罗素混淆了黑格尔所指的概念意义上的国家与存在意义上的国家，由此将黑格尔卷入了自由主义者始终关注并争论不休的老问题：即个人与社会以及国家，谁在价值上具有优先性？谁是手段谁是目的？

黑格尔的法权哲学无意陷入这种争论，也不意在给出这些争论主题的最佳结果。关于个人、社会与国家的优先性排序问题的争论本身，正如问一个人的肉体和精神哪个是最重要的或本原的一样是个伪问题，难以找到一个恰当合理的标尺和方向。"社会或个人本体论优先的观点是伪问题。黑格尔的观点遭到那些注视一种错误二分法的评论者普遍地误解和严厉谴责。""黑格尔认识到个人的和社会的分裂是同一枚硬币的两面，其中一个问题的解决必须同时是两个问题的解决。"[2]黑格尔的法权哲学体现了人类在家庭、市民社会和国家中所实现的不同程度的自由，个人自身存在的三种必然性自由本性及其权利的特殊内容与要求，在这三种伦理性社会机制中得到不同程度的实现与解放。三者并不存在优先次劣的排序问题，它们是现实个人具体存在和生活必需的根本持存方式，个人的全部自由本性及其权利在其中得到具体实现。如果讨论谁优谁劣，谁是目的谁是手段，就将一个现实生活中作为有机整体存在的人割裂开来，从而个人自身内在的三种必然性自由与权利就将在某一方面遭到压制或剥夺，同时也极易造成一部分人对另一部分人的压迫与侵害，尤其穷人和弱者的个体生存权、特殊福利及其生命主体的道德尊严，可能因为贫穷落后而遭到漠视与践踏。如果我们真正理解了黑格尔法权哲学体系中很多"三元式"或"三段论"式的政治构造实际上正是人类精神自身自我否定、自我实现的"自然史"，它们不是经验或事实存在意义上的外在关系，也

---

〔1〕 〔英〕罗素：《西方哲学史》，马元德译，商务印书馆2004年版，第292页。

〔2〕 Frederick C. Beiser, *Hegel's Ethics*: *The basic context and structure of Hegel's Philosophy of Right*, Frederick C. Beiser（ed.），pp. 236~244.

不是纯粹机械的逻辑学构造，那么我们可以不必去理会那些类似鲍比奥（Norberto Bobbio）等人对黑格尔的指责："他（黑格尔）只是一个保守派，他更偏好国家而不是个体，更偏好权威而不是自由，更偏好法律的无所不能而不是个体权利的不可抗拒；此外，他喜欢整体的凝聚胜过其各部分的独立，喜欢胜过反抗，喜欢金字塔的顶端（君主）胜过其基础（人民）。"[1]

　　黑格尔的法权哲学及其历史辩证法，正是人类自身三种必然性自由本性及权利在各个国家、民族的自我发展中得到普遍的和全面的实现的历史。在黑格尔看来，人类精神尊严及其自由本性的实现和解放，经历了历史上千秋万代一切牺牲的祭坛，其间经历着各种非理性的激情与欲望、利益争夺，以及虚假的、丑陋的、肮脏的、罪恶的和暴力的等混乱的特殊存在与外在表现。黑格尔所谓"理性的狡黠"正在于：理性使用自身的非理性手段及自然的和感性的表现方式，实现自身自由本质的现实性使命。黑格尔认为政治哲学家的任务，正是要坚守哲学的"理性之法"，在现存的法和伦理政治世界种种非理性的、自然和感性的偶然事件、表面现象中，把握和揭示其肯定性与合理性。人类社会发展的历史，正是其自身精神自由本性实现的历史，客观地说，正是人类实现自身自然、道德及理性三种必然性自由本性及其权利的历史。黑格尔权利哲学所坚持的"理性之法"喻示我们，关于人类世界的真理决不是任何一种单一、静止的理智原则可以理解和概括的，但同时又必须尊重和承认每一种必然性论辩原则，即自然或事实的必然性、道德或价值的必然性，以及理性或逻辑的必然性，在其适当范围内的真理性意义。

第二节　近代自然法论者的自由观及其方法论局限

　　真正从个人自身出发论证个人自由与权利的必然性和现实性理性根基，建构政治社会及其法律和道德实践的价值准则，是从 17 世纪以来的近代自然法政治哲学开始的，如霍布斯、洛克，以及卢梭和康德等，他们真正开始根据人自身内存在的自然、道德及理性三种根本的存在本性来解释个人的自由与权利，论证和建构国家及其法律实践原则的政治社会理论。尽管古代自然

　　[1]　Norberto Bobbio, *Studi Hegeliani*, pp. 189~190，转引自：[意] 洛苏尔多：《黑格尔与现代人的自由》，丁三东等译，吉林出版集团 2008 年版，第 93 页。

法包含着政治和法律实践公正无私的价值准则，包含着对人的精神与理性、自由与平等的尊重与承认，但是这种尊重和承认的基础或根据是来自外部自然或神灵的理性权威，从而个人自由与权利是从外面、并且是偶然性地得到承认和理解的，人对自身内在的精神或主体性自由本质并没有形成独立、自觉的自我意识。

一、霍布斯和洛克自然主义的自由观

霍布斯坚信自然科学原理和几何学推理对于人类政治生活领域的适用，他认为个人在经验世界中的理性意志及其自由活动，从其终极的合理性或价值必然性上是源于自然法则或上帝理性。在他看来，"人的自由……就是他在从事自己具有意志、欲望或意向的事情上不受阻碍"[1]。"自然权利，就是每一个人按照自己所愿意的方式运用自己的力量保全自己的天性——也就是保全自己的生命——的自由。因此，这种自由就是用他自己的判断和理性认为最合适的手段去做任何事情的自由。"[2]可见，他所讲的自由是从个人原始存在的利己天性出发的"自然"权利，即人在原始自然状态下那种"一切人对一切人的战争状态"，任个人的各种偏私、自傲、贪婪、复仇等自然激情释放发挥的自由。霍布斯将自然法内蕴的自由和理性精神，经验地或唯物地解释为个人普遍的自然天性，即自我保全的利己天性，个人自由就是这种自然的普遍性利己天性不受阻碍地实现。因而，霍布斯所说的自由和权利，仅仅是个人满足自我保全之需求与利益出发的"自然的"权利或"自然的"自由，他所构建的国家和法律之责就在于保证所有个人的这种"自然"自由实现时彼此间相安无事、互不侵害，保持一种外在的和平秩序。所以"在霍布斯那里，国家没有积极的功能，它唯一的职责是维持秩序，维护和平与秩序是利维坦得以建立的理由和存在的依据。利维坦是一个警察，而不是一个导师"[3]。

然而，根据人的自然天性所建构的国家和法律，往往将其公民成员当作桀骜不驯、贪婪自私的自然性动物来管理，时时防范和压制个人的自然天性；

---

[1]　[英] 霍布斯：《利维坦》，黎思复、黎廷弼译，商务印书馆1997年版，第163页。
[2]　[英] 霍布斯：《利维坦》，黎思复、黎廷弼译，商务印书馆1997年版，第97页。
[3]　高建编：《西方政治思想史》（第3卷），天津人民出版社2005年版，第244页。

同时，个人对国家也天然地存在恐惧、妒忌与仇恨。这导致无论在国家及其法律的政治共同体统治之下，还是在此之外的特殊性社会活动领域，个人的自由和权利都难免处于自然的强制与自然的特权压制之下。这种基于自然基础上建构的国家或政府与个人之间是相互敌意和对抗的，这种外在强制下的统一也必然是偶然的和不稳定的。如果自由真理仅仅实现为经验的和外在的，那么它必然是受强制的。因为自然的东西始终是个别性和排他性的，个人与国家之间始终存在着直接的、敌意的对抗，故而自由主义者至今仍然将国家看作个体自由的大敌，国家与个人之间主要是基于自然需要满足及自我保全利益的契约或委托代理关系，淹没了公民与国家之间内在的本质同一，个人无论对自身还是对国家都只有一种自然的主观意识。正是由于"霍布斯将理性、自由、意志等人类精神的范畴归于自然力量的具体显示"[1]，所以"霍布斯不能使理性从古典的自然主义中解放出来。他不能完成他所发起的摆脱自然的转变，不能建立一种基于主体创造性模式的政治哲学"[2]。

如果说霍布斯以自然科学的理智必然性以及几何推理方法的逻辑必然性，来建构自然法政治理论体系及国家主权的合法性权威，那么洛克则并没有运用多少自然科学知识及严格的逻辑推理来建构和解释他的政治学说，而是更多地根据英国政治历史状况及其改革发展的现实需要。实际上，洛克的政治学说基本上是依据一种对几何学自明公理的理性确信，以及对人性尊严、自由和道德的直接信念，同时还夹杂着一种对《圣经》权威的信仰，这三种因素成为洛克构建其政治自由理论的基础与根据。洛克与霍布斯一样，仍然坚持个人自我保全之利己天性的普遍性和必然性，主张个人所有权绝对至上原则，认为个体自由及其财产所有权是任何人不可干预的，国家及其法律只是一种保护个人生命、自由与财产安全的工具主义理性实体。霍布斯和洛克基于个人原始既定的自然利己天性来解释和建构的理性政治共同体或政治社会，可以说是相当于后来黑格尔所论证的市民社会，即建立在需要体系之上的外部国家或契约式法理国家，任由个人尽情施展自己在自然和主观理智方面的特殊性与任意性，最大化他们自己的财富积累，国家只是保护这种特殊性需

---

〔1〕 Arbis B. Collins（ed.），*Introduction to Hegel On the Modern World*，State University of New York Press，1995，xix.

〔2〕 Andrew Buchwalter，"Hegel，Hobbes，Kant，and the Scienticization of Practical Philosophy"，Arbis B. Collins（ed.），*Hegel On the Modern World*，State University of New York Press，1995，p. 179.

要无障碍地得到满足和实现的必要工具和手段。

二、休谟对自然法政治哲学事实—价值混同的方法论批判

休谟率先批判了霍布斯和洛克自然法政治体系的方法论缺陷，指出其推理的理性逻辑必然与事实和价值必然相混淆。休谟认为自然法政治学说体系中的理性原则包含或混淆了三种不同的意义和用法：第一，严格意义的演绎或推理；第二，经验关系或自然事实的必然性；第三，关于权利、公正及正义的价值必然性。休谟认为后两类作用并不属于严格意义上的理性，它们都包含着无法加以证明的因素。然而，在以霍布斯和洛克为代表的自然法政治体系中，理性既是严格的演绎或推理，又充当了经验事实或因果关系的必然性，还充当了道德或价值领域的必然性。

在休谟看来，关于人类社会的政治和道德领域的必然性知识或价值标准，并不能由理性主义的逻辑必然性或自然事实的因果必然性来决定，亦即不能把政治社会领域的必然性知识简单地还原为形式命题的逻辑推理。因为"必然性是有规则的、确定的，人类行为是不规则的、不确定的。因此，人类行为并非必然发生的"[1]。所以人们的价值判断并不以理性为真理必然性依据，道德或价值的判断将取决于人们的特殊习惯和情感感受。休谟以观念的习惯性联想为基础，否定并代替了数学或演绎推理的逻辑理性在因果关系和价值观念上的运用，认为所谓的因果关系与权利、自由和公正等价值观念，与人们的理智能力是根本无关的，而是源于人类的习惯性联想，以及对快乐和痛苦的情绪感受，是人们长期活动而约定俗成的传统、习俗在人们心中造成的普遍性观念。因此，道德的根源不是理性的而是感性的，根本不可能由推理得出道德的结论，"理性决不能单独成为任何有意志行为的动机；其次，在指导意志方面，理性也决不能反对情感"[2]。

休谟要求将理性与自然（事实）和道德（价值）必然性相区分，第一次提出关于人自身精神世界的政治学、伦理学及法学等人类社会科学领域的必然性知识和原则，不能用传统的先验理性或逻辑主义的理性思维来解释，并第一次尝试根据人自身自然的和原始的倾向，诉诸个人的真实感觉、情感、

---

〔1〕 ［英］休谟：《人性论》，关文运译，商务印书馆 1997 年版，第 403 页。
〔2〕 ［英］休谟：《人性论》，关文运译，商务印书馆 1997 年版，第 413 页。

感受，以及民族习俗和事物自身的功用，作为道德或价值判断的必然性来源与依据。这样，休谟就将政治和道德领域中理论知识与实践原则的必然性，置于个人直接的主观经验、感受、习惯以及事物本身的实际效用中，否认道德知识的普遍性和必然性。可以说"休谟的哲学给了自然权力以致命的一击，并且取消了对价值进行理性判断的可能性。因而休谟的理论被描述为向政治哲学的存在本身发出了挑战，而人们不得不面对这个挑战"〔1〕。同时，休谟也由此洞察到了将经验主义在人类社会科学领域贯彻到底的结果，就是取消理性在人类精神和道德领域必然性知识解释的科学地位，从而必然走向主观主义和相对主义的结局。实际上，休谟对自然法的理性批判与改造，只是将理性逐出了自然和道德领域必然性知识的解释地位，主张个人自身自然情感、主观感觉，以及原始倾向和功利目的的真实性价值地位。然而，他仍然将自然和道德的必然性相混淆，以个人的自然感觉和原始倾向以及事物功效，来代替或解释道德与价值的必然性，加剧了自然与道德、或理性与道德的隔阂和矛盾。

三、卢梭和康德纯粹道德主义的自由观

1. 卢梭基于自然道德的浪漫主义自由

紧随休谟之后，卢梭继续发起了对自然法政治体系中科学理性主义的攻击，继续求索对于人自身的自由精神及道德本性的认识与理解，即从精神和道德方面研究人，认为基于个人自然主义利己天性解释的自由与权利，以及在此基础上构建的政治和法律实践原则，严重损害了人在精神和道德方面天然的自由本性。卢梭感慨"人生而自由，却无往不在枷锁之中"〔2〕，他认为这正是因为人类理智教育和法律之下的文明社会，破坏了人在自然状态下那种自然同自由或自然同精神的直接同一与和谐，使人的自然本性与精神和道德相分离。而且随着理智知识的增长和科学技术进步，人们的自然情欲或私人物欲湮没了人在精神和道德方面的自由天性。所以，卢梭将理智知识和科学技术以及在此之上建立的法律，看作是束缚人的精神和道德自由的枷锁。

---

〔1〕［美］列奥·斯特劳斯、约瑟夫·克罗波西主编：《政治哲学史》（下），李天然等译，河北人民出版社 1998 年版，第 617 页。

〔2〕［法］卢梭：《社会契约论》，何兆武译，商务印书馆 2003 年版，第一卷题旨第 4 页。

"社会和法律，给弱者戴上了新的镣铐，使富人获得了新的权力，并一劳永逸地摧毁了天然的自由，制定了保障私有财产和承认不平等现象的法律，把巧取豪夺的行径变成一种不可改变的权利，此外还为了少数野心家的利益，迫使所有的人终日劳苦，陷于奴役和贫困的境地。"[1]

根据卢梭的理论，如果个人行为及政治和法律实践原则的价值标准，皆由自然科学的理智知识以及基于个人利己天性的实用主义功利或效用来决定，那么这不仅使个人与个人，而且个人与国家相互之间缺乏内在的情感和道德统一的基础。人们对于国家的服从不过是出于私人利益和情欲的满足，人们对国家的忠诚因此也不过是个人对自己自然情欲和私人利益的忠诚。这样，作为人类政治组织和最高权力的国家，便失去了它自身的神圣性质与独立尊严，个人对国家忠诚与服从的义务，因缺乏内在的精神和情感纽带，而变得并非神圣的和绝对的，国家和法律缺乏道德与伦理的必然性基础。因此，卢梭从人自然的善感或道德天性出发，根据"社会公约"形式和"公意"原则，试图建立一个道德人格的政治联合体，将共同利益与个人利益同一、公共意志与个人意志同一，这种同一性规定着个人的理性和意志。然而，卢梭并没有清楚地界定作为普遍意志的"公意"与个人确定性的自由意志。他的"公意"作为政治共同体的道德规定，与个人理性意志的规定之间，主要表现为一种循环论证。从人自然的道德天性和自由意志出发建立"公意"的政治联合体；同时又根据这个作为道德人格的"公意"政治共同体，规定个人的理性意志。这样，个人理性意志与"公意"共同体就成为直接同一的，它们都将私人利益或私有财产以及个人的特殊目的和意志排除在外，个人意志与普遍意志的统一，就成了为道德而道德的统一，个人自然需要和主观目的的特殊性被排除在外。

卢梭在清除掉个人特殊的和主观的自然需要及自私的物质利益之后，在自然的道德原则基础上，将作为国家及其法律的"公意"与个人自由意志直接同一起来，实现真正的人人平等，这无疑反映了卢梭浪漫主义的政治理想。然而，"公意"与个人意志的直接同一，必将造成两种相对的局面：一方面，"公意"名义下的道德共同体——国家或政府及其立法的普遍意志，走向专制

---

〔1〕 ［法］卢梭：《论人与人之间不平等的起因和基础》，李平沤译，商务印书馆 2007 年版，第101 页。

性的强迫，压制个人自由的自然性、主观性和特殊性。正如卢梭所言："任何人拒不服从公意的，全体就要迫使他服从公意。这恰好就是说，人们要迫使他自由。"[1] 另一方面，个人意志以"公意"或普遍意志的名义，拥有绝对的否定性地位和自由，他可以否定一切现存的理性权威或实体性权力组织，反对一切特殊形态的权力或权利实体性存在。

如果霍布斯和洛克及其追随者，主要把自由看作是基于个人自然的利己天性，及其满足需要、占有财富的理智活动，败坏了人在精神方面的自由和道德；那么卢梭则率先把自由与人的精神和道德联系起来，把自由看作内在于人精神中的东西。但是卢梭只把自由视作人在精神和道德方面的自然天性，即一种心灵的直觉理性，而把个人特殊的自然欲求和理智能力排除在道德主义的自由之外。美国政治思想史学者萨拜因（George J. Sabine）认为卢梭"只是抨击了自然法体系一个有限的局部，即抨击人为地把社会仅仅视为保障个人财富的工具和把人性仅仅视为盘算利益能力的观点"[2]，他将道德或"心灵的理性"与自然以及"头脑的理性"对立起来，就有些走得过远了[3]。卢梭基于自然主义道德原则建立的浪漫主义自由政治理想，排斥个人利己的自然需求及私有财产，否定个人特殊性和主观性自由，这实际上正是对个人自然必然性自由本性的压制，这本身也是不道德的、非理性的和不自由的，因为人的精神和道德与其自然的生命、身体及其私人的、特殊的物质需要，原本就是不可分离的有机统一体。

2. 康德理性主义的道德自由

休谟批判自然法理性对于自然领域和道德领域必然性知识的僭越，反对先天的自然法理性准则以及纯粹先验的理性思维对于自然和道德必然性的说明与解释，由此打断了康德理性独断论的迷梦。卢梭注意到个人自然欲求满足的功利计算或理智理性，以及自然法政治体系对于个人利益和私有财产权利的优先承认，对于人类纯粹自然的精神和道德天性的破坏，因而主张自由意志和道德至上的国家原则，这深深鼓舞了康德对人类自由意志与道德法则

---

〔1〕［法］卢梭：《社会契约论》，何兆武译，商务印书馆2003年版，第24－25页。

〔2〕［美］乔治·霍兰·萨拜因：《政治学说史》（下），刘山等译，商务印书馆1986年版，第670页。

〔3〕［美］乔治·霍兰·萨拜因：《政治学说史》（下），刘山等译，商务印书馆1986年版，第656页。

的沉思。

实际上，无论是霍布斯和洛克的自然主义自由观、休谟怀疑主义的理性批判，还是卢梭的自然主义道德，都没能真正认识和了解人自身的精神及其自由本性，他们只是先天地或直觉地知道自由。正如康德所指出的："自由是我们先天地知道其可能性却仍然不理解的唯一理念，因为它是我们所知道的道德法则的条件。"[1]康德指出，自由作为一种先天意识或观念，是道德法则的必然条件，不能从自然和经验现象中推论出来，因为那种经验证明和推论的结果，必然导致自然与道德，或理性与道德的矛盾。所以，康德将先天的自由和道德概念归入实践理性，而将自然事实或经验现象的认知归入理论理性适用范围，同时区分人的自然本性和道德本性，即人既是感性世界的一员，具有服从自然规律的必然性，同时，人作为精神的理性存在者，属于知性世界的一员，他是自由的，服从绝对必然性的道德法则。"当我们称某人为自由的时候，与当我们认为其是自然界的一部分而要服从于自然规律的时候，是两种不同的情况。"[2]康德所规定和解释的自由完全属于个人内在的理性精神和道德领域，主张自由与道德及理性三者是同一的，认为这是任何外在权威和个人都不可侵犯的人之为人的道德尊严。"每一个理性存在者对自己和所有其他人，从不应该只当作手段，而应该在任何情况下，也当作其自身即是目的。"[3]根据康德纯粹理性的道德法则，每个人都根据自己自身内在的理性意志行为，这就是实践理性，就是自由，就是道德律，任何他人、社会和国家及其法律都必须尊重个人这种理性和自由的主体性地位与尊严，否则就是不道德的、非理性的。

如果说，霍布斯、洛克以及卢梭都没有将个人自由和权利与人类精神自身的理性本质同一起来，即没有真正将"普遍性"的人的概念纳入国家的伦理政治制度之中，那么黑格尔认为康德的伟大之处正是在于，他第一次提出了个人权利和义务与人类理性精神或自由意志相同一的等式，第一次提出了所有人拥有普遍的做人尊严、自由资格及其普遍平等的权利。因此，康德"这个原则的建立乃是一个很大的进步，即认自由为人所赖以旋转的枢纽，并

---

〔1〕［德］康德：《实践理性批判》，韩水法译，商务印书馆1999年版，序言第2页。
〔2〕［德］康德：《道德形而上学基础》，孙少伟译，九州出版社2006年版，第149页。
〔3〕［德］康德：《道德形而上学基础》，孙少伟译，九州出版社2006年版，第95页。

认自由为最后的顶点，再也不能强加任何东西在它上面了。所以人不能承认任何违反他的自由的东西，他不能承认任何权威"〔1〕。斯特劳斯也认为："康德将人的意志自由的道德法则作为政治实践的基础，以捍卫人的理性尊严和自由意志，这无疑是具有伟大的积极意义的。"〔2〕康德在区分个人的自然与自由本性的基础上，严格区分了法权领域与道德领域，把道德、义务完全置于个人的主观意志领域，即完全依靠一种道德上的个人自律或主观自由，而将权利完全置于强制性的法制领域，这样国家和法律可能因此丧失精神性的伦理要素，而仅仅成为控制和管理个人权利领域的外在权威与理性工具。康德将个人自由和理性的绝对本质，停留在道德的"应当"或自我的道德良心，亦即对上帝存在、灵魂不朽的自我确信或信念当中。这就是说，我们通过康德，仅仅是主观上知道、意识到并确信普遍性的善和义务，但是对于知道什么、确信什么以及应该尽些什么义务等，并没有客观普遍性的牢固基础或理性根据，而是一切依赖于个人的道德自律或道德良心的主观判断，即仅仅停留在形而上学的普遍性理智知识上、道德或义务的应当上。然而，黑格尔认为，"一个人必须做些什么，应该尽些什么义务，才能成为有德的人，这在伦理性的共同体中是容易谈出的：他只须做在他的环境中所已指出的、明确的和他所熟知的事就行了。正直是在法律上和伦理上对他要求的普遍物"〔3〕。显然，康德理性主义道德自由的政治理想缺乏客观的伦理要素，它对于个人自由的现实性并没有带来多大的改观，仅仅依靠个人的道德自律、道德良知、慈善之心来达到个体权利的真正实现是远远不够的。

如同霍布斯和洛克的自然法政治体系那样，科学主义理性或逻辑主义理性不能代替或僭越事实的和道德或价值的必然，卢梭和康德的纯粹道德，无论自然主义道德还是理性主义道德，同样不能排斥或吞没自然或事实的必然。可以说，从霍布斯、洛克到卢梭和康德等近代自然法论者，对于个人自由与权利的解释以及国家的法律和政治建构，其理论内容及其论证方法，始终徘徊于自然、道德及理性三种必然性原则的混淆与僭越或者分离与排斥的困境

〔1〕〔德〕黑格尔：《哲学史讲演录》（第4卷），贺麟、王太庆译，商务印书馆1997年版，第289页。
〔2〕〔美〕列奥·斯特劳斯、约瑟夫·克罗波西主编：《政治哲学史》（下），李天然等译，河北人民出版社1998年版，第673页。
〔3〕〔德〕黑格尔：《法哲学原理》，范扬、张企泰译，商务印书馆1961年版，第168页。

之中。它们将人自身内作为整体存在的自然、道德及理性三种必然性自由本性分离开来或对立起来，固执于人身上直接存在着的某种单一的、静止不变的普遍性本质，如个人自然的利己天性，或者是自然的道德情感，或者是先天的道德理性。然而，无论从自然还是精神本性出发解释和建构的政治体系，或多或少都会造成对个人自由的限制，造成一种自由排斥、僭越或湮没另一种自由。

对此，美国政治思想史学者萨拜因提出："如果能把理性、事实和价值三者融为一体，或者说倘若能把理性解释为同时包含三者，那么一种新的逻辑、新的形而上学以及对绝对价值的新辩护也许可能产生。这就是哲学在康德的指引下并最完整地体现于黑格尔的唯心主义所选择的道路。"[1]黑格尔坚持了自由和理性这两个属于现代社会人类最基本的自我意识，并将它作为现代政治国家建立的基本原则，认为作为世界真理的"绝对精神"在政治社会实践领域中实现为人类自由本质的全面实现。关于法和伦理政治世界认知和解释的理性、事实和价值三种方法论的必然性原则，事实上正是源于人类自身自由和理性精神不断实现、证明和显现自身的永恒运动，亦即人类寻求自身自然、道德和理性三种根本自由本性及客观权利在法和伦理政治世界中获得全面发展的历史实践与创造活动。法和伦理政治世界的真理和正义，在于人类自身内在的自然、道德及理性三种必然性存在本性及其客观权利的实现，从而对于真理和正义的理性认知及论证方法，便是事实、价值和理性三种必然性原则的历史性辩证统一，不可能再仅仅坚持某种单一静止的必然性原则或自由本性。政治世界的真理之知，即是对人类自身的真理之知。

第三节　对波普尔批评黑格尔极权主义的批评

如果说 19 世纪 50 年代，海姆在其《黑格尔与他的时代》中指责黑格尔是普鲁士保守主义的辩护者，是一个"两面派"，成为指控黑格尔为普鲁士保守主义的主要代表或责任人。那么到了 20 世纪，在反思两次世界大战的背景下，黑格尔极权主义形象的深化，波普尔不能不说是指责黑格尔为国家主义

---

〔1〕　［美］乔治·霍兰·萨拜因:《政治学说史》（下），刘山等译，商务印书馆 1986 年版，第 679 页。

和极权主义、甚至民族主义的主要责任人之一。"波普尔和哈耶克……这个传统是对与'极权主义'相对的自由主义赞颂的传统，不管我们怎么定义它。"[1]

一、波普尔对黑格尔"自由本质"和"绝对知识"的形而上抽象

波普尔赞颂自由主义传统，赞颂西方文明为开放社会，谴责黑格尔为开放社会的敌人，指责他是"现代历史主义和极权主义之父"[2]。波普尔暗示这种极权主义直接与黑格尔坚持柏拉图—亚里士多德以来的本质主义历史方法相联系，认为本质主义方法追求绝对的终极真理或本质知识，把自己独立和封闭起来，具有极权主义倾向。然而，黑格尔法权哲学中所谓的终极真理——人类自由本质的现实性，并非孤立而静止不动的普遍性理智识见，而是人类社会历史绵延不绝、永恒发展和进步的真谛所在。黑格尔反对的正是那种将普遍的理智识见当作一种最后的绝对真理自我封闭，从而与特殊的和有限的他物隔绝和对立起来的僵化形而上学传统。

在波普尔看来，亚里士多德本质主义的定义方法，区分"知识"与"意见"，阻碍了人类科学发展和理智进步，他认为"各种学科之所以能取得任何进展，取决于清除了这种本质主义的程度"[3]。"在科学中不存在柏拉图和亚里士多德所理解的那种意义上的知识，即不存在它所蕴含的终极真理意义上的知识。在科学中，我们永远不会有充分的理由确信我们已经获得了真理。"[4]实际上，波普尔在此不仅把黑格尔和马克思，还把柏拉图和亚里士多德，都贴上了"极权主义者"的标签，不自觉地把他关于科学知识发现与进步的证伪主义逻辑方法强加给他们，或者说将他的科学研究方法强加于人类政治社会领域必然性知识和价值原则的研究，由此将他们排除在自由主义传统的"西方文明"或西方"开放社会"之外，指责其为"开放社会的敌人"。

坚持"个体主义"自由传统的"西方世界"，在享受消极自由带给部分

---

〔1〕 ［意］洛苏尔多：《黑格尔与现代人的自由》，丁三东等译，吉林出版集团2008年版，第34页。

〔2〕 ［英］卡尔·波普尔：《开放社会及其敌人》，陆衡等译，中国社会科学出版社1999年版，第53页。

〔3〕 ［英］卡尔·波普尔：《开放社会及其敌人》，陆衡等译，中国社会科学出版社1999年版，第20页。

〔4〕 ［英］卡尔·波普尔：《开放社会及其敌人》，陆衡等译，中国社会科学出版社1999年版，第27页。

人特权和财富的享受时，也消极地任由大多数穷人和流浪者"自由"地享受贫困。"盎格鲁—撒克逊传统最为人喜爱的主旨：消极自由，它被人们简单地、不知疲倦地赞誉为自由，但是它无法根据真正普遍的语词来构想。"〔1〕然而人之为人的自由本质将意味着个人自由与权利的普遍性和平等性价值。西方自由主义传统反感"抽象人权""普遍平等"类似的所谓"本质知识"或"终极真理"，"甚至像边沁这样激进的自由主义者也拒斥法国大革命对人权的理论化提出平等要求。"他提出类似于伯克一样的论证，认为"所有人生来在权利上就是平等的"这个"人权"信念，"可能会激起'学徒们'和下层阶级普遍的傲慢或无法无天的违抗"〔2〕。这种对人类"普遍本质"的恐惧可以说已经从对外在的量的平等概念的否定，达到了对道德和精神的平等概念的否定，而柏拉图、黑格尔和马克思等"本质主义者"所反对的恰恰是仅仅追求外在领域中量的平等，他们坚守的是道德的和精神的平等概念的现实化和具体化，即所有个人，不论其获取社会财富的能力如何，他们的生存权及其福利权利必须得到普遍的制度性尊重和照顾，而不能任由市场机制和法律体系的消极保护。

西方开放社会引以为豪的自由意识主要是消极的个体自由。它带给人们的自由意识就是：法律和市场经济体系中的机会平等、自由竞争及外部秩序保障。然而，黑格尔强调自由意识首先必须是对人自身自由本质的自我意识、人格权利普遍平等的自我意识，进而在客观的法和国家的伦理政治秩序中，社会制度的设计与安排必须以每个个人的普遍生存权和生命尊严的尊重与保护为目的。穷人和弱者的生命权及贫困化问题，国家和社会不可能消极地放任不管，任由自由竞争的市场机制和形式的"个人及其所有权不受侵犯"的法律，来实现社会秩序的自动和谐与统一。黑格尔认为依靠诸如"经济理性人"或"市场竞争机制"等自然规律的力量实现社会和谐，是远远不能解决问题的，而且让自然的力量控制和支配精神的力量，是与人类自由本质的精神尊严相背离的。因为穷人和弱者正是"市场自由竞争"或"法律面前人人平等"这种形而上学抽象原则的牺牲品，沦为政治自由主义主张的个人"消

---

〔1〕［意］洛苏尔多：《黑格尔与现代人的自由》，丁三东等译，吉林出版集团 2008 年版，第 355 页。

〔2〕［意］洛苏尔多：《黑格尔与现代人的自由》，丁三东等译，吉林出版集团 2008 年版，第 358 页。

极自由"不受阻碍地实现原则的牺牲品，贫弱者个人的力量难以克服市场经济社会体系中诸多不确定的偶然性、任意性以及特殊性因素，他们也付不起高额的法律费用以维护自己的权利和尊严，甚至在极端需要的逼迫下被迫违法，贫困的穷人和弱者的生存权及生命尊严实际上被排斥到平等竞争的市场机制和形式普遍性权利的法律保护之外。

在黑格尔看来，人类自由本质的普遍性意义和价值，即所有个人的个体权利、特殊福利、主体尊严，绝不可以把它当作一句毫无意义的空话或抽象概念而不予理会，它正是经历了人类历史千秋万代的牺牲和实践斗争，而成为现代社会、现代国家得以稳定而持续存在和发展的根本意义所在。"东方人还不知道，精神——人之所以为人的本质——是自由的，因为他们不知道，所以他们不自由。他们只知道一个人是自由的。……'自由'的意识首先出现在希腊人中间，所以他们是自由的；但是他们，还有罗马人也是一样，只知道少数人是自由的，而不是人人是自由的。"〔1〕黑格尔的话无疑是深刻的，如果我们不知道自由是源于自身自由和理性精神的普遍性伦理本质，那么现实生活中的自由可能只是一种"放纵、粗野、热情的兽性冲动"，或者只是"自然界的一种偶然现象或者一种放纵恣肆"〔2〕。黑格尔正是极力维护现实的每个个人普遍平等的"人权""生命权""生存权""财产权"不可剥夺的普遍性价值和意义，呼吁建立真正与人自由本质相一致的现实的国家和法律制度。然而，波普尔却将黑格尔主张的普遍的人的自由本质以及平等权利，看作是追求绝对真理或本质知识。波普尔从根本上误解了黑格尔关于人类自由本质现实性发展的历史辩证法，误解了黑格尔关于"合理的即是现实的，现实的即是合理的"的命题的深刻含义。波普尔将黑格尔关于国家是人类自由本质的客观实现，或者说个人自由只有在国家中才能得到普遍实现的观点，指责为国家主义或极权主义。"黑格尔为 1815 年反动派在普鲁士掌权提供了一种为之迫切需要的意识形态：崇拜国家、历史和民族。柏拉图、威廉的普鲁士主义和黑格尔的启示：国家即一切，个人什么也不是，一切都归于国家，包括他的肉体和他的精神存在。"〔3〕"黑格尔的柏拉图主义及其对国家绝对的

---

〔1〕　［德］黑格尔：《历史哲学》，王造时译，上海书店出版社 2006 年版，绪论第 16 页。
〔2〕　［德］黑格尔：《历史哲学》，王造时译，上海书店出版社 2006 年版，绪论第 16 页。
〔3〕　［英］卡尔·波普尔：《开放社会及其敌人》，陆衡等译，中国社会科学出版社 1999 年版，第 66 页。

道德权威的坚持，否决了一切个人道德和道德良心。……它把柏拉图主义和近代极权主义联系在一起了。"〔1〕"大多数现代极权主义者……全都是在黑格尔主义的封闭氛围中长大的。他们被教导要崇拜国家、历史和民族。"〔2〕

波普尔反对和指责黑格尔国家哲学为"本质论"历史主义，实际上正是波普尔自己对人类自身永远进行着"知"和"自知"创造性活动的精神本质，作了抽象和静止的理智形而上学认识，把它看作一种绝对不动的本质性真理或纯粹抽象的"绝对知识"，他恰恰把黑格尔的国家理念误以为是一种静止的绝对知识、无自身实现历史的死东西。在波普尔的证伪标准看来，自由理念或国家理念当然是一种无法证伪的终极真理或自我封闭的绝对知识。恰恰相反，黑格尔认为自由和理性作为人类社会历史的终极目标，它必须具体而现实地呈现在人类各民族或国家中人民的自由自我意识及其具体实践改造和斗争的历史长河中。因为"仅称上帝为最高的本质，实在是很不能令人满意的说法。这种说法所应用的量的范畴，事实上只有在有限事物的领域内才有其地位。……如果上帝只被认作是一至高的、远在彼岸的本质，那就会将这直接的眼前的世界，认作固定的、实证的事物，而忘记了本质正是对一切直接事物的扬弃"〔3〕。黑格尔正是坚持自由和理性本质实现的历史辩证法，反对将任何现成的和既定的东西、权威当作最后的真理，而排斥其他所谓"意见"的知识。黑格尔认为人的自由和理性本质正是在各种自然的、经验的和感性的表现活动或"意见"中显现自己，一切过去的和现存的经验个体、国家、民族都是人的自由和理性本质实现历史中的一个环节或一个阶段，因而只具有部分的合理性，同时反对将过去的历史文明与传统完全割断或抛弃的粗率观点。恩格斯对黑格尔的历史主义大加赞赏："黑格尔的思维方式不同于所有其他哲学家的地方，就是他的思维方式有巨大的历史感作基础。……他是第一个想证明历史中有一种发展、有一种内在联系的人。"〔4〕

---

〔1〕［英］卡尔·波普尔：《开放社会及其敌人》，陆衡等译，中国社会科学出版社1999年版，第67页。

〔2〕［英］卡尔·波普尔：《开放社会及其敌人》，陆衡等译，中国社会科学出版社1999年版，第66页。

〔3〕［德］黑格尔：《小逻辑》，贺麟译，商务印书馆1980年版，第244页。

〔4〕［德］恩格斯：《卡尔·马克思〈政治经济学批判批判·第一分册〉》，载《马克思恩格斯选集》（第2卷），人民出版社1995年版，第42页。

二、波普尔科学发现的证伪逻辑不适应黑格尔的自由实现逻辑

在波普尔的证伪标准看来，已有的历史或真理知识，只要观察到一例与之相反的经验事实或现象，它就被推翻了，不再是真理了。因为严格的科学知识容不得任何"例外"或矛盾。黑格尔那个伟大命题——"合理的即是现实的，现实的即是合理的"，被波普尔看作是为普鲁士政府的实证法律和伦理制度辩护的"同一哲学"。实际上他把黑格尔"现实的"概念误认为了"现存的"，将黑格尔的国家理念作了静止的、特殊性经验实存的理解。在恩格斯看来，那些视黑格尔为保守的国家主义辩护人的指责，纯粹是被"近视的政府的感激"和"近视的自由派的愤怒"引起的。"在黑格尔看来，凡是现存的决非无条件的也是现实的。在他看来，现实的属性仅仅属于那同时是必然的东西：'现实性在其展开过程中表明为必然性'，所以他决不承认政府的任何一个措施都已无条件地是现实的，但是必然的东西归根到底会表明自己也是合理的。根据黑格尔的意见，现实性决不是某种社会制度或政治制度在一切环境和一切时代所固有的属性。"〔1〕

波普尔反对黑格尔的历史主义方法，除了为主张个体消极自由的西方开放社会辩护之外，还在于他试图将其"客观知识"进步的科学方法，即试错法证伪逻辑，用于政治社会科学领域的发展，为人类社会制度的改革和进步提供服务与帮助，由此为西方自由的开放社会做出一种方法论的辩护。"波普尔的企图是制订出一套能统一自然科学和历史科学的思想方法论。……在把自然科学思维方法引入人文世界方面，他毕竟是当今西方世界的突出代表之一。"〔2〕在波普尔的证伪主义科学标准看来，只有可证伪的东西才是科学的和进步的东西，而黑格尔的"精神""自由本质"的历史和逻辑运动根本就是不可证伪的。黑格尔容忍和肯定矛盾冲突的观点，被波普尔看作是对科学和人类理智进步的终止，它"帮助摧毁了追求真理、尊敬真理的传统"〔3〕，

---

〔1〕［德］恩格斯：《路德唯希·费尔巴哈和德国古典哲学的终结》，载《马克思恩格斯选集》（第4卷），人民出版社1995年版，第211、212页。

〔2〕［英］卡·波普尔：《历史主义的贫困》，何林等译，中国社会科学出版社1998年版，附录：何兆武：《评波普尔和他的〈贫困〉》，第149页。

〔3〕［英］卡尔·波普尔：《开放社会及其敌人》，陆衡等译，中国社会科学出版社1999年版，第78页注脚③。

"毁灭所有的论证和进步"，"终止合理的论证，并从而终止科学和理智的进步"〔1〕。波普尔这种批评指责，显然是将科学发现的证伪逻辑与黑格尔关于人类自由实现的历史和逻辑相混淆了。

波普尔实际上是将其科学发现的证伪逻辑强加给了黑格尔，强加给了人类社会制度领域的历史发展与进步。对于科学研究而言，的确不能容忍矛盾，或者说矛盾对于科学研究是不可思议的。因为科学真理或自然规律是不容人的自由思维随便加以增减的，矛盾出现意味着它作为科学真理的终结。在波普尔的证伪逻辑标准看来，一旦发现一例与既有的或假定的科学原理相矛盾的现象，就终止了它原有的科学性，必须重新寻求新的假设、发现新的科学知识。科学知识就是这样在不断的"猜想与反驳"〔2〕中发展和进步的，所以波普尔主张科学中没有终极的真理和本质知识。波普尔试图把人类社会历史当作一种特殊的科学对象来研究，为政治科学的发展提供一种应用性或技术性的实践方法。他认为自己的"技术社会学"便是一种适于"开放社会"的"零碎修补"的社会工程。"站在反对历史主义方法论的立场，我们可以构想一种以技术社会科学为目标的方法论。这样的一种方法论会导致对于社会生活一般规律的研究，其目的在于发现所有那些对于每一个追求社会制度改革的人来说会成为其工作基础所不可或缺的事实。"〔3〕"在政治中，运用科学方法之类东西唯一的一条道路就是从这一假设入手，即没有一桩政治行动是没有挫折的、是没有并非所愿的后果的。注意这些错误，发现它们、揭示它们、分析它们，从它们之中吸取教训，这就是一个科学的政治家、也是一个政治科学家所必须做的工作。"〔4〕

然而，自然规律或科学真理中的"法"与人类社会自由实现的"法"是根本不同的。科学发现的法源出于自然界，"这些规律的尺度是在我们身外的，我们的认识对它们无所增益，也无助长作用，我们对它们的认识可以扩大我们的知识领域"〔5〕，自然界中的一般规律作为最高真理，不易遭受侵犯，

〔1〕［英］卡尔·波普尔：《开放社会及其敌人》，陆衡等译，中国社会科学出版社1999年版，第80页。
〔2〕［英］K.波普尔：《猜想与反驳：科学知识的增长》，傅季重译，上海译文出版社，2005年。
〔3〕［英］卡·波普尔：《历史主义的贫困》，何林等译，中国社会科学出版社1998年版，第41页。
〔4〕［英］卡·波普尔：《历史主义的贫困》，何林等译，中国社会科学出版社1998年版，第78页。
〔5〕［德］黑格尔：《法哲学原理》，范扬、张企泰译，商务印书馆1961年版，中译本序言第14页。

人们通常必须服从自然界的必然性。然而，人类政治社会领域中的"法"（laws）"是被设定的东西，源出于人类。在被设定的东西和内心呼声之间必然会发生冲突，或者彼此符合一致。人不只停留在定在上，也主张在自身中具有衡量法的尺度……在法律中，不因为事物存在而就有效，相反地，每个人都要求事物适合他特有的标准……在自在自为的存在的法和任性所认为的法的对立中，包含着一种需要，对法加以彻底的认识。在法中必然会碰到他的理性，所以他必然要考察法的合理性"[1]。如果按照科学发现的逻辑或方法论原则来设计人类政治社会领域中的各种法律，为了追求法和政治制度严格的客观性与确定性，离开了人类自身的自由和理性精神基地，人们在现实社会生活中将会变得不自由。离开了人类自身之所是的自由真理和意义，即人们现实存在和活动的全部必然性自由与权利的全面实现与获得，离开了对自由与权利、道德和伦理以及国家和法律等基本政治事物本身合理性与必然性的本质认识，这相当于波普尔证伪实验中的初始条件，我们如何可能或根据什么来证伪政治社会领域中的一切理论与实践安排的合理性和正当性？无目的、无方向的证伪检验，不过是局限于经验现象或经验事实范围内的一种循环论证或无穷后退。

三、波普尔的"种族主义"和"历史主义贫困"批评：对黑格尔"精神"的扭曲僵化

黑格尔主张"哲学必须避免想成为启示性的东西"。[2]他反对哲学去预言和指导政治实践、投身政治实践、改造政治世界，他认为哲学不过是黄昏时候飞出的猫头鹰，哲学只对已经发生的、现实存在的事情进行思考和批判，解释与评价，它从不对未来的、彼岸的不存在的东西做出预言和评价。但是，波普尔将黑格尔"绝对精神或世界精神的思想进程"看作"是一种巨大的辩证法的三段论"[3]，认为它是一种"封闭"社会的历史主义，整个社会历史发展中的一切都由"神"决定了，黑格尔所说的这个"神"在历史舞台上又表现为某个国家或民族的精神或意志，即"民族支配世界"。波普尔由此指责

---

〔1〕　[德]黑格尔：《法哲学原理》，范扬、张企泰译，商务印书馆1961年版，中译本序言第15页。

〔2〕　[德]黑格尔：《精神现象学》（上），贺麟、王玖兴译，商务印书馆1979年版，序言第6页。

〔3〕　[英]卡尔·波普尔：《开放社会及其敌人》，陆衡等译，中国社会科学出版社1999年版，第92页。

黑格尔"引进了民族的历史理论",认为"黑格尔不仅掀开了民族主义历史中新的一页,而且也为民族主义提供了一种新的理论"[1]。

然而,黑格尔将世界历史的发展与进步,看作是各个民族或国家的人民对自由的自我意识及其客观实现所达到的程度。黑格尔这种观点实际上包含着一种民族平等或民族自由主义的思想,他反对一个民族以其特有的政治文明、自由价值凌驾于另一个民族或国家的政治文明之上,并强加给它,相反各个民族或国家政治文明发展的合理性在于其人民普遍的自由自我意识之中。黑格尔认为,没有哪个特定的民族或国家能充当最高的裁判,只有永恒发展与进步的世界历史,才是各国或各民族发展的公正法官与裁判,因为世界历史是各个民族、各个国家自身实现人类自由本质的证明和显现。黑格尔根据人类自由本质的现实性原则,思考各个国家或民族自身存在和发展的合理性、正当性的历史辩证法,我们很难将它想像为"从总体上来重新设计社会"、"掌握关键位置"、"并扩大国家权力"的"极权主义"。波普尔把黑格尔"精神"自我开展的"知"和"自知"的自由自我意识和自我实现的创造性活动,即人类自由与权利实现的历史实践,作了机械地、外在地经验性科学认识,将其简单地还原为正题、反题和合题的三段论式精神进化史,甚至肤浅地将人类精神活动的逻辑,改造或替换为血统或种族进化的庸俗的生物进化论,把种族主义的罪名加给黑格尔:"马克思用物质,用物质的和经济的利益取代了黑格尔的'精神'。同样的,种族主义用某种物质的东西,即血统或种族的准生物学概念取代了黑格尔的精神。成为自我发展的本质的,是血统而不是'精神';成为世界的主权并在历史的舞台上展示自身的,是血统而不是'精神';决定一个民族的本质的命运的,是它的血统而不是精神","黑格尔主义转化为种族主义或精神转化为血统,对黑格尔主义的主要倾向并没有多大的改变。它只是给它涂上了一层生物学或现代进化论的色彩。"[2]

这种庸俗的自然进化论,本身就是为黑格尔极其鄙薄并极力批判的一种对人类精神崇高力量的轻视与侮蔑。黑格尔反对根据人类种族、地域、气候等外在的自然地理特征来规定属于人类精神创造的东西,尤其用于决定人的

---

〔1〕〔英〕卡尔·波普尔:《开放社会及其敌人》,陆衡等译,中国社会科学出版社 1999 年版,第 107 页。

〔2〕〔英〕卡尔·波普尔:《开放社会及其敌人》,陆衡等译,中国社会科学出版社 1999 年版,第 112 页。

自由与权利、价值和尊严，更不能用于决定国家及其法律体制的合理性、正当性以及意义和价值。因为自然根本不能认识和了解人的精神，相反只有精神才能认识和了解自然的东西。亦如黑格尔所言，精神的力量"只能象它的外在表现那样强大，它的深度也只能象它在它自行展开中敢于扩展和敢于丧失其自身时所达到的那样深邃"[1]。"如果我们想把灵魂与全宇宙的这种共通生活（指灵魂以同情同感的方式参与自然的普遍自然生活）作为精神科学的最高对象，那就是一个十足的错误。……在精神里面普遍的自然生活只是一个完全从属的因素，宇宙和地球的种种力量都受精神支配，它们在精神里只能引起某种无关紧要的情绪。"[2]

波普尔将黑格尔的"精神"或"自由"看作一种静止的理智性本质知识或终极真理，视为按其证伪标准看来不可证伪的、允许矛盾存在的绝对本质，指责其为终止人类理智和科学进步的"极权主义"、本质论的历史主义，甚至是种族主义。波普尔认为黑格尔的历史辩证法，显示了"历史主义的贫困"，它根本地不同于"猜想与反驳"的"试错法"或证伪逻辑，作为一种对人类社会制度进行"零星修补"的开放性历史主义方法。波普尔的批评和指责，实际上正是对黑格尔权利哲学及其历史辩证法进行了理智的形而上学扭曲，它已经超越了黑格尔政治哲学自身的使命：不是教导这个世界应该怎样发展、设计和改造，而是教导我们应该怎样来认识和理解它的合理性、肯定性及其存在意义。黑格尔政治哲学体系的真理性意义和价值，正如阿尔都塞所言："黑格尔的思想必须由它自身来向我们提供真理，它存在于它的思想深处或者拘泥于形式主义的地方。"[3]黑格尔的唯心主义历史辩证法为人类社会历史披上一件神秘的"精神"外衣，正是要使人类自己的意识和行动越来越远离而不是倒退到"赤裸裸的"自然界或动物王国，始终保持自身与自然界或动物王国根本区分的"自由精神主体"地位，真正按照自身高贵的人的自由和理性精神尊重和爱护自然，特别是遵守法的一般命令"成为一个人，并尊敬他

---

〔1〕［德］黑格尔：《精神现象学》（上），贺麟、王玖兴译，商务印书馆1979年版，序言第6页。

〔2〕［德］黑格尔：《精神哲学——哲学全书·第三部分》，杨祖陶译，人民出版社2006年版，第49页。

〔3〕［法］路易·阿尔都塞：《黑格尔的幽灵：政治哲学论文集》，唐正东、吴静译，南京大学出版社2005年版，第25页。

人为人"，"不得侵害他人人格或从人格中所产生的东西"[1]。

第四节 后现代主义政治哲学的形而上学之"踵"

如果我们把后现代理解为一种对现代性的批判，那么自从尼采宣称"上帝死了"的悲观主义世界观和价值观时，就开始了对西方理性中心主义思维方式的批判。后现代主义立足于现代文明发展的复杂性，强调要对现代性的理论、价值、文化乃至社会生活等所有具有结构或本质特征的东西进行全方位的、反向的质疑和挑战，并呈现出不确定、开放、复杂、多元的特征。如或者作为一种思维方式，或作为一种"政治或思想的游戏策略"，或作为一种"阅读方式"，或作为一种生活态度，或作为一种审美趣味等。这其中包括对现代人的生活方式、思维方式、生存状态以及现代性的各种理论和实践方式等的反思，既有肯定性的，也有否定性的。然而，后现代主义的现代性批判之矢，到底应该指向形而上学理性，还是科学主义理性，或者说是感染了科学主义的形而上学理性？如福柯所说："自 18 世纪以来，哲学和批判思想的核心问题一直是，今天仍旧是，而且我相信将来仍然是：我们所使用的这个理性究竟是什么？它的历史后果是什么？它的局限是什么？危险又是什么？"[2]

一、后现代主义的现代性批判何以指向形而上学理性

后现代主义者的批判，从对现代性发展的各种后果和现象的不满，最终把矛头指向了根源性、基础性的形而上学理性。因为形而上学留给人们最深刻和有力的印象总是代表世界基础性、终极性和整合性的品质，似乎世界的一切现象和杂多都可以从追究"一"的形而上学理性那里找到总根源。"一"和"多"是形而上学的主题，形而上学试图把万物都追溯到"一"。"一"被理解为一个整体或总体，需要解释的一切现象最终必然都是与"一"和整体相联系的，必须把世界内部的一切解释为一种统一的存在，必须把世界内部

---

〔1〕［德］黑格尔：《法哲学原理》，范扬、张企泰译，商务印书馆 1961 年版，第 36 节，38 节，第 46 页，47 页。

〔2〕转引自［美］贝斯特、凯尔纳：《后现代理论：批判性的质疑》，张志斌译，中央编译出版社 1999 年版，第 47 页。

的一切当作一个特殊的对象加以把握。因此，"一"不仅是原初的起点或起源，而且是第一原因、第一原型或第一概念。"一"以世界内部的一切作为前提，又是万物的基础。形而上学就是对世界同一性的终极性沉思，就是要追根究底。形而上学的这种基础性、根源性、整体性特征，导致了许多后现代主义者的批判，指责形而上学牺牲掉了非同一性和非整合性、杂乱性和异质性、矛盾性和冲突性、瞬间性和偶然性，为非理性的个体性、特殊性、偶然性品质辩护，主张抛弃形而上学的总体性、基础性和原则性。

后现代主义批判从现代社会的各种实际危险和后果，对形而上学理性进行批判，首先假定了形而上学理性与现代社会的各种危险和后果有必然关系，认为形而上学理性主义的认知模式必须对现代社会的实际后果负责。这样，后现代主义批评者就把形而上学认知体系当作必须对现代性后果负责的充分条件来批判，假设了形而上学的认知模式或理论与人们的行为实践具有必然推出关系，假设某种认知理论一定导致某种相应的实践结果。然而，形而上学理性对"一"和"多"的本体论和认识论认识，是一种抽象性质的，不过是人的理性关于生活世界本质的终极性沉思，对纷繁芜杂的生活世界的各种特殊的、偶然的、具体的现象的整体性本质的认识，一种形式上的认识。形而上学理性只是表明这种对世界整合性的本质认识，先于或优于个体的、特殊的、偶然的现象，然而对于整体性、同一性、普遍性、本质性，与特殊性、个体性、偶然性、异质性，它们之间关系的实际内容及其明确界限，或实践中它们应该处于何种实际关系、作何安排，形而上学理性无法做出精确的、明晰的承诺和保证，更何谈对其实践后果负责。"作为一切存在者的起源、基础和总体，'一'首先构成了一种视角，从而使得人们能够把'多'刻画为不同的存在者。"[1]

理论认识对实践的关系充其量是一种必要条件关系，而绝不是充分条件关系，即完善的、正确的理论或认识绝不能必然保证导致相应的实践或行为，更别说导向预期的行为和实践后果。理性对生活世界的总体性把握不过是一种形式的、精神性的认识，对受制于多种因素影响的实践和行为，不具有精确的、清晰的、可操作性的决定性或支配性影响。在某种意义上说，人类的行为和实践现象更多地具有偶然性，面对个体和偶然性，形而上学理性是失

---

〔1〕　〔德〕哈贝马斯：《后形而上学思想》，曹卫东，付德根译，译林出版社 2001 年版，第 143 页。

效的。后现代主义批判者，从现代性发展的各种现象和后果，即从个别的、特殊的、偶然的、现象的东西去指责和批判基础的、普遍的、整体的、本质的形而上学理性理论和认识，这恰恰又是利用他们意欲批判的东西作为批判的依据，这本身首先就是一种形而上学的成见和策略。这使后现代主义者对形而上学的本质主义批判显得有些不着边际和自相矛盾。许多后现代主义者在批判形而上学基础主义、本质主义或普遍主义的过程中，又不知不觉地重建自己的形而上学新隐喻。

后现代主义者一方面试图否定形而上学的同一性、总体性的认知模式，另一方面却又把所批判的对象理解为在同一性和总体性压抑和排斥下的另一种非总体的、非同一性的他者、异质性或多样性，试图从形而上学理性下拯救他者、偶然性、异质性以及多样性，试图在排除形而上学总体性、基础性原则的条件下挽救非理性、偶然性、他者、异质性、多元化。这样，后现代主义者同样没有走出形而上学的视野，相反不知不觉地陷入了两难："在后现代主义的分析中，当今社会的许多非正义现象都源于系统本身的某种具有普遍性的原因。可是，后现代主义在进行回应时，却禁止自己使用那种会提出普遍有效的实质正义原则的正义理论……在对伦理——政治生活所进行的反思中，后现代主义为自己创造了一种两难处境：一方面，后现代主义在认识论上的计划是消解一切对正义和幸福生活进行理论化的总体性、普适性的努力；然而，另一方面它在实践上的计划又要针对当下社会中的那种起着总体化、普适化效果的合理化进程所带来的危险建立有效的抵抗。"[1]

如哈贝马斯所说，一些人"把目前的危机归咎于主体哲学和历史哲学中同一性思想所留传下来的形而上学遗产，他们呼吁历史和生活方式的多元化，反对世界历史和生活世界的一元化；呼吁语言游戏和话语的灵活性，反对语言和对话的同一性；呼吁文本的丰富性，反对意义的单一性。人们以被压制的多元性的名义对同一性提出了抗议"[2]。这些实际上还是一种形而上学的企图，不过是变换了形而上学的主题或隐喻，依然是一种对确定性真理或本质的追求，无论是对非理性的、非本质的、非总体的偶然、个体、他者、差异的礼赞和辩护，还是对同一性的、基础性的、总体性的、本质性的理性认

---

〔1〕 ［美］斯蒂芬·K. 怀特：《政治理论和后现代主义》，孙曙光译，辽宁出版社 2004 年版，第 142 页。

〔2〕 ［德］哈贝马斯：《后形而上学思想》，曹卫东，付德根译，译林出版社 2001 年版，第 137 页。

识的坚持。"太过经常地，后现代思想家行为方式就好像是这样：一旦揭露了现代主义者的元叙事就可以取得对他们的现代主义对手的完全胜利。但事情并非如此简单。"[1]人类生活世界中"一"和"多"的张力始终存在，不可取消。"谁如果使理性的语言媒介这两个方面（即它的普遍性和特殊性）中的一个绝对化，那他必然会陷于两难境地。"[2]

二、后现代主义批判何以指向科学主义理性

现代人之所以或显或隐地感到其生活世界和自我人格的冲突与矛盾，实际上人们受到双重方式的框束，一种是赋予人们生活世界及人生意义的传统、历史的道德和价值规范，另一种是对人们的工作和生活及思想起支配作用的技术想象机制。两种并不合拍的"机制"在人们的生活中必然产生分裂和冲突，人们一方面不得不依赖技术机制为生活和行动带来方便和效率，另一方面又不甘于自我的生活完全被技术控制和支配，试图在技术机制之外寻找生活的价值和生命的意义。毕竟科学和技术给人的生活和行动带来成功，却并不给人的生活和生命赋予意义。

所以"给世界除魅"首先意味着，现代科学技术机制并不给人类生活赋予意义。"在现代性中只有一种支配性的想象机制（或世界解释），这就是科学。技术想象和思想把真理对应理论提升为唯一支配的真理概念，并因此把科学提升到支配性世界解释的地位。"[3]技术的本质并不存在于机器、事物中，如福柯等后现代主义者对技术知识/权力的批判，技术存在于现代人的思考、构思、想象和理解的方式中。"认为科学和技术是魔鬼，本质上同相信技术是救世主没有区别，因为在两种情况下，人们的思想都受到技术机制的束缚……科学是支配性的参照点意味着'真的'和'科学的'（或为科学证明的）是被作为同义词来使用的。如同，在宗教（基督教）是支配性世界解释的时代，如果有人说'这是《圣经》里写的'，也就意味着'这是真的'，因为《圣经》里写的一切都是真的。因此，如果人们宣称某物是'为科学所证明的'，它就被确认为真正的知识。其结果是，每一种真理都不得不声称运用

---

〔1〕 ［美］斯蒂芬·K.怀特：《政治理论和后现代主义》，孙曙光译，辽宁出版社2004年版，第163页。

〔2〕 ［德］哈贝马斯：《后形而上学思想》，曹卫东，付德根译，译林出版社2001年版，第159页。

〔3〕 ［匈］阿格尼丝·赫勒：《现代性理论》，李瑞华译，商务印书馆2005年版，第104页。

了'科学的'合法化。"〔1〕

任何时代,人们都需要一定的信仰,从中获得一定的支持和安慰。现代社会中,"科学的"一词激发了一种新的信念和信仰。自从启蒙时代,科学的、理性的、客观的真理便已开始大大动摇了传统习俗和宗教信仰的力量,现代人必须把许多东西当作"真的"来接受,而又不可能独立地去证实它们,也不可能考虑到各种反对意见。这样,"对科学的盲目接受也就是对科学体制的合法化",科学的地位稳步上升,科学向人们生活的方方面面扩张,从物质生产、生活到人们的精神生活,因而人的科学"不再是对人的本质和人类状况的一种本体论/存在论探索,而是学会把人当作'长期储备'的方法,就像对待外在自然一样。人成为科学、医学、实验心理学和教育学的运动场"〔2〕。

关于人的各种政治、经济、社会、文化都染上了科学合法化的病症,追求操作和应用程序的客观、精确、效率,对道德和爱的考虑成了现代化社会发展和人际关系的一种昂贵成本和负担,人的精神、情感和道德需求可以通过市场和货币来有效地解决,这极大地繁荣了精神分析科学、实验心理学等关于人的科学,精神分析学家、心理医生为人们破解心理的、精神的、情感的、道德等方面的隐私、困惑和矛盾,人们的情感、心理、道德等非理性的内心世界,越来越求助于并越发依赖于精确的、客观的精神科学分析来解决。这样,科学的理性真理之光从外到内"照亮"了人类生产、生活实践,以至精神、肉体、行动的每一个角落。

科学和技术成为一种不可抵挡的压迫性的力,不知不觉控制着人的精神和物质生活。如果说形而上学理性强调生活世界"多"之基础性的普遍本质,轻视"多"之表象性、偶然性、特殊性、差异性、他者性、边缘性,是一种基于存在论/认识论的形式或抽象理性,那么科学主义理性却给这种抽象形式赋予实实在在的内容,给以普遍性、基础性、同一性的真理追求注入了一种强势的力量。换言之,科学主义理性以一种咄咄逼人的力量强化了人类认知体系及至实践体系真理的唯一性、客观性和普遍性,强化了对非真理、非理性的他者、偶然、异质、边缘现象和事物的排斥。因此,科学主义理性,虽然使事物和行动的精确性、客观性、有效性大大加强了,但是它并没有解决

---

〔1〕 〔匈〕阿格尼丝·赫勒:《现代性理论》,李瑞华译,商务印书馆 2005 年版,第 111~112 页。
〔2〕 〔匈〕阿格尼丝·赫勒:《现代性理论》,李瑞华译,商务印书馆 2005 年版,第 115 页。

反而强化了"一"和"多"的冲突和紧张，没有解决反而加剧了人们的道德价值规范和真理知识追求之间的紧张。

人类的一切冲突和矛盾，包括肉体的、精神的、行动的，都可以通过科学的真理、先进的技术手段得到解决，科学和技术的合法性试图僭越道德指引的合法性。"我们社会中的人没有智力、道德或精神上的参照点来判断和批判技术，于是，一切都没有了本质的意义，只有技术应用才能为它赋予意义。"〔1〕现代科学技术带来的成功只代表手段的文明，并不代表现代社会目的的文明。人们在追求生活世界的必然性、确定性、客观有效性知识的同时，人本身却随科学技术文明所强化的行业分工和官僚层级结构而分裂了，人的行动、职责、任务与道德、情感、责任随着现代文明的进步而分裂，特别是人的行动，以共同体、组织乃至民族的使命、职责和权威为中介，与自己的行动后果分离开来，道德责任成了与一个人相隔遥远的、漂浮不定的东西，从而增加了社会的残酷、冷漠。在现代文明中，人们找到了追求确定、唯一、可靠、有效的行动的真理知识的上诉法庭，却丧失了整个生活世界的目标和方向，以及人作为个体的人生意义、人生目标的上诉法庭。现代人始终难以摆脱置身于现代文明中的种种痛苦和矛盾。

科学主义理性，一方面加剧了后现代主义者对形而上学理性基础主义、整体主义、本质主义的仇恨和抱怨，从而力劈形而上学的基础性、整体性、同一性、本质性，极力称颂非理性、非本质、非基础、非同一的异质性、偶然性、他者性、边缘性，要求宽容和多样性，主张差异政治、认同政治；另一方面，另一些后现代主义者在为人们失去道德终极目的的生活世界挽救形而上学理性，为人类寻求基础性的、普遍的道德本质或价值准则，提醒人们警惕"没了上帝，那就什么都行"可能导致的危险和恐惧。然而，如同对基础、普遍本质的强调可能会压抑异质性、边缘性的他者一样，对差异的宽容和认同，也并不必然导致协同性和团结，同样可能成为某些人压抑、排斥他者的借口和说词，"他者的低劣完全是通过差异加以断定的……差异意味着永远的距离、彼此间的不合作和等级制度"〔2〕。

在现代科学和技术理性合法化解释支配人们的生活、思想和行动的世界，

---

〔1〕 ［匈］阿格尼丝·赫勒：《现代性理论》，李瑞华译，商务印书馆2005年版，第327页。

〔2〕 ［匈］阿格尼丝·赫勒：《现代性理论》，李瑞华译，商务印书馆2005年版，第414页。

尤其在现代官僚体制的理性世界里，道德对人类行为没有威胁、奖惩的约束力或权威，因而成了一种没有力量的权威的、边缘化的、他者的存在。然而，现代科学技术也造成了人类生活世界的一个空白："至高无上的立法者和管理者的职位，世界秩序的设计者和管理者的职位，现在令人不安地处于空缺……上帝被废黜了，但王位还在。王位的空缺在整个现代时期对所有的空想家和冒险家而言都是恒久的诱惑。"〔1〕非理性的冒险家可能成为人们道德和情感虚空世界的独裁者，他们可能打着为差异性、边缘性或他者辩护的"种族中心主义"旗帜，同时也可能打着普遍真理、道德义务的旗号，把人类引向分裂的、危险的、灾难的深渊。"在盲人谷，独眼人就是国王。"〔2〕

如果说形而上学理性在本体论和认识论上强调基础、同一、本质和整体，而轻视了非基础、非本质、非同一的差异性、多样性、边缘性、偶然性、表象性的事物和存在，那么科学主义理性则强调唯一、精确、客观有效的真理，从实际内容和实践行动上强化了这种"一"与"多"的分裂，以一种强势的力量把现代性矛盾推向至深。感染了科学主义合理化的现代社会对哲学的"虚假胜利"，将不可避免导致一种现实性的危险，即"在不要哲学的情况下，我们怎样能够在一个理性滋润着的、如此脆弱的土地上建立起一种同一性，并且确保这种同一性的发展"〔3〕。

三、后现代主义批判是否终结了理性主体性哲学

无论早期后现代作家还是后期后现代主义批判者，批判无论指向本质主义的形而上学哲学理性传统，还是科学主义的技术理性以及功利主义的工具理性，我们都要弄清他们到底因何而"反"或"反"的理由是什么？利奥塔由现代科学知识合法性危机而对哲学元叙事的怀疑，福柯把真理、知识与权力生产联系在一起，倡导"主体之死"，德里达反对语音中心主义和逻各斯中心主义，解构文本作者权威，加塔利与德勒兹也反对理性主体中心主义对欲望的压抑与阻碍，主张解辖域化和解准则化的差异和欲望政治。哈贝马斯则反对传统独白式的理性主体主义，主张交往参与式的主体间性的理性对话，

〔1〕 [英] 齐格蒙特·鲍曼：《现代性与大屠杀》，杨渝东等译，译林出版社 2002 年版，第 283 页。
〔2〕 [英] 齐格蒙特·鲍曼：《现代性与大屠杀》，杨渝东等译，译林出版社 2002 年版，第 182 页。
〔3〕 [德] 哈贝马斯：《重建历史唯物主义》，郭官义译，社会科学文献出版社 2000 年版，第 54 页。

罗蒂则以实用主义立场，反对传统实在论的真理观，主张反讽式的对话，有教养的尊重他者话语的理性。

海德格尔、德里达、利奥塔、罗蒂等后现代作家，他们虽然都对传统哲学合法性予以批判和质疑，曾提出"哲学的终结"或"后哲学"，但是他们所谓"哲学的终结"决不是意味着传统哲学的终止、结束或消失。海德格尔的"哲学终结"意味着："哲学之终结显示为一个科学技术世界以及相应于这个世界的社会秩序的可控制的设置的胜利。"〔1〕海德格尔认为这是技术统治的充分实现，对遗忘了的"在"的思虑，科学技术作为"规范性观念"完成于近代哲学之中，思的或存在的哲学就此终结了。实际上，海德格尔的哲学终结论是一种对传统形而上哲学因葬身科学技术理性、丧失对人的存在和意义的伦理、道德思虑的悲哀和痛心，它不是对哲学的拒斥。利奥塔与海德格尔对技术统治的批判有些类似，他对后工业文明的信息和高科技知识的合法性产生了怀疑。以元哲学的宏大叙事为合法性基础的科学知识陷入了自我悖论，科技越发达，自己的合法性危机越严重。利奥塔把这视为"元叙事"危机，然而以科技理性主义危机消解传统形而上哲学的合法性，似乎还不够充分且颇为牵强。德里达的"哲学终结"，是"在场形而上学"的终结，即语音中心主义和逻各斯中心主义的终结，提出"延异"的思想，即不确定性、差异性，认为不存在确定性的、唯一的、总体性的真理或意义。这意味着哲学的总体性使命的终结：哲学不可能为所有不同的文本规定终极的、永恒的、本质的、总体性的确定真理和意义。福柯对哲学的"终结"性批判理由在于，原本追求真理或知识是为了获得主体的自由和解放，现在真理和知识的生产却变成了权力的生产，造成对人的压迫和控制。福柯告诉我们，在现代社会，权力无所不在，不论是以思想形式还是制度实践，弥散在日常生活的各个角落，包括监狱、医院、学校、俱乐部、工厂、精神病院、警察局等各种组织和机构。福柯把各种以知识形式呈现的规章、制度、操作工具、技术、方法、程序、应用层次、目标等，都看作是权力的"眼睛"，而且这微观权力以更隐秘的、看不见的形式压迫和规训着人们的日常生活实践。

如果说海德格尔、德里达、利奥塔、福柯因反对理性和真理具有霸权和专制的压迫倾向，主张抛弃主体中心主义，那么哈贝马斯等人则正因为现代

---

〔1〕　〔德〕海德格尔：《面向思的事情》，陈小文、孙周兴译，商务印书馆1996年版，第59页。

理性主体中心主义的这个缺陷，而试图修补和完善理性主体哲学，重建交互式的主体间理性哲学。相较其他的后现代作家，哈贝马斯的现代性理性批判立场是比较客观和实际的。他认为现代性批判的理性态度是：我们应该对所有理性问题进行再思考，在这种再思考再建构的过程中，必须严格区分不同类型的行为、理性、理性化的进程以及它们之间复杂的动态的相互关系，工具理性、策略理性、系统理性、技术理性与交往理性和对话理性有着绝对差别。实际上，利奥塔、福柯、德里达等后现代主义者看到的只是，在现代资本主义经济和工业文明发展过程中，发生了折射的现代启蒙理性，折射出的是具有专制、强迫和霸权主义倾向的工具理性和技术理性。我们不能因此忽视现代启蒙哲学对现代民主政治的贡献，自由、民主、平等仍然是我们今天现代政治继续努力的方向，更重要的是，现代启蒙理性的批判精神，使我们自己、他人以及社会的认知和行为保持一种积极的、健康的反思和批判品质。

实际上，无论主张基础主义、本质主义或普遍主义的现代理性中心主义，还是主张非理性、偶然性、差异性、边缘性的本质地位的后现代主义批判，都在不知不觉重建着形而上学新隐喻。后现代主义批判一方面试图否定理性形而上学的同一性、总体性认知模式，另一方面却又试图在排除形而上学总体性、基础性原则的条件下，极力挽救非理性、偶然性、他者、异质性的主体地位，同样没有走出本质主义的形而上学视野。现代理性中心主义与后现代主义批判的思维模式，无疑又重演了近两个世纪前黑格尔在《小逻辑》中所批判的三种形而上学态度，即：形而上学的抽象理智、经验主义及直接知识或直观知识。在黑格尔看来，这三种思维模式或治学态度，实际上正是内在于人类自身的特殊性与普遍性本质表现，它们统一于人类对自身自由和理性精神本质永恒的自我认识与实践创造的历史活动过程中，它们每一个都具有一定的必然性与合理性，都有获得尊重和承认并实现自身的正当权利，但是它们任何一个都不可能占据真理的全体，谁也不能拥有最后的或绝对的真理地位或话语霸权。人类法和伦理政治世界的"绝对真理"或"终点"，在于人类自身自然、道德和理性三种根本自由本性及其权利的历史性全面实现与解放，在于与之相适应和一致的伦理政治构造及制度安排；在真理认知的方法上，则是事实、价值及逻辑三种必然性原则的综合与统一。人的真正主体性地位只能在这样一种理论与实践态度中实现与确立。在一定程度上可以说，黑格尔重建的科学的哲学方法，即关于人类自由意识和自由实践的辩证逻辑学与法哲学，同样适用于对现代性的批判和后现代主义的批判。

第五节 黑格尔辩证法视野的法权理论对
传统政治哲学理性之法的重建

政治哲学，作为对政治社会领域中自由与权利、国家和法、道德和伦理等的组织构造及其实践安排的正当性、合理性的批判性思考、评价与解释，到底有没有自己规范性的研究纲领，有没有关于它自身知识的真理性和必然性标准？具体而言，政治哲学本身作为一种规范性的政治学研究，应坚持什么样的原则或方法，或者说根据什么原则对政治事物、活动和现象作出正当性、合理性以及必然性的批判与辩护？政治哲学与纯粹反思的形而上学元哲学及经验实证的政治学有不可分离的紧密联系，它往往在描述与规范之间，事实与价值之间，是与应是之间，自然与道德之间，理论与实践之间，缠结不清，相互混淆，或者干脆分离、孤立。如：或者以自然主义、科学理性主义、历史主义的真理标准作为政治哲学的研究原则，或者以政治学经验的、实践的效果、效用或功利作为合理性考察标准，或者以伦理的道德主义作为正当性评价和解释原则。政治哲学在哲学、政治学、历史学以及伦理学的知识规范性标准或研究纲领之间逡巡徘徊的同时，面临着自身生存的困惑与危机，不曾明确究竟何为自身在政治社会实践领域中必须坚守并由此得以存身的"理性之法"。

一、政治哲学的生存意义与使命

当今政治学在学科发展上越来越倾向于管理科学、行为科学，努力摆脱那好怀疑批判、思辩诘难而无实际行动能力和明显成效的政治哲学的拘束。因为"与经验科学家和专家们相比，哲学家们没有具体的知识；我们倾向于依赖最安全、最可靠的知识——在今天即为经验知识，我们不信任哲学家。对我们今天的具体问题，哲学无足轻重、无能为力"[1]。然而，如果说一个现代政治国家想要持续稳定而和平地生存与发展下去，那么它必须为自己的

---

〔1〕 〔德〕K. 格洛伊："'后哲学'时代中的哲学"，李智译，转引自湖北大学哲学研究所《德国哲学论丛》编委会编：《德国哲学论丛1999》，中国人民大学出版社2000年版，第19页。

政治构造及其实践安排的存在和行动寻找合理性根据与意义，必须为自己寻找让民众信任、忠诚、认可和服从的根据、理由，这必然需要追求哲学真理和理性精神的勇气。"如果没有一种将政治科学的主题与人们为其行动寻求的意义联系起来的理论，政治学的主题就不能从经验上加以确定。换言之，政治现象要想成为科学的主题，它必须同时具有寻求合理生活和真正自由的人的活动所形成的意义。因而，政治理论必然朝向两个方面：经验描述和哲学思考。"〔1〕"任何只满足于描写建构一个稳定的秩序或如何令公民们满意的政治学说都不能说是充分的。它还需要使政府实施的权威合法化；它必须给出公民的义务和权利的根由。中心的政治问题总是：何为公正？什么是自然的？"〔2〕

政治，一方面是广义的亚里士多德政治定义，即政治作为最权威和系统的科学，它的目的就是公共的至善；另一方面是较为狭义的马基雅维利的政治定义，政治哲学的中心主题是国家，即在每一时代都要求具有法律和政治权威性的机构；政治哲学还必须关注黑格尔的"客观精神"，即"自由的实现"，从自由的客观确定性来说则是"权利的实现"。对于政治哲学而言，无论哪种政治哲学，它的使命在于对现实政治世界的合理性、正当性意义的理性批判和解释，它必然要为这种正当性和合理性的论辩性解释，寻求具有普遍性、必然性的理性依据。威尔·金里卡说："在政治领域，一个极为根本的问题，就是要求对各种现实的或者理想中的体制、政策进行排比评价，做出好坏对错的分辨。即使最功利现实、最讲求机巧策略的政治人物，只要他还需要为自己的作为找理由，就不得不介入这种涉及比较与评价的思考。评价当然需要标准，标准就是各种政治原则与政治价值。可是这些原则与价值为什么是对的？是大家应该接受的？是政治制度与政策之所以成为正当的好理由？这些考量，构成了政治哲学的核心议题。"〔3〕"如果政治理性的要求，即是用说理去探讨政治原则、政治价值，用说理的方式对政治体制与政策进行对错好坏的评价，那么落实政治理性，不外乎就是让政治本身产生一个说理

---

〔1〕 ［法］保罗·利科主编：《哲学主要趋向》，李幼蒸、徐奕春译，商务印书馆 2004 年版，第 299 页。

〔2〕 ［美］列奥·斯特劳斯，约瑟夫·克罗波西：《政治哲学史》，李天然等译，河北人民出版社 1998 年版，第 638 页。

〔3〕 ［加］威尔·金里卡：《当代政治哲学》，刘莘译，上海三联书店 2004 年版，第 8 页。

的动力，让权力承认说理的必要性。"[1]

二、当代政治哲学理性之法的困境

政治哲学作为政治学理论与实践的规范性研究，长期徘徊在不同的必然性规范标准和论辩原则之间，包括自然的、经验的或历史的事实必然，伦理的、道德的或价值的必然性，合乎逻辑的理性必然性，以及实践行动的效果、功用、效益的功利主义必然性等。这些不同的论辩标准和原则，对其自身而言都有其现实的合理性和正当性，但是它们是否能够独立地承载整个政治社会领域的全部真理和正义，成为最后的标准或终极依据，或者说，它们分别地或独立地能否担当得起政治哲学自身得以存在和发展的最基本的"理性之法"？然而，直到现在，科学理性主义的方法和规则，仍然左右着社会、历史、政治、法律、伦理等社会科学的研究和判断。对于政治、法律、历史、道德和伦理等社会科学的研究方法与判断标准，仍然倾向于科学主义的理性建构思维模式，如经验或归纳推理的理性主义，其正当性有经验依据的经验主义，可观察、验证的实证主义，以及行为正当与否在于给人造成的快乐和痛苦的功利主义。但是任何一种单一、静止的理性原则都不能充当哲学真理意义上的"理性之法"，更不可能充当政治世界的最后真理和意义标准。

当代自由主义政治哲学关于自由和理性的各种政治讨论以及体制设计，一方面在方法上表现为一种经验主义、功利主义和实证主义的研究和探讨模式，把自由和理性的价值规范性简单地还原为一种统计的、分析的和量化的组织行为目标，以实际可达到的效率和利益作为自由跟理性的评价指标。另一方面，政治哲学家则试图以预言家或政治科学家的姿态，努力为设计自由主义国家的政治和法律制度，指手划脚、出谋划策，试图跃居政治中心的同时，最终仍然陷于理性普遍主义与经验的情感、欲望实现的特殊主义、功利主义，甚至与多元自由主义无止境的争战之中。当代自由主义政治哲学几乎成了政治分析的实证科学，以政治的"行"而不是"思"为自身的核心宗旨和任务，它们以观察的理性去积极思考和研究自由主义国家应该怎样去做和行动。然而，政治哲学"理性之法"的使命，主要在于对政治社会领域中现存的各种事物、构造与实际安排进行健康地理性批判或"思"，而不是摆出高

---

〔1〕［加］威尔·金里卡：《当代政治哲学》，刘莘译，上海三联书店 2004 年版，第 13 页。

人一等的"智者"或设计大师的姿态去实际指点政治社会具体的历史发展和运行方案,更不是去预言和设计甚至规划现实政治社会的发展路径。"哲学所关心的,可以总结为'我应该相信什么'和'我应当做什么',这两大类分别涉及认知与实践的问题。不过,面对这些问题,哲学的主要责任倒不在于提供实质、具体的答案,告诉我们去信任这种或者那种知识,或者根据这种原则或那种原则行动。"〔1〕然而,"一些哲学的观点带来了直接的政策方案,一些哲学家则努力将他们推荐给政策的制定者。一些哲学家周游世界,向政府游说。一些哲学家严肃地将可能性的东西变成约束性的规定"〔2〕。这种危险如胡塞尔所说:"正是在一个实践动机超强地上升的时代里,一种理论的本性也可能会比它的理论职业所允许的更为强烈地屈从于从这些实践动机的力量,尤其是对我们时代的哲学而言,存在着一个巨大的危险。"〔3〕对此,休谟曾说过:"在理论上看来对社会最为有利的规则在实践中可能是完全有害的。"〔4〕黑格尔更是反对政治哲学家去预言和指导政治实践、投身政治实践、改造政治世界,他认为哲学不过是黄昏时候飞出的猫头鹰,哲学只对已经发生的、现实存在的事物进行思考、批判和解释与评价。

如今我们对于政治世界真理和正义的解释与判断,仍然陷于外在的个别经验、自然事实和特殊现象里,经验和观察的理智理性仍然主导着政治哲学对于正当性、合理性及必然性的理解与判断。这就是说,我们今天仍然在试图努力将自然科学的理性必然性和统一性,移植到关于国家、社会学说的政治与法律实践领域的必然性、合理性之中。奥克肖特指出:"所有当代政治都深深感染了理性主义,不仅我们的政治罪恶是理性主义的,而且我们的政治美德也是如此。……理性主义不再只是政治上的一种风格,它已成了一切应受尊重的政治的风格标准。"〔5〕这几乎与17世纪、18世纪作家"一样坚定地认为,理性提供了对人的行为和社会制度进行评价的绝对标准。人的行为和

---

〔1〕 [加]威尔·金里卡:《当代政治哲学》,刘莘译,上海三联书店2004年版,译本前言第7页。

〔2〕 [英]亚当·斯威夫特:《政治哲学导论》,萧韶译,江苏人民出版社2006年版,导言第9页。

〔3〕 [德]胡塞尔:《哲学作为严格的科学》,倪梁康译,商务印书馆2002年版,第9页。

〔4〕 [英]休谟:"论正义",转引自《休谟政论文选》,张若衡译,商务印书馆1993年版,第180页。

〔5〕 [英]迈克尔·欧克肖特:《政治中的理性主义》,张汝沦译,上海译文出版社2003年版,第20,21页。

社会制度根据理性标准可以一劳永逸地判定它的是非"〔1〕。

　　然而，这种现代性的理智理性主义在政治社会领域中占居中心地位的结果是，使实质合理性臣服于形式合理性，因而使得价值和规范无法获得理性证明而存在，形式化的经济与政治制度剥夺了人的自主性，它集中表现为"意义的丧失"与"自由的丧失"这两个悲剧性的命题。可以说，当代政治哲学遭遇的"理性之法"困境，相比于黑格尔时代人们对国家学说的理解并没有表现出多大的进步。黑格尔写作法和国家学说的主要志向与意图，"就是把国家作为其自身是一种理性的东西来理解和叙述的尝试……必须绝对避免把国家依其所应然来构成它……不可能把国家从其应该怎样的角度来教，而是在于说明对国家这一伦理世界应该怎样来认识"〔2〕。在哈贝马斯看来，黑格尔开启了现代性的哲学话语，引入了一个主题，即自我批判地检视现代性。黑格尔沿用了苏格拉底的老话——"认识你自己"，即：认识你的精神，认识你的自然、道德及理性三种根本自由本性，认识你的三种必然性客观权利的现实性，以及你身处的法和伦理政治世界各种构造、安排的合理性与正当性。

三、黑格尔法权理论对政治哲学理性之法的重建

　　从 17 世纪笛卡尔"我思故我在"的伟大命题开始，经历启蒙运动，直到 19 世纪，近代思想家们在哲学上开始探讨有关人自身的本性及其在世界中的地位这个世俗问题，在实践或政治上则是关于人的自由与权利以及国家和法律等公共领域建设的政治社会问题的探讨。文德尔班认为近代哲学家们从对人本身的认识到道德的及政治的实践观点，主要还是一种通俗形而上学即朴素实在论或自然科学研究模式支配下的一种认识。〔3〕即一方面从个人直接的自然存在方式或生理构造及心理特征来对人进行基本的认识和理解，另一方面，在实践的道德和政治观念方面则处于"科学的实证主义"或"自然的感觉主义"支配之下。在这其间，自由和理性两大观念始终徘徊于自然和道德的个人自我理解之中，在政治和伦理上则徘徊于福利功利主义与道德主义之间以及个人与社会或个体与整体的价值优先争论上。关于个人自由与权利及

---

〔1〕　[美] 乔治·霍兰·萨拜因：《政治学说史》（下），刘山等译，商务印书馆1986年版，第628页。

〔2〕　[德] 黑格尔：《法哲学原理》，范扬、张企泰译，商务印书馆1961年版，序言第12页。

〔3〕　[德] 文德尔班：《哲学史教程》（下），罗达仁译，商务印书馆1997年版，第623、710页。

其对于政治和法律等公共领域的解释，在论证方法上则体现为自然科学和几何学对政治哲学理性之法的僭越。从 17 世纪的自然法政治思想体系到 19 世纪激进自由主义的功利主义政治哲学，对于个人自由与权利的解释以及国家的法律和政治建构，其理论内容以及论证方法，始终徘徊于自然、道德及理性三种必然性原则的混淆与僭越或分离与排斥的困境之中。

在黑格尔看来，在法和伦理的政治世界中，私人权利—道德—伦理，以及家家庭—市民社会—国家，正是人类对自身精神本质的自然、道德及理性必然性自由本性的自我认识与自我实现的历史过程。人类社会发展的历史，就是从人们"只知道一个人是自由的""少数人是自由的"到"人人是自由的"[1]的自我意识和实践斗争的历史。这一切正是由人类自身的自由精神本质自我实现和自我发展的"自然历史"决定的，而决不是由任何外在的权威、既定的逻辑规则或技术方法强加于它的，也不仅仅是像人们通常所了解的那样，它是由若干"正——反——合"的三段论式逻辑命题机械构成的。黑格尔解构并终结了既有政治哲学的"理性之法"，自由和理性不再借助任何外在的神灵或先天法则、公式以及世俗的历史传统与权威来解释，从而人类的自由与权利以及法和伦理的政治世界的真理和正义，都首先依据人自身精神的理性本质及其三种外在的根本性存在方式或自由本性，得到合理说明和评价。

黑格尔法权哲学中所实现的方法论原则，是由其基本内容即人类自身精神的自由本性实现的具体历史所要求和决定的，其治学方法与理论内容本身的真理性是根本一致和内在统一的。"真理使精神自由；自由使精神真实。"[2]人类自身自然、道德及理性必然性自由本性及其客观权利的历史性全面实现，决定了政治世界真理和意义的认知及其论证方法，必须实现事实、价值及理性三种必然性原则的历史性综合与统一。黑格尔自由—权利辩证法的政治哲学体系克服了现当代自由与权利政治思想在理论内容和论证上的不足：在理论上将个人的三种必然性自由本性及其客观权利相互分离和排斥；在论证上呈现出三种必然性原则的相互混淆僭越或相互分离排斥。由于它们各自

---

〔1〕 〔德〕黑格尔：《历史哲学》，王造时译，上海书店出版社 2006 年版，绪言第 16, 17 页。

〔2〕 〔德〕黑格尔：《精神哲学——哲学全书·第三部分》，杨祖陶译，人民出版社 2006 年版，第 20 页。

固执于单一的必然性本性的至上真理性，因而无论从自然还是精神方面的单一本性出发解释和构建的政治社会学说，或多或少都会造成对个人自由与权利的限制或压抑。黑格尔的法权哲学体系，超越了近代政治思想试图以自然科学规律代替人类社会历史规律的思维方式或研究模式，打破了霍布斯、洛克以及休谟的经验唯物主义，甚至卢梭情感和道德的自然主义，以及康德、费希特的理性唯心主义，乃至后来叔本华、尼采等人的非理性主义直觉和意志对于个人自由及其实践应用的解释模式，他们的理论哲学最终都倒向了一种经验的主观主义和相对主义。而休谟早已清醒地认识到经验主义贯彻到底的逻辑结局，就是取消理性，走向相对主义和主观主义，从而危及了政治哲学的生存法则——理性之法。

正是黑格尔的权利哲学最执着地坚守了政治哲学研究和发展最根本也是最现实的"理性之法"，他强调人类自身真理与政治世界真理和意义的统一，主张政治世界的永恒真理和意义，在于人类自身内在的自然、道德及理性三种根本性自由本性及其客观权利的历史性具体实现，在理性认知及论证方法上，则是事实、价值及理性三种必然性原则的历史性辩证统一。黑格尔重建的这种"狡黠理性"，恩格斯给予了高度评价："黑格尔哲学的真实意义和革命性质，正是在于它永远结束了以为人的思维和行动的一切结果具有最终性质的看法。……历史同认识一样，永远不会把人类的某种完美的理想状态看作尽善尽美的；完美的社会、完美的国家是只有在幻想中才能存在的东西；反之，历史上依次更替的一切社会制度都只是人类社会由低级到高级的无穷发展进程中的一些暂时阶段。这种辩证哲学推翻了一切关于最终的绝对真理和与之相应的人类绝对状态的想法。在它面前，不存在任何最终的、绝对的、神圣的东西。"[1]萨拜因则认为黑格尔"提出的是一种扩大了的理性概念，这一概念应当把休谟和康德的分析所分割开来的概念加以复合并包括在内，这个哲学体系的中心乃是建立一套新的逻辑，旨在使新的认识方法系统化。他把这种逻辑称为辩证法。他认为，辩证法有优越性在于具有能够阐明事实范畴与价值范畴之间的必然逻辑关系的能力"[2]。国内学者张桂琳教授指出，

---

〔1〕〔德〕恩格斯：《路德维希·费尔巴哈和德国古典哲学的终结》，载《马克思恩格斯文集》（第4卷），人民出版社2009年版，第270页。

〔2〕〔美〕乔治·霍兰·萨拜因：《政治学说史》（下），刘山等译，商务印书馆1986年版，第695页。

黑格尔"这一新的理性以空前的概括性、普遍性和抽象性，不仅重聚逻辑、自然和道德于一体，而且集社会、历史和传统、国家、政府与权利于一身，这就是占据 19 世纪政治哲学重要地位的新的理性主义"〔1〕。

黑格尔的权利哲学解构和终结了现当代政治哲学那种单一、静止的"理性之法"，它将各种相互混淆、僭越或分离对立的必然性论辩标准，如自然的或事实的必然，道德的或价值的必然，理性的或逻辑的必然，历史的或传统的必然，以及实用或幸福的功利主义必然，扬弃、激活并内在地结合与统一起来，承认并尊重它们各自的真理性意义及其适用范围，保持对于政治世界认知的历史的和批判的开放性，适应了现代世界多元化、开放化和全球化的时代发展特征，推动自由和理性的现代政治文明永恒发展与进步。

---

〔1〕 张桂琳："理性与传统：谁是权利的基础？——伯克政治哲学解读"，载《政治学研究》2002 年第 2 期。

第四章
从黑格尔观念的辩证法权理论到
马克思实践的经济—阶级辩证法

第一节　马克思对黑格尔观念辩证法本质及其存在问题的剖析

在论及与黑格尔辩证法的关系时，马克思自己在《资本论》第一卷第二版跋中的确说过诸如"截然相反""倒立的""倒过来"[1]等颇为含糊的话语。学界据此主要集中于对"颠倒"或"转向"过程及性质本身，作出了各种推测性的解释和说明，如：从唯心辩证法到唯物辩证法[2]，从思辨辩证法到实践辩证法[3]，从实践唯心主义到实践唯物主义[4]，从精神现象学到人学现象学[5]，从思辨思维方式到实践思维方式[6]，从思辨正义到实践正义[7]，

---

[1]　马克思在《资本论》第一卷第二版跋中说道："我的辩证方法，从根本上来说，不仅和黑格尔的辩证方法不同，而且和它截然相反"，"辩证法在黑格尔手中神秘化了，但这决没有妨碍他第一个全面地有意识地叙述了辩证法的一般运动形式。在他那里，辩证法是倒立着的。必须把它倒过来，以便发现神秘外壳中的合理内核"。转引自《马克思恩格斯文集》（第 5 卷），人民出版社 2009 年版，第 22 页。

[2]　岳家斌："从唯心辩证法到唯物辩证法——解读马克思《对黑格尔辩证法和整个哲学的批判》，载《社科纵横》2012 年第 12 期；孙利天："马克思唯物史观对黑格尔辩证法的颠倒"，载《马克思主义与现实》2008 年第 2 期；张学鹏："超越'颠倒'：重思马克思辩证法的性质"，载《广东社会科学》2017 年第 4 期。

[3]　石阔："从思辨辩证法到实践辩证法——论马克思对黑格尔辩证法的颠倒"，吉林大学 2009 年博士学位论文。

[4]　艾福成、白刚："从实践唯心主义到实践唯物主义——解读《马克思对黑格尔的辩证法和整个哲学的批判》"，载《社会科学战线》2003 年第 1 期；李永杰："从实践唯心主义到实践唯物主义——马克思从主体维度对其新哲学的建构"，载《中共福建省委党校学报》2007 年第 7 期。

[5]　张一兵："从精神现象学到人学现象学"，载《社会科学研究》1999 年第 2 期。

[6]　袁远："从思辨思维方式到实践思维方式　辩证法理论的伟大变革"，载《黑龙江社会科学》2006 年第 6 期；焦玉玲、姜建成："对马克思主义实践哲学的多维阐释与理解——在对立中整合与超越"，载《求索》2012 年第 9 期。

[7]　吴建华、许祥云："从思辨正义到实践正义：马克思主义正义观的飞跃"，载《江海学刊》2010 年第 1 期。

从理性的颠倒到实践的颠倒〔1〕，从概念思辨到资本批判〔2〕，从抽象劳动到生产劳动〔3〕，从解释世界到改变世界〔4〕，由逻辑向现实的颠倒〔5〕，等等。前述这些对马克思和黑格尔辩证法的外部关系或转向过程本身性质的描述和解释，大多绕过了黑格尔辩证法为什么是"倒立的"这个问题，亦即黑格尔辩证法本身本质的问题。在马克思那里，黑格尔辩证法"是倒立的"以及"把它倒过来"是两个不同的问题。学界关于"颠倒了什么"或"什么被颠倒了"以及"怎样颠倒"和"颠倒的完成"等诸多分析解释，包括一些反对传统"颠倒论"的阿尔都塞主义者〔6〕主张马克思和黑格尔"不是喝同一口井里的水"〔7〕，都没有具体解释黑格尔辩证法本身的本质问题或者它在马克思眼里为什么是"倒立的"问题，而"倒立"问题的秘密恰恰就在黑格尔辩证法的本质问题之中。有的研究者〔8〕误把马克思所说的"截然相反"，理解成与黑格尔辩证法的对立或敌对关系，造成对黑格尔辩证法认识的一些误解和偏见，把马克思对黑格尔辩证法的批判走得过远，加深了二人之间的隔阂。黑格尔的辩证法到底是怎么回事，是他个人主观设计或臆造的纯粹方法论工具吗？它为什么是"倒立的"？这些问题在马克思看来，不应仅从辩证法表面的外在形式来理解，而是必须深入剖析黑格尔辩证法本身本质的问题。马克

---

〔1〕 高家方："马克思对黑格尔理性真理观的实践颠倒"，载《江汉论坛》2008 年第 12 期。

〔2〕 胡刘："从'概念思辨'到'资本批判'——论马克思主义辩证法对传统辩证法的改造及其实质"，载《哲学研究》2011 年第 2 期；郑小霞："从抽象理性批判到资本批判——马克思对黑格尔现代性诊断的批判与超越"，载《安徽大学学报（哲学社会科学版）》2010 年第 1 期。

〔3〕 李卫红："论马克思对黑格尔辩证法批判的实质"，载《理论月刊》2002 年第 4 期。

〔4〕 李慧娟："从解释世界到改变世界——马克思对黑格尔哲学的'颠倒'"，载《东北师大学报》2006 年第 3 期；李兵："从解释世界到改变世界——对马克思'颠倒'黑格尔辩证法的再阐释"，载《学术探索》2009 年第 2 期。

〔5〕 孙旭武："现实与逻辑——论马克思对黑格尔辩证法的颠倒"，载《山西师大学报（社会科学版）》2011 年第 2 期。

〔6〕 孙亮："重新理解马克思对黑格尔'颠倒'的三重意蕴——以阿尔都塞的勘定及其当代延展为视角"，载《哲学研究》2016 年第 6 期；郑忆石："'颠倒'还是'根本改造'？——阿尔都塞对马克思和黑格尔辩证法关系的解读"，载《扬州大学学报（人文社会科学版）》2005 年第 6 期。

〔7〕 注释：阿尔都塞在《保卫马克思》中力图消除马克思思想中的黑格尔影子，极力证明马克思科学的历史唯物主义世界观与黑格尔完全无关，认为二人喝的根本就不是同一口井里的水。这种比喻代表着排斥马克思思想的黑格尔渊源的基本观点和立场。

〔8〕 冯景源："马克思与黑格尔辩证法的根本对立"，载《探索与争鸣》2008 年第 9 期；陈建业、郑时鉴："两种对立世界观的辩证法——马克思对黑格尔辩证法的颠倒"，载《佳木斯大学社会科学学报》2013 年第 4 期。

思在《1844 年经济学哲学手稿》中批评当代德国神学家们的神学批判不过是"黑格尔的超验性被歪曲为神学漫画的顶点和结果"[1]，他们永远无法克服和超越黑格尔，根本原因就在于他们总是盯住黑格尔辩证法或逻辑学的表面形式。"对于我们如何对待黑格尔的辩证法这一表面上看来是形式的问题，而实际上是本质的问题，则完全缺乏认识。"[2]马克思认为要真正达到对黑格尔辩证法哲学的批判和克服，不是用另一种新概念、新本质或新术语去代替它，而是必须首先深入考察和理解黑格尔辩证法本身本质的问题，其次才能真正实现对它的"颠倒"，即怎样实现其为物质的和感性的客观现实。

一、黑格尔辩证法的形式本质：人和自然界及社会存在人思想真理的"生产"

马克思认为黑格尔辩证法形式上的本质问题，"必须从黑格尔的《现象学》即从黑格尔哲学的真正诞生地和秘密开始"[3]。为什么说黑格尔辩证法哲学的诞生地和秘密在于《精神现象学》？原因在于：一方面它第一次真正澄清了一切哲学概念诞生的根源在于哲学精神的抽象思维，真正开启了对哲学精神自身的认识；另一方面真正将辩证法、哲学精神看作是人自身真正的本质性存在，告别了过去特别是古典时代从自然界或神秘宗教，来认识和解释理性或逻各斯[4]。在马克思看来，黑格尔的辩证法及其哲学首先在形式上表现为：哲学精神在于它自身内部自我展开、自我认识、自我实现的全过程。"黑格尔《哲学全书》以逻辑学，以纯粹的思辨的思想开始，以绝对知识，以自我意识的、理解自身的哲学或绝对的即超人的抽象精神结束，整整一部《哲学全书》不过是哲学精神的展开的本质，是哲学精神的自我对象化；而哲学

---

[1]　[德] 马克思：《1844 年经济学哲学手稿》，载《马克思恩格斯文集》（第 1 卷），人民出版社 2009 年版，第 113 页。

[2]　[德] 马克思：《1844 年经济学哲学手稿》，载《马克思恩格斯文集》（第 1 卷），人民出版社 2009 年版，第 197 页。

[3]　[德] 马克思：《1844 年经济学哲学手稿》，载《马克思恩格斯文集》（第 1 卷），人民出版社 2009 年版，第 201 页。

[4]　古希腊哲学家把辩证法看作是直接源于自然界的，或者看作是宇宙间的神秘物质。黑格尔破除了古希腊哲学家对辩证法玄奥的神秘认识，认为辩证法就是哲学精神即宇宙真理或世界本质的自我展开、自我认识和自我实现的永恒过程，而且必须通过人的意识和自我意识活动，才得以认识、达到和实现。

精神不过是在它的自我异化内部通过思维方式即通过抽象方式来理解自身的、异化的世界精神。"〔1〕这表明黑格尔辩证法的形式本质从内容的本质形态来说，它是宇宙真理、世界本质，从其形式的根本性质来说，它是一种抽象思维，它本身蕴含着一个永恒运动的过程，即哲学精神自我对象化或异化—扬弃异化—复归自身。很多人也因此抓住黑格尔辩证法的抽象表现形式，把它视为纯粹神学范围内的逻辑运动，或远离现实和历史的飘渺幻影。

在马克思看来，黑格尔的辩证法并非完全与人、自然和社会历史莫不相干的纯粹神学推理或概念运动，它实际上是关于人和自然界以及社会历史的"思辨的、思想的价值"，亦即"精神的货币"或"思想本质"的"生产"过程："逻辑学是精神的货币，是人和自然界的思辨的、思想的价值——人和自然界的同一切现实的规定性毫不相干地生成的因而是非现实的本质，——是外化的因而是从自然界和现实的人抽象出来的思维，即抽象思维。"〔2〕也就是说，黑格尔的辩证法实质上是对渗透或隐藏于世界万物中的理性精神的抽象描述与本质解释，亦即对整个现实世界的本质的抽象思维。黑格尔的辩证法正是以逻辑学这个"精神货币"或抽象思维通行于人和自然界及社会历史中的一切存在和对象，目的是获得关于人类社会和自然界一切存在物的本质知识。马克思因此说黑格尔那里"全部外化历史和外化的全部消除，不过是抽象的、绝对的思维的生产史，即逻辑的思辨的思维的生产史"〔3〕，黑格尔那里的辩证法作为人的抽象思维活动的历史，即"生产"关于人和自然界一切存在物的思想本质或概念知识的历史，这正是人不同于自然界演化或动物进化历史的根本区别所在。

不过，马克思认为，现实的人的现实生活的历史前提，首先不是思想或精神，而是人的肉体存在，即首先是为了保证肉体存在而迈出的物质生活资料的生产劳动。"这些个人把自己和动物区别开来的第一个历史行动不在于他

---

〔1〕［德］马克思：《1844 年经济学哲学手稿》，载《马克思恩格斯文集》（第 1 卷），人民出版社 2009 年版，第 202 页。

〔2〕［德］马克思：《1844 年经济学哲学手稿》，载《马克思恩格斯文集》（第 1 卷），人民出版社 2009 年版，第 202 页。

〔3〕［德］马克思：《1844 年经济学哲学手稿》，载《马克思恩格斯文集》（第 1 卷），人民出版社 2009 年版，第 203 页。

们有思想,而在于他们开始生产自己的生活资料。"〔1〕"全部人类历史的第一个前提无疑是有生命的个人的存在,因此,第一个需要确认的事实就是这些个人的肉体组织以及由此产生的个人对其他自然的关系","我们首先应当确定一切人类生存的第一个前提,也就是一切历史的第一个前提,这个前提是:人们为了能够创造历史,必须能够生活(黑格尔)。因此,第一个历史活动就是生产满足这些需要的资料,即生产物质生活本身……是一切历史的基本条件。"〔2〕这是现实的人的现实的历史,人正是在迈出由自身肉体组织所决定的物质生产活动过程中形成自身与自然的关系,以及与他人相互交往和联系所结成的各种社会关系,创造出丰富多彩的现实世界。黑格尔辩证法作为"对人的自我产生的行动或自我对象化的行动的形式和抽象的理解"〔3〕,是"脱离现实精神和现实自然界的抽象形式、思维形式、逻辑范畴"〔4〕,给现实的人的对象化活动以及现实的自然界和社会存在蒙上了一层"神秘面纱",无法让人直接了解现实的人的感性的生存状况、物质生产劳动状况以及现实世界中各种现存的关系、制度、冲突、斗争与苦难。

二、黑格尔辩证法的历史和现实本质:"真正的人"的生成过程和生命表现

黑格尔辩证法在形式上表现为宇宙真理或哲学精神自身的自我展开、自我实现,亦即关于现实的人和现实的自然界的思想本质的"生产"。然而问题是这种"生产"是何以可能的和现实的,上帝、真理或概念何以可能自我运动?这些问题不可能再依据黑格尔辩证法表面的纯粹形式来获得解释和回答。马克思看到了黑格尔辩证法的现实性生命力量在于人自身永恒运动的精神本质:"只有精神才是人的真正的本质,而精神的真正的形式则是思维着的精

---

〔1〕 〔德〕马克思、恩格斯:《德意志意识形态》,载《马克思恩格斯文集》(第1卷),人民出版社2009年版,第519页脚注①。

〔2〕 〔德〕马克思、恩格斯:《德意志意识形态》,载《马克思恩格斯文集》(第1卷),人民出版社2009年版,第531页。

〔3〕 〔德〕马克思:《1844年经济学哲学手稿》,载《马克思恩格斯文集》(第1卷),人民出版社2009年版,第218页。

〔4〕 〔德〕马克思:《1844年经济学哲学手稿》,载《马克思恩格斯文集》(第1卷),人民出版社2009年版,第218页。

神，逻辑的、思辨的精神"[1]，辩证法的现实主体因此必然只能是不断地意识和自我意识着的人，真理、上帝和自由必须借助现实的人的意识和行动来获得认识和实现。马克思认为黑格尔的辩证法是关于人的自由和理性本质的全面实现和整体性获得，即人的生成和形成的历史，并非是费尔巴哈等人说的属于宗教或神学的设定—否定—肯定的神秘运动。"在黑格尔看来，自我产生、自我对象化的运动，作为自我外化和自我异化的运动，是绝对的因而也是最后的、以自身为目的的、安于自身的、达到自己本质的人的生命表现。因此，这个运动在其抽象形式上，作为辩证法，被看成真正人的生命；而因为它毕竟是人的生命抽象、异化，所以它被看成神性的过程，然而是人的神性的过程，——人的与自身有区别的、抽象的、纯粹的、绝对的本质本身所经历的过程。"[2]黑格尔将辩证法看成是人自己的生命表现和活动，看作是人自己的产生和生成过程，体现和反映了人的自由意志和理性本质成长、发展和成熟的历史，是人达到对自身的自由和理性本质的自我认识、自我规定和自我创造，因而是人的本质的形成历史。这是黑格尔的天才发现：辩证法并不是外在于人的，它恰恰就是人自己创造自己的生活世界的历史。

黑格尔辩证法作为人的自由和理性本质获得实现和解放的"神性过程"，表现为思想、观念、意识或绝对知识的生产活动。但是马克思指出，事实上，"人直接地是自然存在物……说人是肉体的，有自然力的、有生命的、现实的、感性的、对象性的存在物，就等于说，人有现实的、感性的对象作为自己本质的即自己生命表现的对象；或者说，人只有凭借现实的、感性的对象才能表现自己的生命"[3]。这就意味着人的神性本质或思维力量的实现过程，必然是与人们的肉体存在、物质生产活动或物质交往交织在一起的，人的神性本质的实现必须以其生命需要的生活资料的感性获得与保障为现实基础。正如马克思所说："思想、观念、意识的生产最初是直接与人们的物质活动，与人们的物质交往，与现实生活的语言交织在一起的。人们的想象、思维、

---

〔1〕［德］马克思：《1844年经济学哲学手稿》，载《马克思恩格斯文集》（第1卷），人民出版社2009年版，第204页。

〔2〕［德］马克思：《1844年经济学哲学手稿》，载《马克思恩格斯文集》（第1卷），人民出版社2009年版，第217页。

〔3〕［德］马克思：《1844年经济学哲学手稿》，载《马克思恩格斯文集》（第1卷），人民出版社2009年版，第209~210页。

精神交往在这里还是人们物质行动的直接产物。"[1]。也就是说，"每个个人和每一代所遇到的现成的东西：生产力、资金和社会交往形式的总和，是哲学家们想象为'实体'和'人的本质'的东西的现实基础"[2]"当人们还不能使自己的吃喝住穿在质和量方面得到充分保证的时候，人们就根本不能获得解放。'解放'是一种历史活动，不是思想活动，'解放'是由历史的关系，是由工业状况、商业状况、农业状况、交往状况促成的……"[3]实际上，马克思和黑格尔都反对将思维与存在、认识与实践或理论与现实分离开来，只不过黑格尔是在哲学解释上实现二者统一，马克思则要求在现实世界中达到感性的统一。

三、黑格尔辩证法视域中的"异化"和"对立"：对现实异化和对立的思想认识

根据马克思对黑格尔辩证法的理解，我们可以看到黑格尔的"异化"有两层相互联系的含义：一是"哲学精神"或"纯粹思辨思想"为了确证或证明自身的现实性和客观性，必然要自我对象化或自我外化，目的是为了达到与自身相一致的"绝对知识"，因而关于人和自然界及社会历史的一切存在本质上都是哲学精神自身的"异化"或"现实化"；二是哲学精神或世界真理作为人自身自由和理性的神性本质，必须依靠人的意识或自我意识活动来实现与达到，外在世界的一切存在和现象作为人的自我意识的外化，形成一种不同于人的神性本质的异化了的存在或异化的世界，即与思想本质或抽象思维本身的对立。马克思说道："当他把财富、国家权力等看成同人的本质相异化的本质时……它们是思想本质，因而只是纯粹的即抽象的哲学思维的异化。"[4]也就是说黑格尔辩证法哲学中的"异化"主要是一种思想或意识的存在形态，表现为概念进展的若干不同阶段与特殊环节，或人的自由意志和

〔1〕〔德〕马克思、恩格斯：《德意志意识形态》，载《马克思恩格斯文集》（第1卷），人民出版社2009年版，第524页。

〔2〕〔德〕马克思、恩格斯：《德意志意识形态》，载《马克思恩格斯文集》（第1卷），人民出版社2009年版，第545页。

〔3〕〔德〕马克思、恩格斯：《德意志意识形态》，载《马克思恩格斯文集》（第1卷），人民出版社2009年版，第527页。

〔4〕〔德〕马克思：《1844年经济学哲学手稿》，载《马克思恩格斯文集》（第1卷），人民出版社2009年版，第203页。

理性精神本质全面实现的不同阶段与客观形态，却非异化了的现实世界中直接的和经验的感性存在。

同样，黑格尔那里的"对立"也主要表现为"自在和自为之间、意识和自我意识之间、客体和主体之间的对立，也就是抽象的思维同感性的现实或现实的感性在思想本身范围内的对立"〔1〕，这是对事物本质与感性现实之间分离对立的思想认识，整个世界其他一切世俗对立及其运动，都被黑格尔看作是这些唯一有意义的对立的"外观、外壳、公开形式"，诸多现实对立的实质或含义都可以根据这些唯一有意义的对立来得到解释和说明，都被归结为这种哲学本质意义上的对立。马克思指明："在这里，不是人的本质以非人的方式在同自身的对立中的对象化，而是人的本质以不同于抽象思维的方式在同抽象思维的对立中的对象化，被异化的、被设定的和应该扬弃的本质。"〔2〕也就是说，现实的非人的存在方式以及现实世界中的诸多世俗对立，在黑格尔那里，作为人的自由意志本质的异化或外在实现，只是哲学精神或人自身理性本质发展的一个特定阶段或环节，或者说是自我意识发展的一个特定阶段或环节，因而必然被扬弃或否定而进入更高更全面的下一个发展阶段或认识环节。黑格尔辩证法中的"异化"或"对立"作为对现实世界中各种冲突和斗争的思想认识与哲学解释，并不直接就是现实生活中感性的真实对立本身，不是现实自然界或现存社会与人自身生存发展的真实对立，不是现实的人与人之间的真实对立，不是现实的非人的存在方式与人自身现实的和物质的生存生活的对立本身。然而，黑格尔叛逆的门徒们没有完全认识到黑格尔辩证法本质的问题，错误地把他对现实世界诸多世俗对立、冲突和斗争的思想认识或哲学解释，看成直接就是现存世界的真正对立和斗争，认为他们"产生、规定和支配人们的现实生活、他们的物质世界、他们的现实关系"，因而"相信他们的批判的思想活动一定会使现存的东西灭亡"〔3〕，他们将观念、思想、概念等意识的东西看成"人们的真正枷锁"或"人类社会的真正

---

〔1〕 [德] 马克思：《1844 年经济学哲学手稿》，载《马克思恩格斯文集》（第 1 卷），人民出版社 2009 年版，第 203 页。

〔2〕 [德] 马克思：《1844 年经济学哲学手稿》，载《马克思恩格斯文集》（第 1 卷），人民出版社 2009 年版，第 203 页。

〔3〕 [德] 马克思、恩格斯：《德意志意识形态》，载《马克思恩格斯文集》（第 1 卷），人民出版社 2009 年版，第 510~511 页脚注。

镣铐"，所以认为"只要同意识的这些幻想进行斗争就行了"〔1〕。可见，是黑格尔的门徒而不是黑格尔以观念或意识冒充现实世界，把哲学的批判当作对现实的批判和斗争，他们把黑格尔的辩证法及其哲学推向更加疏远和倒退的境地。马克思因此批评德国的意识形态家们如果只是"把'人'从词句的统治下——而人从来没有受过这些词句的奴役——解放出来，那么'人'的'解放'并没有前进一步"，他们应该想到和提出"德国哲学和德国现实之间的联系问题，关于他们所作的批判和他们自身的物质环境之间的联系问题"〔2〕。

四、黑格尔辩证法的"克服"与"占有"：在意识或纯思维中的实现

黑格尔的辩证法作为哲学的抽象思维过程，作为抽象的人的生命表现，实际上是人对自身及异化了的现实世界的意识和自我意识活动过程，即人不断朝向自身自由和理性本质的自我认识、自我规定的历史过程，这个运动过程同时也是人不断扬弃或克服自身对象性本质即"物性"，复归自身自由的自我意识本质，获得关于自身及事物的本质知识，而不是直接占有或获得感性对象本身。马克思指出：在黑格尔那里，意识的对象之所以必须被克服或扬弃，是因为"对象性本身被认为是人的异化了的、同人的本质即自我意识不相适应的关系"，因为"人被看成非对象性的、唯灵论的存在物"。〔3〕黑格尔这里对"物性"或人的对象性本质的扬弃，其深刻的肯定性积极意义在于，强调人作为非对象性的"唯灵论"存在物或"神性"的存在，不能被自身本质外化所创造的对象物或现象世界所支配和控制，亦即：物或自然界不可能成为决定人自身的质。马克思对此无疑是肯定的，他对异化的资本主义世界的批判，无疑受到了黑格尔的启示。但是，马克思不满意黑格尔只是在自我意识活动中达到对异化的对象的克服和占有："对于人的已成为对象而且是异己对象的本质力量的占有，首先不过是那种在意识中、在纯思维中即在抽象

〔1〕［德］马克思、恩格斯：《德意志意识形态》，载《马克思恩格斯文集》（第1卷），人民出版社2009年版，第515页。
〔2〕［德］马克思、恩格斯：《德意志意识形态》，载《马克思恩格斯文集》（第1卷），人民出版社2009年版，第526~527页。
〔3〕［德］马克思：《1844年经济学哲学手稿》，载《马克思恩格斯文集》（第1卷），人民出版社2009年版，第206页。

中实现的占有，是对这些作为思想和思想运动的对象的占有"〔1〕；"对异化了的对象性本质的全部重新占有，都表现为把这种本质合并于自我意识；掌握了自己本质的人，仅仅是掌握了对象性本质的自我意识。因此，对象向自我的复归就是对对象的重新占有。"〔2〕也就是说，黑格尔关注的始终是人的自由本质的不可丧失，他的辩证法使命在于：教人要不断"认识你自己"以及身处的现实世界中诸多存在和现象的思想本质，人在与自然、他人、社会打交道过程中不断证明或证实自己是精神的"唯灵论"存在物，即以追求和实现真理、上帝和自由为使命，而非纯粹为了肉体存在而劳作的自然存在物。

然而，现实世界中大多数完全没有财产的人，他们丧失了保持生命需要的物质生活资料，"许许多多仅仅依靠自己劳动为生的人，连有限满足自己的需要的可能性都被剥夺"，"在他们那里已经失去了任何自主活动的假象，而且只能用摧残生命的方式来维持他们的生命……"〔3〕这些人正是被沦为黑格尔所说的"物性"或对象性的"自然存在物"，而非"唯灵论"的"神性"存在。在马克思看来，这些除了拥有自己的劳动力之外一无所有的人，只有首先感性的和客观的占有并获得自己肉体生存所需要的"私有财产"即吃喝住穿等物质生活资料，然后才能作为真正的人存在。"这种物质的、直接感性的私有财产，是异化了的人的生命的物质的、感性的表现。私有财产的运动——生产和消费——是迄今为止全部生产的运动的感性展现，就是人的实现或人的现实。"〔4〕黑格尔尽管在马克思之前就主张"人唯有在所有权中才是作为理性而存在。直到个人拥有其生命、身体及财物的所有权，他才能作为理性物存在"〔5〕。但是黑格尔重点在于强调个人所有权合乎理性的概念本质，而非关注现实的人对物质生活资料的感性占有和获得。马克思认为，人的自由

---

〔1〕［德］马克思：《1844 年经济学哲学手稿》，载《马克思恩格斯文集》（第 1 卷），人民出版社 2009 年版，第 203~204 页。

〔2〕［德］马克思：《1844 年经济学哲学手稿》，载《马克思恩格斯文集》（第 1 卷），人民出版社 2009 年版，第 207 页。

〔3〕［德］马克思、恩格斯：《德意志意识形态》，载《马克思恩格斯文集》（第 1 卷），人民出版社 2009 年版，第 580 页。

〔4〕［德］马克思：《1844 年经济学哲学手稿》，载《马克思恩格斯文集》（第 1 卷），人民出版社 2009 年版，第 186 页。

〔5〕Hegel, *Elements of the Philosophy of Right*, Allen W. Wood（ed），Translated By H. B. Nisbe（剑桥政治思想史原著系列影印本），中国政法大学出版社 2003 年版，第 73 页。

本质的真正实现和占有，必须在现实上达到："各个人必须占有现有的生产力总和，这不仅是为了实现他们的自主活动，而且从根本上说也是为了保证自己的生存……对这些力量的占有本身不外是同物质生产工具相适应的个人才能的发挥。对生产工具一定总和的占有，也就是个人本身的才能的一定总和的发挥……自主活动就是对生产力总和的占有以及由此而来的才能总和的发挥。"〔1〕物质生活与自主劳动的统一，才是人的本质的真正实现与全面获得，"富有的人和人的丰富的需要代替了国民经济学上的富有和贫困。富有的人同时就是需要有人的生命表现的完整性的人"〔2〕。

五、黑格尔辩证法的"扬弃"本质：现实事物、行动和关系的思想扬弃

黑格尔认为人是不同于自身对象性本质的唯灵论存在或自我意识的精神存在，因而必然扬弃它自身的外化和对象性，重新回到自我意识的自由本质之中，使人不至于堕入物性的对象化世界之中，这点是值得肯定的。黑格尔的辩证法以抽象思维的方式来理解和照看整个异化的现实世界，它认为现实生活中与真正的知识或事物本质相对立的一切虚假、错误、欺骗、幻想等，都是理性自身的狡计，即人的自由和理性本质外化的对象性活动所为，因而提出"在自己的异在本身中就是在自身"〔3〕。马克思认为黑格尔哲学的这种思辨性，用更一般的形式来表达就是："理性在作为非理性的非理性中就是在自身。一个认识到自己在法、政治等中过着外化生活的人，就是在这种外化生活本身中过着自己的真正的人的生活。因此，与自身相矛盾的，既与知识又与对象的本质相矛盾的自我肯定、自我确证，是真正的知识和真正的生活。"〔4〕在黑格尔看来，整个人类历史的责任在于"精神""自由"和"理性"，人类历史发展过程中的虚假、错误、丑恶、谎言和欺骗等非理性存在与

〔1〕［德］马克思、恩格斯：《德意志意识形态》，载《马克思恩格斯文集》（第1卷），人民出版社2009年版，第581页。
〔2〕［德］马克思：《1844年经济学哲学手稿》，载《马克思恩格斯文集》（第1卷），人民出版社2009年版，第194页。
〔3〕［德］马克思：《1844年经济学哲学手稿》，载《马克思恩格斯文集》（第1卷），人民出版社2009年版，第213页。
〔4〕［德］马克思：《1844年经济学哲学手稿》，载《马克思恩格斯文集》（第1卷），人民出版社2009年版，第214页。

活动，不是由无目的的物或自然界造成的，而是由人对自身的"精神"即自由和理性本质的自我意识和自我实现不足造成的。同时，黑格尔的辩证法并非主张脱离和抛弃现实世界，而是教人要以追求真理和理性的精神与勇气，不断认识自己以及身处的世界的本质，以哲学的理性思维沉思、批判和怀疑现有的和已经发生的一切存在，不断扬弃不合理性或事物本质的"知识"及"存在"。

黑格尔的"扬弃"或"否定"并非像有的理论家所批评指责的那样，说他不要物质对象或自然界，以及法、道德、国家、财富以及家庭和市民社会等现实的存在方式或生活方式，相反黑格尔是要扬弃它们各自特殊的、有限的和片面的真理性，把它们统统纳入人的本质力量的全部实现和整体性获得过程之中。马克思对黑格尔辩证法"自身否定"表示积极肯定："黑格尔理解到——尽管又是通过异化的方式——有关自身否定具有的积极意义，所以同时也把人的自我异化、人的本质的外化、人的非对象化和非现实化理解为自我获得、本质的表现、对象化、现实化。"[1]"扬弃是把外化收回到自身的、对象性的运动。"[2]黑格尔辩证法的"扬弃"或"自我否定"，实际上是主张人要认识自己，实现和成就自己，并获得和占有自己，就必须积极地进行对象化实践活动，但是又不能为自己所创造的对象化世界所俘掳和控制，成为物性的人，相反必须克服和扬弃自身的物性本质，回归到自由的神性本质，对象化活动是手段，人自身本质力量的发展与获得才是目的。

但是，黑格尔辩证法那种思想意识上的批判和扬弃，在现实中并没有触动或真正消除那些不合理的现实事物和存在本身："这种思想上的扬弃，在现实中没有触动自己的对象，却以为实际上克服了自己的对象……黑格尔在哲学中扬弃的存在，并不是现实的宗教、国家、自然界，而是已经成为知识的对象的宗教本身，即教义学，法学、国家学，自然科学也是如此。"[3]也就是说，黑格尔的辩证法作为人对自身自由本质的自我意识的历史，并不等于现

〔1〕［德］马克思：《1844年经济学哲学手稿》，载《马克思恩格斯文集》（第1卷），人民出版社2009年版，第217页。

〔2〕［德］马克思：《1844年经济学哲学手稿》，载《马克思恩格斯文集》（第1卷），人民出版社2009年版，第216页。

〔3〕［德］马克思：《1844年经济学哲学手稿》，载《马克思恩格斯文集》（第1卷），人民出版社2009年版，第216页。

实的人的自由的真正实现，对于不合乎人的自由和理性本质的事物、行动和关系的思想扬弃，并不等于物质的和感性的实际消除。这就决定了马克思未来的理论任务和历史使命在于：内在的或自我意识的自由，何以能与经验的、实证的和感性的自由相一致和统一？人如何真正现实地和感性地达到和占有自己做人的本质？现实世界中诸多不合理的世俗对立及事物何以能够真正消除？在马克思看来，与人的本质不相适合的现实异化的实际消除，"只有在具备了两个实际前提之后才会消灭"，即"生产力的普遍发展和与此相联系的世界交往"[1]。"意识的一切形式和产物不是可以通过精神的批判来消灭的，不是可以通过把它们消融在'自我意识'中或化为怪影、幽灵、怪想等来消灭的，而只有通过实际推翻……现实的社会关系，才能把它们消灭……"[2] "批判的武器当然不能代替武器的批判，物质力量只能用物质力量来摧毁"[3]。因此，千百万无产者"为了实现自己的个性，就应当消灭他们迄今面临的生存条件，消灭这个同时也是整个迄今为止的社会的生存条件，即消灭（异化）劳动"[4]。

六、黑格尔辩证法的"劳动"本质：批判性和否定性的抽象思维活动

马克思认为黑格尔哲学的卓越和伟大之处在于辩证法："黑格尔的《现象学》及其最后成果——辩证法，作为推动原则和创造原则的否定性——的伟大之处首先在于，黑格尔把人的自我产生看作一个过程，把对象化看作非对象化，看作外化和这种外化的扬弃；可见，他抓住了劳动的本质，把对象性的人、现实的因而是真正的人理解为人自己的劳动的结果。人同作为存在物的自身发生现实的、能动的关系，或者说，人作为现实的类存在物即作为人

---

〔1〕［德］马克思、恩格斯：《德意志意识形态》，载《马克思恩格斯文集》（第1卷），人民出版社2009年版，第538，539页。

〔2〕［德］马克思、恩格斯：《德意志意识形态》，载《马克思恩格斯文集》（第1卷），人民出版社2009年版，第544页。

〔3〕［德］马克思：《〈黑格尔法哲学批判〉导言》，载《马克思恩格斯文集》（第1卷），人民出版社2009年版，第11页。

〔4〕［德］马克思、恩格斯：《德意志意识形态》，载《马克思恩格斯文集》（第1卷），人民出版社2009年版，第573页。

的存在的实现……这首先又只有通过异化的形式才有可能。"〔1〕马克思这里对黑格尔辩证法的肯定和赞扬，离不开一个重要的基本概念——劳动。首先，黑格尔的辩证法本身作为一种追寻真理、上帝和自由的卓越劳动，即人对自身及自然界和社会历史一切事物和存在的思想本质或理性真理的抽象思维活动，这是一种从不停息和满足于任何一种特殊事物、需求、利益及存在方式上的艰苦劳作。它的伟大意义在于：真正首次赋予劳动以人的神圣尊严和普遍平等的主体地位。过去的无论哲学领域还是现实社会实际上都或多或少鄙视劳动，认为劳动是一种奴隶或下等人从事的低级活动，或仅仅是保持肉体存在、物质需要的生物劳动。其次，黑格尔的"劳动"作为对整个宇宙世界的抽象思维活动，实际上正是构成了辩证法保持永恒生命活力的伟大原则——"推动原则和创造原则"，亦即批判性和否定性的自我意识活动。辩证法的重要原则或本质特征——否定性，正是源于人自身不断意识和自我意识的劳动本性，即人不断要求全面实现和获得自己的自由意志和理性本质。黑格尔这种意识的或精神的劳动看似是神秘的和隐蔽的，并常常遭到许多批评，实际上这种劳动并不排斥而且离不开人们现实的和实践的对象化活动，即不断创造和改造世界的现实活动，只不过被黑格尔辩证法那种意识和自我意识活动不断否定、消融和遮蔽了。

马克思看到了黑格尔的辩证法尽管表面形式上表现为人的自由和理性本质发展和成熟的历史，表现为人的意识和自我意识活动，但它实际上是真正的人的生成的历史，即由人自己的劳动所创造的历史。马克思发现，黑格尔那里以异化形式出现的劳动，即意识和自我意识的抽象思维活动，实际上必须通过现实的人的具体对象化劳动来确证和表现，这在感性现实性上，不仅仅是个人与自然之间物质代谢、满足肉体生存的物质生产劳动，而且更重要的是生产劳动使个体超出了自身孤立的单一存在，与他人共同活动形成了相互联系和交往的普遍性制度与关系，使得物质资料以及个人能力都成为生产性的（productive），即不断增长和完善的，同时将人与自然界、他人以及社会联系和统一起来。马克思将把这种被黑格尔的意识活动所遮蔽和掩盖了的感性劳动拯救出来，作为其新世界观的现实基础。"历史向世界历史的转变，不

---

〔1〕 ［德］马克思：《1844 年经济学哲学手稿》，载《马克思恩格斯文集》（第 1 卷），人民出版社 2009 年版，第 205 页。

是'自我意识'、世界精神或者某个形而上学幽灵的某种纯粹的抽象行动，而是完全物质的、可以通过经验证明的行动，每一个过着实际生活的、需要吃喝住穿的个人都可以证明这种行动。"[1]

马克思认为黑格尔的辩证法尽管描述和解释了人的劳动本质以及人的自我生成的历史，但那只是对劳动的积极方面的解释，他没有看到劳动的消极方面[2]，即：在资本主义生产条件下，无产者完全失去一切生活资料来源，除了自身的劳动力以外一无所有，因而不得不迫于肉体生存、获取生活资料而被迫从事摧残生命的强制性劳动，这种劳动并不是他自身自由意志或主体本质的确证，相反只是其维持肉体存在的手段，肉体存在、自然需要成了无产者劳动的唯一目的。这恰恰是与黑格尔所说的劳动的普遍性主体本质，是相反的或异化了的，可以说这是黑格尔异化劳动[3]的异化。但是，黑格尔的辩证法不能对这种异化的客观事实或经验现象做出"实证的"解释说明，他的"扬弃"也不可能真正消除这种现实的异化劳动，而只是作为思想的环节被自我意识所消除。所以马克思说"黑格尔唯一知道并承认的劳动是抽象的精神的劳动"[4]，也就是说黑格尔的辩证法劳动概念作为精神的抽象思维活动，通过不断批判和否定特殊的、偶然的、片面的意识和自我意识，旨在获得对事物本质的概念认识，完全不同于现实的资本主义生产条件下"作为肉体的主体"[5]所从事的强制性劳动，它不能具体解释为什么"人们会像逃避

---

〔1〕 ［德］马克思、恩格斯：《德意志意识形态》，载《马克思恩格斯文集》（第1卷），人民出版社2009年版，第541页。

〔2〕 马克思说黑格尔没有过看到劳动的消极方面，主要是因为黑格尔的"异化"是肯定性的，而且劳动本身就是人的自由意志或主体性本质的异化或外化，即使黑格尔看到了劳动和分工造成了对人现实生存的否定性和压迫性一面，即贫困和不平等问题，但是黑格尔只是将这看作人朝向自由和理性的一个必然性坏节。止因为如此，马克思说他没有看到劳动的消极方面。

〔3〕 黑格尔的"劳动"作为人的主体性本质的外在实现和具体化，即"异化"，是对人的主体性本质的肯定或确证。而马克思所要批判的异化劳动，则是那种与人的主体性本质相分离，而且破坏着人的主体性本质和肉体力量的一种强制性劳动，这是劳动的消极方面。

〔4〕 ［德］马克思：《1844年经济学哲学手稿》，载《马克思恩格斯文集》（第1卷），人民出版社2009年版，第205页。

〔5〕 马克思在《1844年经济学哲学手稿》中指出资本主义生产制度下的工人丧失了生活对象和生产对象，因而"他首先是作为工人，其次是作为肉体的主体，才能够生存"，"他只有作为工人才能维持自己和为肉体的主体，并且只有作为肉体的主体才能是工人"。引自《马克思恩格斯文集》（第1卷），人民出版社2009年版，第158页。

瘟疫那样逃避劳动"〔1〕，以及为什么社会大工业生产越发达、物质越富裕，工人却越贫困、无知和堕落？

马克思正是通过深入理解和剖析黑格尔辩证法本身本质的问题，使自己经受严格的抽象思维训练，为真正能够"告别"和"清算"自己过去的哲学信仰，克服和走出黑格尔乃至整个德国观念论传统，创立新的历史唯物主义理论和方法，奠定了坚实的理论基础。马克思虽然高度赞扬黑格尔首次天才地发现辩证法实质上就是人自我创造、自我生成的历史，即人自身的生命表现，但他只是将辩证法描述为人对自身自由和理性本质的自我意识活动的历史，旨在寻求关于整个世界一切存在和活动的思想本质的概念性知识或思维真理。然而，"人的思维是否具有客观的真理性，这不是一个理论的问题，而是一个实践的问题。人应该在实践中证明自己思维的真理性，即自己思维的现实性和力量，自己思维的此岸性"〔2〕。所以，马克思认为辩证法在黑格尔那里是"倒立的"，并非指责它本身是错误的，而是因为它为人们提供的只是关于现实的人和现实的世界的本质真理、概念性知识，而非人们直接现实的、物质的和感性的生存状况、劳动状况以及各种现存的社会关系和制度本身的问题。毕竟"思想本身根本不能实现什么东西。思想要得到实现，就要有使用实践力量的人"〔3〕。因此，马克思决心将黑格尔辩证法"颠倒过来"，深入考察经验的和现实的感性世界本身，通过具体的实践行动和物质力量，把黑格尔关于人和现实世界的本质真理、概念知识，变成物质的和感性的现实真理、客观事实，证明思维真理的此岸性力量。这意味着马克思的辩证法与黑格尔"截然相反"，他将转向关注人类在现存社会的生存发展以及改造现在世界的"感性行动"，辩证法的主体因而不再是黑格尔那个作为自由和理性精神本质存在的人，而是"现实的、肉体的、站在坚实的呈圆形的地球上呼出和吸入一切自然力的人"〔4〕；辩证法的内容和对象也不再是黑格尔那个"神

〔1〕〔德〕马克思：《1844年经济学哲学手稿》，载《马克思恩格斯文集》（第1卷），人民出版社2009年版，第159页。

〔2〕〔德〕马克思：《关于费尔巴哈的提纲》，载《马克思恩格斯文集》（第1卷），人民出版社2009年版，第500页。

〔3〕〔德〕马克思、恩格斯：《神圣家族》，载《马克思恩格斯文集》（第1卷），人民出版社2009年版，第320页。

〔4〕〔德〕马克思：《1844年经济学哲学手稿》，载《马克思恩格斯文集》（第1卷），人民出版社2009年版，第209页。

性"主体的意识和自我意识活动，而是由人的肉体存在迈出的物质生产活动和反抗剥削压迫的阶级斗争活动；辩证法运动的目的或结果不再像黑格尔那样不断生产"精神的货币"，即关于自然界和人类社会一切存在和现象的思想本质，而是不断生产满足人们生命需要的物质生活资料，真正达到每个个人吃喝住穿等物质需要在质和量上的保证与满足，以及在此基础上每个个人生命力量和个性才能的发展完善及自主体现和发挥，最终实现物质生活与自主劳动统一，以及日渐扩大的自由交往和联合。

第二节　马克思对黑格尔辩证法的"颠倒"和"剥离"真相
——"神秘外壳"与"合理内核"另解

关于马克思与黑格尔辩证法的关系，最常见而著名的说法如"神秘外壳""合理内核"以及"颠倒"和"剥离"这四个基本用语或隐喻。长期以来的传统观点认为："神秘外壳"就是黑格尔的唯心主义哲学体系，"合理内核"就是黑格尔的辩证法，所谓"颠倒"就是唯物主义对唯心主义的颠倒，或形式和内容的颠倒，所谓"剥离"就是剥去黑格尔的唯心主义哲学外壳。近年来部分学者提出对"颠倒"的"重思"[1]"再释"[2]或"再论"[3]，认为马克思对黑格尔辩证法不是简单的"头足倒置"或"翻转"，而是一种旨在改变世界的实践视域和社会现实转向。然而，"颠倒"和"剥离"是在什么范围内或何种地基上实现的，以及"神秘外壳"与"合理内核"到底是什么，尚

---

〔1〕崔唯航："重思'颠倒'之迷——从怪黑格尔的'颠倒'问题看辩证法本质"，载《南京大学学报（哲学·人文·社会科学版）》2011年第3期；王庆丰："重思马克思对黑格尔辩证法的'颠倒'"，载《天津社会科学》2013年第5期；曲达："重思'颠倒'问题——马克思与黑格尔辩证法探究"，载《理论探讨》2017年第2期。

〔2〕李兵："从解释世界到改变世界——对马克思'颠倒'黑格尔辩证法的再阐释"，载《学术探索》2009年第2期。

〔3〕王时中："自由无须理由——再论马克思对黑格尔哲学的'颠倒'"，载《天津社会科学》2017年第6期。

需进一步确切和充分的阐释。部分学者虽对"合理内核"提出新的探讨和解释[1]，但仍然主要是在黑格尔的哲学地基上对"合理内核"作更丰富详实的说明和论证，总体上还是肯定"合理内核"就是黑格尔的辩证法或辩证方法，"神秘外壳"就是黑格尔的唯心主义哲学形式。少数学者含蓄表示"合理内核"并不必然就是黑格尔的辩证法，马克思与黑格尔的根本联结点和分野点并不在纯粹的辩证法本身。吴晓明指出，马克思和黑格尔本质的和内在的联结点，在于社会现实的发现[2]；韩立新认为马克思从费尔巴哈转向黑格尔的真正原因，在于客观性、经济学和辩证法这三个在当时最杰出的社会认识[3]。法国马克思主义理论家阿尔都塞反对将马克思的辩证法看作是"神秘外壳"与"合理内核"的"剥离"，认为二者本身是不可分离地属于黑格尔辩证法的，"不能想象黑格尔的意识形态在黑格尔自己身上竟没有传染给辩证法的本质，同样也不可能想象黑格尔的辩证法一旦被剥去了外壳就可以奇迹般地不再是黑格尔的辩证法而变成马克思的辩证法……神秘外壳根本不是思辨哲学、'世界观'或'体系'，不是一种可被认为同方法相脱离的成分，而是本身就属于辩证法"[4]。马克思所说的"神秘外壳""合理内核"以及"颠倒"和"剥离"，尚需进一步确切阐释和论证，尤其须与马克思自己的思想语境相适应。

马克思至少在四个地方明确表述过他自己的辩证法与黑格尔辩证法的关系：一是他 1858 年致恩格斯的信："如果以后再有功夫做这类工作的话，我很愿意用两三个印张把黑格尔所发现，但同时又加以神秘化的方法中所存在的合理的东西阐述一番，使一般人都能够理解。"[5]二是他 1858 年致路德维

---

〔1〕宋超、靳凯红："黑格尔哲学的合理内核探析"，载《运城高专学报》1992 年第 3 期；宗占林："黑格尔哲学'合理内核'新论"，载《求是学刊》1994 年第 1 期；仰海峰："马克思对黑格尔哲学的五次批判——对唯物辩证法的一个'发生学'研究"，载《南京政治学院学报》1998 年第 4 期；李德学、孙利天："什么是黑格尔辩证法的'合理内核'？"，载《长春市委党校学报》2002 年第 3 期；冯景源："马克思第二个'哲学之谜'研究的意义——黑格尔辩证法'合理内核'是怎样剥出来的"，载《东南学术》2015 年第 1 期。

〔2〕吴晓明："社会现实的发现：黑格尔与马克思"，载《马克思主义与现实》2008 年第 2 期。

〔3〕韩立新："论青年马克思的黑格尔转向"，载《清华大学学报（哲学社会科学版）》2015 年第 4 期。

〔4〕[法]路易·阿尔都塞：《保卫马克思》，顾良译，商务印书馆 2010 年版，第 79~80 页。

〔5〕[德]马克思："马克思致恩格斯 1858 年"，载《马克思恩格斯文集·书信选编》（第 10 卷），人民出版社 2009 年版，第 143 页。

希·库格曼的信："我的阐述方法不是黑格尔的阐述方法，因为我是唯物主义者，而黑格尔是唯心主义者。黑格尔的辩证法是一切辩证法的基本形式，但是，只有在剥去它的神秘的形式之后才是这样，而这恰好就是我的方法的特点。"[1]三是他 1868 年至约瑟夫·狄兹根的信："一旦我卸下经济负担，我就要写《辩证法》。辩证法的真正规律在黑格尔那里已经有了，当然具有神秘的形式。必须去除这种形式……"[2]四是马克思在 1873 年《资本论》第一卷第二版跋中所说："我的辩证方法，从根本上来说，不仅和黑格尔的辩证方法不同，而且和他截然相反……辩证法在黑格尔手中神秘化了，但这绝没有妨碍他第一个全面地有意识地叙述了辩证法的一般运动形式。在他那里，辩证法是倒立着的。必须把它倒过来，以便发现神秘外壳中的合理内核。"[3]

马克思到底在什么意义上说他的方法是与黑格尔截然相反或根本不同的呢？辩证法的"基本形式""一般运动形式""真正规律"是马克思所发现的"合理内核"吗？辩证法在黑格尔那里的"神秘形式"或"神秘化"，仅仅是指黑格尔哲学的唯心主义形式而不包括他的辩证法方法吗？"合理内核"究竟指什么，到底是黑格尔的辩证法还是马克思的唯物辩证法或历史唯物主义世界观？马克思所谓"神秘外壳""合理内核"以及"倒立的""剥去"和"倒过来"等是在黑格尔辩证法自身范围内来说的吗？马克思与黑格尔的根本联结点和分离点何在？关于上述疑问，我们有必要从马克思深入剖析认识黑格尔辩证法本身的本质问题开始。

一、黑格尔辩证逻辑学的形式本质：普遍适用而有效的科学认识方法

关于黑格尔哲学的"秘密"，人们通常以为是黑格尔哲学表面的唯心主义形式所包裹着的辩证法"合理内核"，或者说是辩证法的否定性和批判性革命成分。然而，黑格尔的辩证法在德国当时的意识形杰领域内是众所周知的，包括守护黑格尔唯心主义体系的保守派，以及继承黑格尔辩证法批判性、否定性成分的革命激进派。马克思在 1873 年《资本论》第一卷第二版跋中回顾黑格尔辩证法时说道："将近 30 年前，当黑格尔辩证法还很流行的时候，我

---

[1]《马克思恩格斯文集：书信选编》（第 10 卷），人民出版社 2009 年版，第 280 页。
[2]《马克思恩格斯文集：书信选编》（第 10 卷），人民出版社 2009 年版，第 288 页。
[3]［德］马克思：《资本论》（第 1 卷第 2 版跋），载《马克思恩格斯文集》（第 5 卷），人民出版社 2009 年版，第 22 页。

就批判过黑格尔辩证法的神秘方面"，"辩证法，在其神秘形式上，成了德国的时髦东西"。〔1〕不过，马克思所说的黑格尔辩证法的神秘性，与德国神学批判家们所理解的神秘性不是一回事。马克思在 1844 年《对黑格尔辩证法及其整个哲学的批判》和 1845 年《德意志意识形态》中批评鲍威尔、施特劳斯、施蒂纳等知名的当代德国哲学家，把黑格尔的辩证法主要当作神秘宗教来批判："从施特劳斯到斯蒂纳的整个哲学批判都局限于宗教观念的批判。他们的出发点是现实的宗教和真正的神学"〔2〕，"神学的批判——尽管在运动之初曾是一个真正的进步因素——归根结底不外是旧哲学的、特别是黑格尔的超验性被歪曲为神学漫画的顶点和结果"〔3〕。

德国当时的批判家们都十分熟悉黑格尔的辩证法，一面将其作为肯定和崇拜超验性的神或上帝的宗教来批判，一面又束缚于他的逻辑学之中，将其作为"革命性"的批判工具或方法，却不理解黑格尔辩证法或逻辑学的本质。马克思提出批评："对于现代的批判同黑格尔的整个哲学，特别是同辩证法的关系问题是如此缺乏认识，以致像施特劳斯和布鲁诺·鲍威尔这样的批判家仍然受到黑格尔逻辑学的束缚：前者是完全被束缚，后者……至少是可能完全地被束缚。"〔4〕可见，黑格尔的辩证法及其纯粹的逻辑学方法，都不是他的哲学秘密，或者说黑格尔哲学的秘密并不在其辩证法或逻辑学的表面形式上。

德国的批判家们停留于黑格尔辩证法表面的神学形式上，对辩证法或逻辑学的本质完全缺乏认识。正如马克思的批评："他们完全拘泥于所批判的材料，以致对批判的方法采取完全非批判的态度，同时，对于我们如何对待黑格尔的辩证法这一表面上看来是形式的问题，而实际上是本质的问题，则完全缺乏认识"〔5〕相比鲍威尔和斯特劳斯等人非批判的批判方法，费尔巴哈对

〔1〕［德］马克思：《资本论》（第 1 卷第 2 版跋），载《马克思恩格斯文集》（第 5 卷），人民出版社 2009 年版，第 22 页。
〔2〕［德］马克思：《德意志意识形态》，载《马克思恩格斯文集》（第 1 卷），人民出版社 2009 年版，第 514 页。
〔3〕［德］马克思：《1844 年经济学哲学手稿》，载《马克思恩格斯文集》（第 1 卷），人民出版社 2009 年版，第 113 页。
〔4〕［德］马克思：《1844 年经济学哲学手稿》，载《马克思恩格斯文集》（第 1 卷），人民出版社 2009 年版，第 197~198 页。
〔5〕［德］马克思：《1844 年经济学哲学手稿》，载《马克思恩格斯文集》（第 1 卷），人民出版社 2009 年版，第 197 页。

黑格尔辩证法的批判是卓有贡献的，马克思称赞费尔巴哈"是唯一对黑格尔的辩证法采取严肃的、批判的态度的人；只有他在这个领域内作出了真正的发现，总之，他真正克服了旧哲学"〔1〕。费尔巴哈第一个发现了黑格尔辩证法中的"神"或"上帝"不过是现实的人的本质的异化，提出对黑格尔辩证法的颠倒，不再从神学出发，而应从自然的、肉体的和感性的人出发，"费尔巴哈这样解释了黑格尔的辩证法（论证了要从肯定的东西即从感觉确定的东西出发）"〔2〕。费尔巴哈窥到了黑格尔辩证法的本质问题在于他把现实的人的本质神学化了，但他最终还是将黑格尔辩证法只是看作神学范围内的否定之否定即肯定神学的逻辑，这令马克思十分遗憾："费尔巴哈把否定的否定仅仅看作哲学同自身的矛盾，看作在否定神学之后又肯定神学的哲学，即同自身相对立而肯定神学的哲学。"〔3〕马克思非常失望，现代德国的批判家们把对黑格尔辩证法哲学的批判变成了对宗教的和神学的批判，指责他们"没有一个想到要提出关于德国哲学和德国现实之间的联系问题，关于他们所作的批判和他们自身的物质环境之间的联系问题"〔4〕。

马克思为此首先将黑格尔辩证法从当代德国哲学家们的神学批判中拯救出来，说明黑格尔辩证法否定之否定的逻辑运动，并非是对那个超然凌驾于人之上、人之外的神的信仰和肯定，相反，黑格尔辩证逻辑运动中的"神"，本质上是关于人和自然界中一切事物或存在的思想本质或哲学真理的抽象思维，亦即理性精神的自我意识、自我实现活动。马克思认识到，黑格尔辩证法从其存在本质来说，它就是哲学精神、世界本质或宇宙真理，从认识论或方法论来说，它是对整个宇宙世界万事万物的理性本质或思想真理的抽象思维或哲学认识，这就是黑格尔的"逻辑学"："逻辑学是精神的货币，是人和自然界的思辨的、思想的价值——人和自然界的同一切现实的规定性毫不相干地生成的因而是非现实的本质，——是外化的因而是从自然界和现实的人

---

〔1〕　［德］马克思：《1844年经济学哲学手稿》，载《马克思恩格斯文集》（第1卷），人民出版社2009年版，第199页。

〔2〕　［德］马克思：《1844年经济学哲学手稿》，载《马克思恩格斯文集》（第1卷），人民出版社2009年版，第200页。

〔3〕　［德］马克思：《1844年经济学哲学手稿》，载《马克思恩格斯文集》（第1卷），人民出版社2009年版，第200页。

〔4〕　［德］马克思、恩格斯：《德意志意识形态》，载《马克思恩格斯文集》（第1卷），人民出版社2009年版，第516页。

抽象出来的思维，即抽象思维。"〔1〕也就是说，黑格尔辩证法所描述的"神"或上帝的自我运动，不是神学批判家们所说的属于神秘宗教信仰中那个孤立的、超然世外的神或上帝，而是潜藏渗透于宇宙世界，包括人、自然界和社会一切存在中的理性精神或哲学真理。如黑格尔所说："'理性'是世界的主宰，世界历史因此是一种合理的过程。""一方面，'理性'是宇宙的实体，就是说，由于'理性'和在'理性'之中，一切现实才能存在和生存。另一方面，'理性'是宇宙的无限的权力……'理性'是万物的无限的内容，是万物的精华和真相。"〔2〕"整个说来，辩证法是现实世界中一切运动、一切生命和一切活动的原则。同样，辩证法也是一切真正科学认识的灵魂。"〔3〕辩证法的"神圣性"不是那种"仅仅叫人信仰一个鉴临的'奴斯'，或者'神意'"〔4〕，相反，它本身即是宇宙万物自身的本质真相或潜藏着的理性精神。

马克思明确肯定黑格尔"否定之否定"的逻辑学，对于认识人类社会和自然界中一切事物、存在、关系和活动的本质真理，是普遍适用和有效的科学的思维方法：黑格尔的辩证法作为"对人的自我产生的行动或自我对象化的行动的形式和和抽象的理解"，是"脱离现实精神和现实自然界的抽象形式、思维形式、逻辑范畴"，因而"适合于任何内容"、"对任何内容都有效"〔5〕。马克思在《资本论》第一卷第二版跋中坦率承认自己是黑格尔的学生："我公开承认我是这位伟大思想家的学生，并且在关于价值理论的一章中，有些地方我甚至卖弄起黑格尔特有的表达方式。"〔6〕这是否说明作为纯粹认识论方法或思维规律的逻辑学就是马克思所发现的"合理内核"呢？显然不是，马克思肯定和承认黑格尔逻辑学作为认识一切事物或事情真理的普遍适用的科学方法，就是纯粹形而上学的思维规律或真理认识方法，这里不存在"头足

---

〔1〕［德］马克思：《1844年经济学哲学手稿》，载《马克思恩格斯文集》（第1卷），人民出版社2009年版，第202页。

〔2〕［德］黑格尔：《历史哲学》，王造时译，上海书店出版社2006年版，第8页。

〔3〕［德］黑格尔：《逻辑学》，梁志学译，人民出版社2002年版，第156、157页。

〔4〕［德］黑格尔：《历史哲学》，王造时译，上海书店出版社2006年版，第14页。

〔5〕［德］马克思：《1844年经济学哲学手稿》，载《马克思恩格斯文集》（第1卷），人民出版社2009年版，第218页。

〔6〕［德］马克思：《资本论》（第1卷），载《马克思恩格斯文集》（第5卷），人民出版社2009年版，第22页。

倒置"的"颠倒"问题，也不存在对黑格尔哲学神秘形式的"剥离"或"去除"问题。恩格斯认为"黑格尔的体系只是一种就方法和内容来说唯心主义地倒置过来的唯物主义"，"要批判地消灭它的形式，但是要救出通过这个形式获得的新内容"〔1〕。恩格斯这里实际上指的是辩证法的逻辑学意义，即作为普遍适用的科学认识方法，黑格尔的确说过"自然界和精神世界的一切特殊领域和特殊形态，也莫不受辩证法的支配"〔2〕。但是恩格斯认为马克思的唯物辩证法是源于对黑格尔哲学体系的"颠倒"和"剥离"，这不符合黑格尔辩证法的逻辑学境域，而且与马克思的理解也是不一致的。黑格尔的逻辑学本身作为辩证法的存在论和认识论本质表现，其形式就是内容本身，都是抽象思维或哲学知识，无论怎样颠倒和剥离，它上上下下、里里外外都是一致的。如黑格尔所言："真理就是逻辑学的对象"〔3〕，它是"关于真理的科学知识"〔4〕，"唯一的真正的与内容相一致的方法"〔5〕。马克思说黑格尔辩证法是"倒立的"，包括他说自己的辩证法是与黑格尔"截然相反的"，显然都不是在辩证法的逻辑学语境中来说的，或者说唯物辩证法在根本上无关乎马克思是否运用黑格尔逻辑学方法的问题。马克思不可能像恩格斯所说的那样："从黑格尔逻辑学中把包含着黑格尔在这方面的真正发现的内核剥出来，使辩证方法摆脱它的唯心主义的外壳并把辩证方法在使它成为唯一正确的思想发展形式的简单形态上建立起来。"〔6〕作为纯粹认识方法或思维规律的逻辑学，并不是马克思所发现的"合理内核"，它也不是通过"颠倒"或"剥离"才能被发现的神秘东西，德国批判家们已经流行运用黑格尔的逻辑学了。马克思和黑格尔在逻辑学意义的辩证法上没有区别，不存在马克思所说的"截然相反"或"根本不同"的问题。

---

〔1〕　[德]恩格斯：《路德维希·费尔巴哈和德国古典哲学的终结》，载《马克思恩格斯文集》（第4卷），人民出版社2009年版，第276、280页。

〔2〕　[德]黑格尔：《小逻辑》，贺麟译，商务印书馆1980年版，第179页。

〔3〕　[德]黑格尔：《小逻辑》，贺麟译，商务印书馆1980年版，导言第64页。

〔4〕　[德]黑格尔：《小逻辑》，贺麟译，商务印书馆1980年版，第二版序言第5页。

〔5〕　[德]黑格尔：《小逻辑》，贺麟译，商务印书馆1980年版，第一版序言第1页。

〔6〕　[德]恩格斯：《卡尔·马克思〈政治经济学批判·第一分册〉》，载《马克思恩格斯选集》（第2卷），人民出版社1995年版，第42~43页。

二、黑格尔辩证法的现实和实践本质：人类通过自由劳动自我创造和解放自身的历史

马克思认为，黑格尔哲学的"秘密"或"神秘化"问题，并不在其逻辑学意义的辩证法，而是在其哲学的"真正诞生地和秘密"——《精神现象学》[1]。黑格尔正是在其《精神现象学》著作中详细描述了辩证法的具体内容和现实活动表现，即人的自由和理性精神的自我意识历程，及其实际生活和行动的若干物质和现实内容，如个人权利、财富、法、道德、伦理以及市民社会和国家，等等。黑格尔的辩证法并非止于纯粹哲学形而上学的存在论和认识论目的，它有着强烈的人类历史和社会现实关怀。"哲学的出现属于自由的意识，则在哲学业已起始的民族里必以这自由原则作为它的根据。从实践方面看来，则现实的自由和政治的自由之发苞开花，必与自由的意识相联系着……自由思维里即包含有实践的自由的成分。"[2]在黑格尔看来，哲学认识与人对自身自由和理性精神本质的认识和实践是同一的，世界历史因而是"真正的人"的形成和产生的活动，即追求人类自身自由本质全面实现的历史。马克思洞悉到了黑格尔辩证法伟大而深刻的历史和现实本质："黑格尔的《现象学》及其最后成果——辩证法，作为推动原则和创造原则的否定性——的伟大之处首先在于，黑格尔把人的自我产生看做一个过程，把对象化看作非对象化，看作外化和这种外化的扬弃；可见他抓住了劳动的本质，把对象性的人、现实的因而是真正的人理解为人自己的劳动的结果。同作为类存在物的自身发生现实的、能动的关系，或者说，人作为现实的类存在物即作为人的存在物的实现，只有通过下述途径才有可能：人确实显示出自己的全部类力量——这又只有通过人的全部活动，只有作为历史的结果才有可能——并且把这些力量当作对象来对待，而这首先又只有通过异化的形式才有可能。"[3]马克思揭示出了黑格尔辩证法关于人的历史和社会现实本质，即人自己认识、自己实现和自己创造与自身自由本质相一致的社会政治条件及合理性存在环境的历史。这是马克思与黑格尔二人辩证法的根本同一或内在连

---

〔1〕［德］马克思：《1844 年经济学哲学手稿》，载《马克思恩格斯文集》（第 1 卷），人民出版社 2009 年版，第 201 页。

〔2〕［德］黑格尔：《哲学史讲演录》（第 1 卷），贺麟、王太庆译，商务印书馆 1959 年版，第 94 页。

〔3〕［德］马克思：《1844 年经济学哲学手稿》，载《马克思恩格斯文集》（第 1 卷），人民出版社 2009 年版，第 205 页。

接点，他们都深切关怀人类自由本质的全面实现和解放，同时，马克思与黑格尔的根本分野也正是从此开始。吴晓明教授指出："正是黑格尔第一次在现代形而上学的范围内，把理解社会现实作为一项真正的哲学课题标举出来"，"社会现实的发现，是黑格尔与马克思在哲学思想上最为本质也最为切近的联系线索"[1]。韩立新教授也表明："早在 1843 年，马克思就在对黑格尔法哲学的批判过程中，发现了黑格尔市民社会概念的经济学内涵及其意义，受此触发，他形成了市民社会与理性国家的异质性、市民社会决定国家的观念。"[2]

马克思所发现的"合理内核"或者说他创立新的历史唯物主义世界观，正是从开启和吸取黑格尔辩证法对人类自由历史和社会现实的本质认识开始的，主要包含两方面：一是黑格尔《精神现象学》中包含了最伟大成果——辩证法，因为它第一次天才地发现辩证法实际上正是人类通过自己的劳动实现和解放自身自由本质的历史；二是它隐蔽地包含对现实生活中诸多实在内容和活动的批判，也就是说黑格尔关于人类历史的辩证法包含着一个重要的批判性和否定性概念——异化。"因为《现象学》紧紧抓住人的异化不放——尽管只是以精神的形式出现——，所以它潜在地包含着批判的一切要素……包含着对宗教、国家、市民生活等整个领域的批判的要素，不过也还是通过异化的形式。"[3]马克思看到了黑格尔关于"自身否定"的异化概念包含着积极的和肯定的意义："因为黑格尔理解到——尽管又是通过异化的方式——有关自身否定的积极的意义，所以同时也把人的自我异化、人的本质的外化、人的非对象化和非现实化，理解为自我获得、本质的表现、对象化、现象化。简单地说，他——在抽象的范围内——把劳动理解为人的自我产生的行动，把人对自身的关系理解为对异己存在物的关系，把作为异己存在物的自身的实现理解为生成着的类意识和类生活。"[4]马克思从黑格尔辩证法那里汲取了"异化"和"劳动"概念积极的现实社会意义，人正是在不断劳动的过程中，形成与他人的共同活动、相互依赖，相互交往和联系，同时达到不仅对

〔1〕 吴晓明："社会现实的发现：黑格尔与马克思"，载《马克思主义与现实》2008 年第 2 期。

〔2〕 韩立新："论青年马克思的黑格尔转向"，载《清华大学学报（哲学社会科学版）》2015年第 4 期。

〔3〕 ［德］马克思：《1844 年经济学哲学手稿》，载《马克思恩格斯文集》（第 1 卷），人民出版社 2009 年版，第 204 页。

〔4〕 ［德］马克思：《1844 年经济学哲学手稿》，载《马克思恩格斯文集》（第 1 卷），人民出版社 2009 年版，第 217 页。

自身的个体存在，而且对自身普遍性类本质的认识。劳动在本质上必然是一种自由劳动，即人自己的体力和智力、肉体和精神力量的自主发挥和实现，可以说人类社会历史正是通过自身劳动自我形成和创造的。马克思所批判的异化劳动即不自由的奴役劳动，正是基于黑格尔所说的劳动的自由本质和主体尊严含义，人类历史就是为着人的自由本质实现和解放的历史，历史发展过程中诸多与人的自由本质不相一致的异化的存在与现实，必须加以否定、批判和扬弃。黑格尔第一个真正揭示了辩证法本质上是人类自由实现的历史实践和创造活动，是人类通过自己劳动所自我创造、生成自身历史的自由主义事业。这是作为人类自由实现历史的辩证法，在这个意义上它严格说来不适用于自然界或物质世界，不同于普遍适用而有效的逻辑学。

至此，马克思从黑格尔那里继承和吸取了作为纯粹认识论和方法论的逻辑学，以及作为人类自由主义事业的历史辩证法。但是，马克思关于"神秘外壳""合理内核"以及"颠倒"和"剥离"的隐喻，主要是由黑格尔关于人类历史和现实社会本质问题的描述和解释引发的，或者说是在关于人类自身自由实现的历史和社会现实境域中来谈的。正因为黑格尔关于人类自由实现历史的辩证法，把现实的人的感性的自由及其物质的和世俗的内容、关系与实践活动"神秘化"或"包裹"起来了，把人自由和理性精神的自我意识本质、法和道德的本质，以及家庭、市民社会和国家的概念本质当作主体或主词，而把自然的和感性的人、现实社会中现存国家的法和政治制度当作谓语或宾词，所以马克思才要"剥去"黑格尔辩证法这个人类社会历史的"神秘外壳"，把它"倒过来"，从自然的和肉体的人的物质生活和生产劳动出发，批判和改造现存社会不合理的经济、政治和法律制度。

三、人类社会历史的"神秘外壳"："神秘化"和"倒立的"黑格尔辩证法

马克思正是在辩证法的人类社会历史本质视域下，剖析黑格尔辩证法所存在的"神秘化"和"倒立的"问题，包括"剥去神秘外壳""发现合理内核"的问题，都是从黑格尔辩证法所开启的人类自由实现的社会历史解释模式开始的，尤其是在现实的人的世俗的和感性的社会生活与实践行动地基上来剖析解释的。马克思虽然高度赞赏黑格尔《精神现象学》诞生了辩证法的伟大成果，第一次阐明了辩证法本质上是人类通过自己的劳动自己创造和生

成自身的历史，亦即人类自由本质实现的历史。但是黑格尔那里的历史是"真正的人"即自由和理性精神自我意识活动的历史，即人的本质的形成历史。黑格尔把辩证法看成"真正的人"的生命表现，即自由和理性本质的自我意识活动，辩证法正是人的抽象思维或"抽象劳动"，这是人与动物的根本区分所在。马克思认为黑格尔"唯一知道并承认的劳动是抽象精神的劳动"[1]，即理性精神自我意识的"自由劳动"，而非自然的和感性的人的现实的物质生产劳动，它隐蔽了现实资本主义社会中那些摧残工人肉体和精神生命的非人劳动，而真正的自由劳动，恰恰首先需要将人从强制性劳动、奴役劳动及其生存贫困中解放出来。

马克思认为黑格尔辩证法作为"真正的人"通过"自由劳动"生成自身的历史，他的人或劳动主体不过是"思维着的精神，逻辑的、思辨的精神"，而非"直接地是自然存在物"的人，即"现实的、肉体的、站在坚实的呈圆形的地球上呼出和吸入一切自然力的人"[2]。不仅黑格尔辩证法的主体或人=自我意识，不是直接地作为自然存在物的人，而且其对象或客体=外化的自我意识，即"物性"，而非真实独立的现实世界。在黑格尔辩证法中，"被当做主体的不是现实的人本身，因而也不是自然——人是人的自然——而只是人的抽象，即自我意识，所以物性只能是外化的自我意识"[3]。由于黑格尔那里的自然界，只是表现为人的"抽象的意识"或人性的精神产品，即抽象的物，它是物性，是人的自我意识的外化，而不是直接存在着的现实的和客观的自然界，这就使现实的人与自然界以及人的对象性活动所创造的现实世界，原本十分自然的和简单的关系，变得不可捉摸和神秘莫测了。如马克思所说："一个有生命的、自然的、具备并赋有对象性的即物质的本质力量的存在物，既拥有它的本质的现实的、自然的对象，而它的自我外化又设定一个现实的、却以外在性的形式表现出来因而不属于它的本质的、极其强大的

〔1〕［德］马克思：《1844 年经济学哲学手稿》，载《马克思恩格斯文集》（第 1 卷），人民出版社 2009 年版，第 205 页。

〔2〕［德］马克思：《1844 年经济学哲学手稿》，载《马克思恩格斯文集》（第 1 卷），人民出版社 2009 年版，第 209 页。

〔3〕［德］马克思：《1844 年经济学哲学手稿》，载《马克思恩格斯文集》（第 1 卷），人民出版社 2009 年版，第 208 页。

对象世界，这是十分自然的。"〔1〕人直接地是自然存在物，无论他的肉体生命和自然需要，还是他的天赋、才能等本质力量的实现，都必定存在一个不依赖他的、存在于他之外的对象，"这些对象是他的需要的对象；是表现和确证他的本质力量所不可缺少的、重要的对象"，"说人是肉体的、有自然力的、有生命的、现实的、感性的对象性的存在物，这就等于说，人有现实的、感性的对象作为自己本质的即自己的生命表现的对象；或者说，人只有凭借现实的、感性的对象才能表现自己的生命"〔2〕。然而，真正的自然界，在黑格尔那里成了应被扬弃和否定的无，因为自然界的本质是外在性的，即不具有自由的自我意识和思维。在这个意义上，辩证法只是属于人类自身自由本质实现的历史而非自然界的历史。当然马克思并不否定黑格尔关于对象世界和自然界的哲学本质的认识，只不过黑格尔把人之外独立存在的自然界神秘化了，把人与自然界之间的现实关系和物质活动神秘化了。

黑格尔的辩证法本质上是自由的思维活动或自我意识活动，目的在于获得与自身自由和理性本质相适应的"知识"，"知识是意识的唯一行动"，"知识是意识的唯一对象性的关系"〔3〕。简言之，黑格尔的辩证法是追求事物或事情本质真理即"绝对知识"的自由自我意识行动。所以在他那里，"全部外化历史和外化的消除，不过是抽象的、绝对的思维的生产史，即逻辑的思辨的思维的生产史"，"整个运动是以绝对知识结束的"〔4〕。由于"人被看成非对象性的、唯灵论的存在物"，他"需要克服意识的对象。对象性本身被认为是人的异化了的、同人的本质即自我意识不相适应的关系"〔5〕，人对对象的克服和扬弃，就是扬弃对象的外在性本质，保持自身永恒自由的自我意识行动。于是，黑格尔"对异化了的对象性本质的全部重新占有，都表现为把

〔1〕〔德〕马克思：《1844 年经济学哲学手稿》，载《马克思恩格斯文集》（第 1 卷），人民出版社 2009 年版，第 208 页。

〔2〕〔德〕马克思：《1844 年经济学哲学手稿》，载《马克思恩格斯文集》（第 1 卷），人民出版社 2009 年版，第 210 页。

〔3〕〔德〕马克思：《1844 年经济学哲学手稿》，载《马克思恩格斯文集》（第 1 卷），人民出版社 2009 年版，第 212 页。

〔4〕〔德〕马克思：《1844 年经济学哲学手稿》，载《马克思恩格斯文集》（第 1 卷），人民出版社 2009 年版，第 203 页。

〔5〕〔德〕马克思：《1844 年经济学哲学手稿》，载《马克思恩格斯文集》（第 1 卷），人民出版社 2009 年版，第 206 页。

这种本质合并于自我意识；掌握了自己本质的人，仅仅是掌握了对象性本质的自我意识。因此，对象向自我的复归就是对对象的重新占有。"[1]

　　同样，黑格尔的扬弃也是在思想意识中发生和完成的，"他在哲学中扬弃的存在，并不是现实的宗教、国家、自然界，而是已经成为知识的对象的宗教本质，即教义学、法学、国家学、自然科学"[2]，即扬弃的是和这些事物自身合理性本质不相适应的思想或意识的环节，"这种思想上的扬弃，在现实中没有触动自己的对象，却以为实际上克服了自己的对象"[3]。这就使得黑格尔的历史辩证法实际上是"非批判的实证主义和同样非批判的唯心主义"[4]，它虽然的确探讨人、自然界以及占有、财富、宗教、国家、市民生活等"实证"的内容，但它们都是"真正的人"的精神产品，是"精神的环节即思想本质"，特别是它关于人对自身本质力量及对象世界的"占有"，"不过是那种在意识中、在纯思维中即在抽象中的占有，是对这些作为思想和思想运动的对象的占有"[5]，这是"黑格尔虚假的实证主义或只是虚有其表的批判主义的根源"[6]。在马克思看来，人的自由本质的真正实现，不应仅仅是在思想意识或思维活动中的占有，而且必须同时是现实的、感性的和物质的占有与获得，即首先是吃喝住穿等物质生活资料在质和量上的满足与保障，正如"共产主义作为私有财产的扬弃就是要求归还真正的人的生命即人的财产"[7]，"对私有财产的扬弃，就是说，为了人并且通过人对人的本质和人

---

　　〔1〕［德］马克思：《1844 年经济学哲学手稿》，载《马克思恩格斯文集》（第 1 卷），人民出版社 2009 年版，第 207 页。

　　〔2〕［德］马克思：《1844 年经济学哲学手稿》，载《马克思恩格斯文集》（第 1 卷），人民出版社 2009 年版，第 216 页。

　　〔3〕［德］马克思：《1844 年经济学哲学手稿》，载《马克思恩格斯文集》（第 1 卷），人民出版社 2009 年版，第 216 页。

　　〔4〕［德］马克思：《1844 年经济学哲学手稿》，载《马克思恩格斯文集》（第 1 卷），人民出版社 2009 年版，第 204 页。

　　〔5〕［德］马克思：《1844 年经济学哲学手稿》，载《马克思恩格斯文集》（第 1 卷），人民出版社 2009 年版，第 203~204 页。

　　〔6〕［德］马克思：《1844 年经济学哲学手稿》，载《马克思恩格斯文集》（第 1 卷），人民出版社 2009 年版，第 213 页。

　　〔7〕［德］马克思：《1844 年经济学哲学手稿》，载《马克思恩格斯文集》（第 1 卷），人民出版社 2009 年版，第 186 页。

的生命、对象性的人和人的产品的感性的占有"〔1〕。

马克思说辩证法在黑格尔那里是"神秘化"的和"倒立的",不是因为他的唯心主义哲学内容本身存在错误,也不是因为形式和内容或思维与现实的"头足倒置",而是根本地在于他的辩证法的本质的问题,它"只是为历史的运动找到抽象的、逻辑的、思辨的表达,这种历史还不是作为既定的主体的人的现实历史,而只是人的产生的活动,人的形成的历史"〔2〕。也就是说黑格尔的辩证法只是人类历史和现实社会的"神秘形式":因为它只是"真正的人的生成过程和抽象生命的表现",它的"异化"或"对立"只是"对现实异化和对立的本质的思想认识",它的"克服"与"占有"本质上是"在意识或纯思维中实现的占有",它的"扬弃"是"对现实事物、行动和关系的思想扬弃",它的"劳动"本质上是"批判性和否定性的抽象思维活动"〔3〕。这就是属于黑格尔自己独特的思辨辩证法,它在提供给人们关于人类历史和现实世界的合理性存在的本质知识、思想真理的同时,又将现实的、自然的和肉体的人本身,以及人的现实劳动所创造的现实的物质世界和现实的精神世界,如工业、农业、商业以及科技、文化、教育等本身物质的、感性的和实践的内容与活动,包裹或隐藏了起来,遮蔽了人类社会历史发展过程中诸多世俗的、感性的苦难、关系、冲突和斗争本身,犹如为人类社会历史披上了一件"精神的"神秘外衣。马克思正是在此意义上称黑格尔的整个唯心主义辩证法为人类社会历史的"神秘外壳",其主体和内容作为思想本质的意识或自我意识活动,本身就是思辨地和辩证地运动着的,也就是说黑格尔辩证法的形式和内容、主体和客体是不可分离、浑然一体的属于思想意识范围内的东西。简言之,"神秘外壳"并不是指黑格尔辩证法自身范围内的唯心主义形式,而是对于整个人类社会历史而言的。

黑格尔的辩证法无论是作为逻辑学还是作为人类自由实现的历史,都是皮肉一体的,都不可避免具有黑格尔的"精神"气质,所以对黑格尔的辩证

---

〔1〕 [德] 马克思:《1844 年经济学哲学手稿》,载《马克思恩格斯文集》(第 1 卷),人民出版社 2009 年版,第 189 页。

〔2〕 [德] 马克思:《1844 年经济学哲学手稿》,载《马克思恩格斯文集》(第 1 卷),人民出版社 2009 年版,第 201 页。

〔3〕 罗朝慧:"黑格尔的辩证法为什么是'倒立的'——马克思对黑格尔辩证法本质问题的剖析",载《人文杂志》2018 年第 2 期。

法本身再怎么颠倒和剥离，也不可能产生出与之"截然相反"或"根本不同"的另一种辩证法来。马克思所谓"倒过来"、"剥去神秘形式"正是喻指马克思要努力将人类自由本质实现的社会历史呈现或实现为经验的、物质的和感性的世俗内容、关系与活动，以便发现和创建历史唯物主义世界观这个"合理内核"。马克思关注的是广大受苦受难者的物质解放和自主劳动，他不满足于"内心宁静和自我意识的自由"，同时要求必须感性地占有和获得"外在的、实证的、经验的自由"[1]，因而全力以赴于对现存社会的物质批判和实践改造。马克思所说的"神秘外壳"和"合理内核"是在辩证法关于人类自由实现的历史境域之下，而非逻辑学这个纯粹思维的认识论和方法论境域之中。辩证法本质上是人类通过自己劳动所创造和生成自身历史的自由主义事业，作为人类自由实现历史的辩证法，严格说来不适用于自然界或物质世界。

四、马克思所发现的"合理内核"：经济生产与阶级斗争的历史唯物主义辩证法

如果说马克思在《1844 年经济学哲学手稿》中剖析了黑格尔辩证法的本质的问题在于，他为人类自由实现的历史和现实社会披上了一层"神秘外壳"，那么他在《德意志意识形态》中则真正开始迈出了把黑格尔辩证法"倒过来"以便发现"合理内核"的实践步伐，同时也是清算和告别自己过去对现存法和国家制度的哲学批判，特别是同鲍威尔、施蒂纳以及费尔巴哈等青年黑格尔派划清界限，开启感性的、物质的、实践的或行动的社会批判和改造行动，冲破德国旧的观念论传统。黑格尔以后的许多黑格尔主义者，甚至连相当革命和激进的青年黑格尔主义者们，只是对黑格尔的神秘思想、观念、概念开战，他们不能够理解黑格尔辩证法作为人类社会历史"神秘外壳"的深刻意义和真理价值，更别说发现其隐藏和包裹着的世俗的"合理内核"。马克思批判青年黑格尔派"只为反对词句而斗争"，"他们只是用词句

---

〔1〕 马克思在其博士论文《德谟克利特的自然哲学和伊壁鸠鲁的自然哲学的差别》中指出二人自然哲学的对立，实质上是关于哲学与现实，抑或内心宁静的意识自由与外在经验的和实证的自由，二者之间的分离和对立的问题。这是马克思当时就深感困惑和苦恼的问题，尤其当他亲自接触和目睹普鲁士当局法律腐败和官僚政治，以及德国人民的生存贫困和奴役等现实的物质利益问题时，更加迫切寻求实现二者统一，即实现全人类物质解放和自由劳动的现实路径，真正达到所有人自由本质的全面实现和发展。

反对这些词句；既然他们仅仅反对这个世界的词句，那么他们就绝对不是反对现实的现存世界"[1]。"如果他们把'人'从这些词句的统治下——而人从来没有受过这些词句的奴役——解放出来，那么'人的''解放'也并没有前进一步；只有在现实的世界中并使用现实的手段才能实现真正的解放。"[2]青年黑格尔派根本没有看到黑格尔辩证法关于人类社会的客观性和现实性本质知识，反而倒退回了主观主义意识世界和形而上学的幻觉之中。马克思在《神圣家族》中批判鲍威尔说："他所反对的实体不是形而上学的幻觉，而是世俗的内核——自然，他既反对存在于人之外的自然，也反对人本身这个自然。"[3]也就是说鲍威尔的宗教批判本质上抱持的仍然是形而上学的幻觉或主观主义意识哲学，他反对外在的、客观的和感性的世俗自然，包括"人本身这个自然"以及"人自身之外的自然"，而这正是马克思所要探寻和发现的"合理内核"的世俗内容。

马克思首先指出人类一切历史的首要前提是现实的个人，即首先要求保证自然的和肉体的人的生命存在，毕竟人类自由和理性精神本质及其自我意识活动必须首先居住在活的肉体生命里。"全部人类历史的第一个前提无疑是有生命的个人的存在。因此，每一个需要确认的事实就是这些个人的肉体组织以及由此产生的个人对其他自然的关系。"[4]其次，马克思认为人类历史的第一个感性活动必然是物质生活的生产活动，这是一切历史的基本条件。"我们首先应当确定人类生存的第一个前提，也就是一切历史的第一个前提，这个前提是：人们为了能够创造历史，必须能够生活（黑格尔）。因此，第一个历史活动就是生产满足这些需要的资料，即生产物质生活本身……是一切历史的基本条件。"[5]也就是说人的自由本质的实现，必须首先保证人的肉体

---

〔1〕［德］马克思、恩格斯：《德意志意识形态》，载《马克思恩格斯文集》（第1卷），人民出版社2009年版，第514页。

〔2〕［德］马克思、恩格斯：《德意志意识形态》，载《马克思恩格斯文集》（第1卷），人民出版社2009年版，第526~527页。

〔3〕［德］马克思：《神圣家族》，载《马克思恩格斯文集》（第1卷），人民出版社2009年版，第345页。

〔4〕［德］马克思、恩格斯：《德意志意识形态》，载《马克思恩格斯文集》（第1卷），人民出版社2009年版，第519页。

〔5〕［德］马克思、恩格斯：《德意志意识形态》，载《马克思恩格斯文集》（第1卷），人民出版社2009年版，第531页。

生命的存在及其自然需要的满足，或者说物质生活是自由实现的最初条件与世俗基础。"当人们还不能使自己的吃喝住穿在质和量方面得到充分保证的时候，人们就根本不能获得解放。'解放'是一种历史活动，不是思想活动，'解放'是由历史的关系，是由工业状况、商业状况、农业状况、交往状况促成的……"[1]黑格尔尽管认为人之不同于动物，根本地在于人的自由意志和理性本质，但他同时也强调人必须首先活着，同时拥有生活必需的所有物，才能作为一个自由的理性物存在。人的本质力量全面实现和解放的历史，首先必须保证人的肉体存在及生命需要的物质生活资料的感性占有与获得，否则，人的肉体生命及其自然需要就和动物无异，物质生活资料的贫困与匮乏，将使人像动物一样只为着肉体生存，过着非人的生活，倒退回争夺必需品的动物斗争和肮脏卑鄙中去。"历史向世界历史的转变，不是'自我意识'、世界精神或者某个形而上学幽灵的某种纯粹的抽象行动，而是完全物质的、可以通过经验证明的行动，每一个过着实际生活的、需要吃喝住穿的个人都可以证明的这种行动。"[2]

马克思认为，人与动物相区分的第一个直接的和感性的历史活动，不是思想、意识或自由意志，而是人的物质生产活动，这是体现人们自由本质或主体尊严的根本活动，完全不同于动物的肉体生存活动。"这些个人为把自己和动物区别开来的第一个历史行动不在于他们有思想，而在于他们开始生产自己的生活资料"[3]，"一当人开始生产自己的生活资料，即迈出由他们的肉体组织所决定的这一步的时候，人本身就开始把自己和动物区别开来。人们生产自己的生活资料，同时间接地生产着自己的物质生活本身"[4]。物质生产方式与人们的生活方式是一致的，"这种生产方式不应当只从它是个人肉体存在的再生产这方面加以考察。更确切地说，它是这些个人的生活方式。个人怎样表现自己的生命，他们自己就是怎样，因此，他们是什么样的，这

---

〔1〕〔德〕马克思、恩格斯：《德意志意识形态》，载《马克思恩格斯文集》（第1卷），人民出版社2009年版，第527页。

〔2〕〔德〕马克思、恩格斯：《德意志意识形态》，载《马克思恩格斯文集》（第1卷），人民出版社2009年版，第541页。

〔3〕〔德〕马克思、恩格斯：《德意志意识形态》，载《马克思恩格斯文集》（第1卷），人民出版社2009年版，第520页。

〔4〕〔德〕马克思、恩格斯：《德意志意识形态》，载《马克思恩格斯文集》（第1卷），人民出版社2009年版，第519页。

同他们的生产是一致的——既和他们生产什么，又和他们怎样生产一致，因而，个人是什么样的，这取决于他们进行生产的物质条件"〔1〕。马克思这里实际上表明，人的自由本质实现的历史，在现实上具体表现为人们物质生活的满足和保障，以及人们生命力量自主体现和发挥，人自身能力的发展、提高和完善，亦即物质生产劳动就是人们现实的共同活动的生活方式。人们的物质生活和自主劳动解放到何种程度，在根本上取决于现有的物质生产条件："一定的生产方式或一定的工业阶段始终是与一定的共同活动方式或一定的社会阶段联系着的，而这种共同活动方式本身就是'生产力'；由此可见，人们所达到的生产力的总和决定着社会状况，因而，始终必须把'人类的历史'同工业和交换的历史联系起来研究和探讨。"〔2〕人类自由本质实现的历史，在感性的和经验的现实上，就是自然的和肉体的人获得物质解放和劳动解放的历史，亦即人们肉体力量和精神力量自主体现和发挥、提高和完善的历史，生产力根本地和核心地体现为人们共同活动所发挥的体力和智力的总和，生产力发展本质上就是人们自由本质具体实现的感性历史。

如果说肉体生存、物质生活的生产以及生产力的发展，是任何社会共同的和不变的必不可少的物质内容和世俗基础，那么已有社会历史所表现出来的阶级和阶级斗争，即"生产关系的全部历史……是历代政府的恶意篡改"〔3〕。这就是说，已有社会历史的生产力发展并不是表现为与所有人物质生活及其能力的提高完善相一致，相反总是表现为少数人占有和支配的社会权力，多数人处于生存贫困和强制性、压迫性的奴役劳动之中，造成贫困的和受奴役的多数人与少数有钱有教养阶级的对立。这表明人类自由实现的历史，在经验的事实上，不仅表现为生产力发展的历史，同时也表现为阶级对立和阶级斗争的历史，如马克思所说："至今一切社会的历史都是阶级斗争的历史。……在过去的各个历史时代，我们几乎到处都可以看到社会完全划分为各个不同的等级，看到社会地位分成多种多样的层次。……从封建社会的灭亡中产生

〔1〕 〔德〕马克思、恩格斯：《德意志意识形态》，载《马克思恩格斯文集》（第1卷），人民出版社2009年版，第520页。

〔2〕 〔德〕马克思、恩格斯：《德意志意识形态》，载《马克思恩格斯文集》（第1卷），人民出版社2009年版，第532~533页。

〔3〕 〔德〕马克思：《〈政治经济学批判〉导言》，载《马克思恩格斯选集》（第2卷），人民出版社2009年版，第3页。

出来的现代资产阶级社会并没有消灭阶级对立。它只是用新的阶级、新的压迫条件、新的斗争形式代替了旧的。……但是，在我们的时代，资产阶级时代，却有一个新的特点：它使阶级对立简单化了。整个社会日益分裂为两大敌对的阵营，分裂为两大相互直接对立的阶级：资产阶级和无产阶级。"〔1〕资本主义社会相较之前的任何社会形态都是最为积极和进步的，不仅生产力极大增长和高度发展，而且现实的人第一次获得了对自己生命、身体及其劳动力的完全、独立的个人所有权。"资产阶级在它的不到一百年的阶级统治中所创造的生产力，比过去一切世代创造的全部生产力还要多，还要大。"〔2〕然而，为什么资本主义大工业生产越发达、物质越富裕，工人却越贫困、无知和堕落，越来越多的劳动者陷入一无所有的贫困，越来越被牢固地束缚在现代化大工业生产的机器上？马克思指出资本主义发展阶段上所产生的生产力"只能造成灾难，这种生产力已经不是生产的力量，而是破坏的力量（机器和货币）。与此同时还产生一个阶级，它必须承担社会的一切重负，而不能享受社会的福利，它被排斥于社会之外，因而不得不同其他一切阶级发生最激烈的对立，这个阶级构成了全体社会中大多数，从这个阶级中产生出必须有实行彻底革命的意识，即共产主义意识"〔3〕。资本主义发达的生产力并没有给广大工人带来物质生活和劳动的解放，反而产生了阻碍自由、否定自由的阶级，阶级是与所有人自由本质普遍实现不相一致的否定性社会存在，同时也是异化的生产力发展的表现。资本主义社会的阶级共同体不是作为个人志趣、爱好等方面的自由交往和自愿联合，而是作为抽象的个人在外在力量强制下的被迫联合。"某一阶级的各个人所结成的、受他们的与另一阶级相对立的那种共同利益所制约的共同关系，总是这样一种共同体，这些个人只是作为一般化的个人隶属于这种共同体，只是由于他们还处在本阶级的生存条件下才隶属于这种共同体。他们不是作为个人而是作为阶级的成员处于这种共同关

---

〔1〕［德］马克思、恩格斯：《共产党宣言》，载《马克思恩格斯文集》（第2卷），人民出版社2009年版，第31~32页。

〔2〕［德］马克思、恩格斯：《共产党宣言》，载《马克思恩格斯文集》（第2卷），人民出版社2009年版，第36页。

〔3〕［德］马克思、恩格斯：《德意志意识形态》，载《马克思恩格斯文集》（第1卷），人民出版社2009年版，第542页。

系中的。"〔1〕阶级的共同体对无产者来说，是外在的和抽象的，因而是必须予以消灭和废除的。消灭阶级和阶级统治，消灭异化劳动，成为共产主义活动的现实目标，即：使生产力的发展与消灭阶级和阶级对立的目标相一致。

马克思指出，共产主义事业是物质的和经验的现实活动，它"不是应当确立的状况，不是现实应当与之相适应的理想。我们所称为共产主义的是那种消灭现存状况的现实的运动。这个运动的条件是由现有的前提产生的"〔2〕。马克思认为共产主义事业只有具备两个基本的前提，在经验上才是可能的，即是"以生产力的普遍发展和与此相联系的世界交往为前提的"〔3〕。历史上的革命运动之所以失败，正是因为它不具备摧毁一切阶级和阶级统治的物质条件和实践力量。共产主义运动的实际目标不是消除资本主义大工业所创造的生产力总和，如大工业城市和廉价而便利的现代交通、通讯等物质条件，而是消除一切无产阶级和资产阶级，也就是彻底消除导致阶级产生的生产资料私有制，即资本和实际占有的劳动。资本主义发展阶段的生产力正是表现为资本家私人占有的资本的力量，即资本家对生产资料和活劳动的支配和控制权力，工人的劳动能力被当作跟生产资料或工具机器一样的东西，只有被纳入资本中，才能发挥他的作用和力量，否则就是毫无作用、甚至无法生存的废物。因此资本主义阶段的生产力完全表现为外在于和凌驾于人的独立的物的自发力量，即资本的不断积累和增殖，而非人自身能力的自主体现发挥和提高完善，相反资本在变本加厉的摧残工人的肉体和精神生命。"劳动，在他们那里已经失去了任何自主活动的假象，而且只能用摧残生命的方式来维持他们的生命。"〔4〕

资本主义的生产力是异化的和否定的，不但没有促进工人物质生活解放和自主劳动，相反使工人的物质生活与自主劳动越来越疏远和分离，它只是表现为资本增殖的能力："一方面是生产力总和，生产力好像具有一种物的形

〔1〕［德］马克思、恩格斯：《德意志意识形态》，载《马克思恩格斯文集》（第1卷），人民出版社2009年版，第573页。

〔2〕［德］马克思、恩格斯：《德意志意识形态》，载《马克思恩格斯文集》（第1卷），人民出版社2009年版，第539页。

〔3〕［德］马克思、恩格斯：《德意志意识形态》，载《马克思恩格斯文集》（第1卷），人民出版社2009年版，第539页。

〔4〕［德］马克思、恩格斯：《德意志意识形态》，载《马克思恩格斯文集》（第1卷），人民出版社2009年版，第580页。

式，并且对个人来说它们已经不再是个人的力量，而是私有制的力量……另一方面是同这些生产力相对立的大多数个人，这些生产力是和他们分离的，因此，这些个人丧失了一切现实的生活内容，成了抽象的个人。"[1]因此，要消灭阶级和阶级统治，就必须首先否定或消灭生产力只为资本家私人占有的现有经济结构状况，使生产力回归到它自身的普遍性和社会性本质，即许多个人共同活动所发挥的体力、智力的力量总和，生产资料不再为某些个人私人占有，也就是要使"各个人必须占有现有的生产力总和，这不仅是为了实现他们的自主活动，而且从根本上说也是为了保证自己的生存。这种占有……就必须带有同生产力和交往相适应的普遍性质。对这些力量的占有本身不外是同物质生产工具相适应的个人才能的发挥。仅仅因为这个缘故，对生产工具一定总和的占有，也就是个人本身才能的一定总和的发挥"[2]。在马克思看来，人的自由本质的真正实现，必须是每个个人能够占有、控制和支配现有的一切生产条件即生产力总和，才能实现自主劳动，实现物质生活与自主活动相同一，人与自然的统一，人与人之间关系的统一。这种情况下所形成的生产力才是真正为人所支配和控制的生产力，才与生产力自身的普遍性、社会性相适应和一致。共产主义作为"真正的人"生成的感性的和经验的历史，就是自然的和感性的人，通过自己的物质生产活动，在其吃喝住穿等物质生活资料在质和量方面的满足和保障的基础上，根据个人需求、爱好、志趣、才能等自由交往和联合，充分体现、自主发挥自己的全部生命力量、个性才能，为社会创造更加丰富繁荣的物质成果与精神成果。只有在这个自然的、感性的和物质的经验现实基础上，每个个人才能真正生成为人。

五、"神秘外壳"与"合理内核"：人类社会"精神"和"肉体"的生命表现

马克思所说的"神秘外壳"正是作为人类社会历史"神秘形式"的黑格尔辩证法，而非黑格尔辩证法的唯心主义哲学形式，马克思"剥去神秘形式"后发现的"合理内核"，则是指人类社会历史领域中感性的和世俗的物质内容

---

〔1〕［德］马克思、恩格斯：《德意志意识形态》，载《马克思恩格斯文集》（第1卷），人民出版社2009年版，第580页。

〔2〕［德］马克思、恩格斯：《德意志意识形态》，载《马克思恩格斯文集》（第1卷），人民出版社2009年版，第580页。

与实践活动，而非黑格尔的辩证法或逻辑学本身。马克思从作为直接的自然存在物的人，即自然的和肉体的人的生命需要及其物质生活出发，将人类自由实现的社会历史描述为物质生产力的发展与消灭阶级、消灭贫困的感性实践活动，揭开了黑格尔罩在人类社会历史上的"精神"的"神秘外衣"，关注和描述直接呈现在人们眼前的和地上的世俗利益、关系与实践行动。马克思辩证法的内容因而不再是黑格尔那个"神性"主体的自由自我意识活动，而是由人的肉体存在迈出的物质生活的生产活动和反抗剥削压迫的阶级斗争活动；辩证法运动的目的或结果不再像黑格尔那样不断生产"精神的货币"或概念知识，而是不断生产满足人们生命需要的物质生活资料，真正达到每个个人吃喝住穿等物质需要在质和量上的保证和满足，以及在此基础上每个个人生命力量和个性才能的提高完善及自主体现和发挥，消灭阶级、消灭贫困，最终实现物质生活与自主劳动同一及日渐扩大的自由交往和联合。这就是马克思与黑格尔辩证法的根本不同或"截然相反"所在，如他所说："德国哲学从天国降到人间，和它完全相反，这里我们是从人间升到天国。"[1]"全部历史是为了使'人'成为感性意识的对象和使'人作为人'的需要成为需要而作准备的历史。历史本身是自然史的一个现实部分，即自然界生成为人这一过程的一个现实部分。"[2]

黑格尔将辩证法描述为人类朝向自由和理性本质的自我意识活动的历史，旨在寻求关于整个世界一切存在物的合理性本质的概念知识、客观真理。"合理内核"作为马克思将黑格尔辩证法"倒过来"后的"发现"，就是不同于黑格尔辩证法"精神"的质的另一种物质的、感性的和实践的人类历史描述与解释范式，马克思的辩证法是以"实践状态存在和出现的"[3]，其基本要素或"原料"是人类改造现在社会的物质性和实践性"感性行动"，即最基本的物质生产活动和消灭阶级的阶级斗争活动，辩证法不竭的生命动力在于

---

〔1〕［德］马克思、恩格斯：《德意志意识形态》，载《马克思恩格斯文集》（第1卷），人民出版社2009年版，第525页。

〔2〕［德］马克思：《1844年经济学哲学手稿》，载《马克思恩格斯文集》（第1卷），人民出版社2009年版，第194页。

〔3〕阿尔都塞在《保卫马克思》中认为，马克思跟黑格尔辩证法的根本不同或特殊性，以及马克思对黑格尔辩证法的"颠倒"真相，正是在于马克思的辩证法是"以实践状态存在和出现的"，而不像黑格尔辩证法完全是意识形态的理论，也就是说马克思从未对自己的辩证法作过像黑格尔那样明确清晰的理论阐述。

每个个人物质生活的解放和全部生命力量自由发展发挥的自主劳动。黑格尔的唯心主义辩证法为人类社会历史披上了一件神秘的"精神"外衣，使人类自己的意识和行动越来越远离而不是倒退到"赤裸裸的"自然界或动物王国，始终保持自身与自然界或动物王国根本区分的"精神"地位。马克思对黑格尔唯心主义辩证法的批判，并非否定或指责黑格尔关于人类社会发展的理性本质阐释存在错误，而是表明哲学精神或纯粹的自我意识本身对扭曲的现实环境的纠正和消除无能为力，拯救现实、解放人类的办法还必须对造成扭曲和不一致的社会环境开战，而不是仅仅在思想中开战："要想站起来，仅仅在思想中站起来，而让用思想所无法摆脱的那种现实的、感性的枷锁依然套在现实的、感性的头上，那是不够的。"[1]"为了现实的自由，除了要求有理想主义的'意志'以外，还要求有很具体的、很物质的条件。"[2]

马克思和黑格尔的辩证法都有自己相对独立的、完整的思想内容和方法论体系，他们的辩证法与其各自所考察的内容是相互适应、浑成一体的。"神秘外壳"作为黑格尔的唯心辩证法，"合理内核"作为马克思的唯物辩证法，犹如人类社会有机体的"灵魂"与"肉体"或"精神"与"自然"的生命力量与活动，二者既有差异和分别，又是有机统一和不可分离的，它们共同为人类提供了认识世界和改造世界的真理性原则与行动方向，推动着人类社会历史的发展进步。马克思和黑格尔的辩证法因描述和解释的内容、目的、运动原则及方式方法不同而发生分离、断裂，又因共同表现、促进和完善人类社会历史的生命力量而连续、联系和统一。二人的辩证法共同作为对人类社会自我生成、自我创造的历史的描述与解释，二者之间关系大致可以表示为如下图式：二者都处于人类自由实现的社会历史总体发展的同心圆中，它们是一样大小的等圆，因为二者都是对整个人类社会历史一切存在、关系与活动的描述和解释，一个是"精神"或"本质"的解释，一个是"物质"的和"实践"的解释。不可能严格地区分"物质"或是"精神"更多、更优先或更本质一点，也不可能在时间上或价值地位上区分谁先谁后。为了表示"神秘外壳"与"合理内核"的区分，二者在平面图上显示为不同颜色的不等圆，

---

〔1〕［德］马克思：《神圣家族》，载《马克思恩格斯文集》（第1卷），人民出版社2009年版，第288页。

〔2〕［德］马克思：《神圣家族》，载《马克思恩格斯文集》（第1卷），人民出版社2009年版，第297页。

在此必须避免误解二者存在本体论或价值论意义上的优劣地位与作用高下之分。如下图所示：

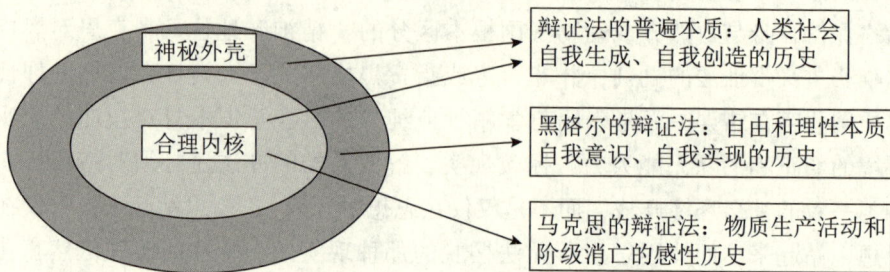

马克思的历史唯物主义辩证法，并非强调物质利益或经济生产对非经济的精神或意识形态领域的优先性，而是认为历史发展现实地来说是人们具体的、物质的和感性的实践行动，即通过生产力发展和消灭阶级、消灭贫困的改造行动与实践斗争，实现所有人衣食住行等物质生活保障与自身全部生命力量的提高完善及其自主体现和发挥。因此，马克思关心的是人的全部生命力量的具体实现与整体性地感性获得，包括肉体的和精神的、物质的和意识的能力达到真正的全面实现与发展、提高与完善。当然，黑格尔也并非强调精神或意识对于物质生活或经济生产的优先性，而是对人们一切活动，包括物质生产活动以及政治、法律、文化教育等非经济现象与存在的合理性本质解释。可以说，马克思和黑格尔的辩证法，都实现了主体与客体、思维与存在、精神与自然等的统一，不过，它们在黑格尔那里是思想意识范围内的本质统一，而在马克思那里则是物质的和实践的感性统一。

第三节　马克思对黑格尔辩证法权理论的实践"解构"

关于马克思与黑格尔的关系，特别是二人辩证法关系的研究，愈来愈被国内外学界淡化和边缘化。尽管西方马克思主义创始人卢卡奇和柯尔施曾经针对第二国际理论家和恩格斯、列宁、斯大林等正统马克思主义者，批评他们将马克思辩证法引向自然科学或实证科学解释和应用的僵化教条倾向，提出拯救马克思的辩证法和哲学，并努力连接马克思与黑格尔之间的内在联系，但是仍然无法招架后来居上的结构主义和分析主义理论家对马克思辩证法及其与黑格尔关系的排斥，特别是与后现代主义、后结构主义紧密勾连的后马克思主义理论家，甚至开始消解或置换马克思辩证法实践哲学体系的核心范畴——经济和阶级概念，用"大众民主""人民同盟""民主选举""多元话语""身份政治""至善美德"等描画"新的"社会主义蓝图与策略。然而，无论黑格尔还是马克思的辩证法，作为人类认识世界和改造世界的产物，就是人类认识和实践活动的历史本身，从来都不是纯粹的哲学或方法，也不是纯粹实证的政治学、社会学理论，相反，二人的辩证法与人类政治社会实践领域是不可能完全分离和割裂的，如果两相分离，则两方面（哲学方法论和政治社会理论）都遭受损伤和贬低，导致被曲解或消解。马克思和黑格尔辩证法之间的关系，不应过分拘泥于唯心主义与唯物主义、主语与谓语之间的"颠倒"或"头脚倒置"之类的隐喻。

一、黑格尔辩证法的现实本质：人类自由—权利全面实现和发展的历史

黑格尔率先对辩证法做了系统和科学的解释，主要呈现在他的"逻辑学""自然哲学"和"精神哲学"的《哲学全书》中，以及他那颇具实践性和现实性的"精神现象学"和"法哲学"中。根据他的观点，辩证法一方面作为绝对精神或世界本质，全知全能全善的上帝，它是潜藏于世界万物包括自然世界和人类世界中的真、善、美，在这个意义上，辩证法是宇宙真理和意义的总体或全体；另一方面辩证法是一种认识和实现世界本质、宇宙真理的永恒运动，这实际上就是人类自身自由和理性精神自我认识与自我实践的永恒活动，此所谓人类自身成长发展的历史实践总体。所以，黑格尔认为，辩证法并非外在于人类的先天原则或逻辑方法，也非任何个人的主观设计与臆测，相反，辩证法就是人类自身认识和实践活动发展的历史，其永恒的生命与动力就在于人类自身活的自由和理性精神。因为世间万物中唯有人类超出动物之身而拥有自由和理性思维，唯有人类主动自觉地渴求认识和实现自身的自由和理性精神，从而唯有人类才比照自己的自由和理性精神，不断地认识和改造世界，创造与自身自由和理性精神相适应和一致的物质条件、精神条件以及政治社会条件。"精神的一切属性都从'自由'而得以成立，又说一切都是为着要取得'自由'的手段，又说一切都是在追求'自由'和产生'自

由'。'自由'是精神的唯一真理，乃是思辨的哲学的一种结论。"〔1〕辩证法无论作为真理全体还是历史实践总体，它永恒不衰的生命活力与源泉均在于人类自身的自由和理性精神，它本质上就是人类追求真理、上帝和自由，改造世界，实现自身个别性与实体性，自然性与精神性，客观性与主体性本质的和解与统一，具体说就是人们寻求自身自然、道德和理性三种根本自由本性及其权利获得全面实现和发展的永恒认识与实践活动的历史。黑格尔天才地发现和描述的辩证法适用于宇宙世界中天上、地下的一切事物，但是其中最关键、最重要的连接点或神经中枢是人的自由和理性精神。这意味着，自然现象界中的运动发展规律不可能等同于辩证法，辩证法适用于自然界只是就人们对自然界的认识和实践探索的发展而言的。

黑格尔的辩证法并非人们通常所了解的那样，即纯粹抽象的概念逻辑或概念推演，正如他法哲学中表现出的诸多三段论式的逻辑推演，属于黑格尔自己的天才构造和设计。然而，黑格尔志向根本不在于设计或创造一种纯粹的方法论工具与手段，相反，他要努力寻求的是人类政治社会领域的真理和意义，教给人们怎样认识法和国家的真理与意义。黑格尔目睹了德意志帝国的四分五裂，广大公民没有教育，没有意识，没有舆论，没有自由，国家处于合法的无政府状态，国权成了私权，公法成了私法，国家不再存在。而现有的对法和国家的认识和理解，或者凭借自然科学方法或形式逻辑的推理原则，或者任凭人们从心情、情绪和灵感出发，依靠直接知觉和偶然想象经及主观私见和任性任意谈论，或者皈依宗教虔敬和圣经，凭借个人的良心与信念。鉴于此情况，黑格尔试图要将法和伦理的国家，从人们的"主观目的和私见""主观感情、私人信念"，以及"皈依宗教和圣经"的颓废中挽救出来，从"最自负的新时代哲学所发表的言论""各人从他的心情、情绪和灵感发出的真理"中挽救出来，"把国家作为其自身是一种理性的东西来理解和叙述"，"说明对国家这一伦理世界应该怎样来认识"，而且"认识所提供的是与现实保持更为温暖的和平"。〔2〕可以说，黑格尔第一个发现并系统阐释的辩证法，首先是缘于其政治社会的实践关怀，缘于其对人类自由与权利何以获得全面实现和发展的政治理想。

---

〔1〕 ［德］黑格尔:《历史哲学》，王造时译，上海书店出版社 2006 年版，绪论第 16 页。

〔2〕 ［德］黑格尔:《法哲学原理》，范扬、张企泰译，商务印书馆 1961 年版，序言第 12, 13 页。

　　黑格尔的辩证法并非脱离历史现实和实践的幻影或抽象的形而上学方法，同时也非对特定历史时代的相关经验事实或感性存在的描述，相反，黑格尔提供的主要是对人的自由以及人们为着自身自由全面实现和发展而创造的法和国家等政治构造物的概念或知识，如抽象法—道德—伦理，以及家庭—市民社会—国家等"法的体系"，抑或"实现了的自由王国"。黑格尔所说的"法"不是人们通常所说的"法律"（laws），而是自由的"定在"或存在形态，即right。关于"法"与"自由"的关系，如他自己所说："法的基地一般说来是精神的东西，它的确定的地位和出发点是意志。意志是自由的，所以自由就构成法的实体和规定性。至于法的体系是实现了的自由的王国，是从精神自身产生出来的、作为第二天性的那精神的世界。"〔1〕所以，在黑格尔看来，自由是人的第一天性，而"法的体系"或"实现了的自由王国"是人的"第二天性"，即为着实现自由而创造的法、道德、伦理和国家等。黑格尔提供的正是关于人的"第一天性"和"第二天性"的概念性本质知识，亦可以说是关于"人自身之所是"以及"法和国家之所是"的真理性知识，而且这两种知识必然是有机结合和统一在一起的。黑格尔认为有史以来，人们虽然一直在追求着自由，自由推动着历史发展，然而关于自由本身的知识却至今未有科学的描述和解释。"多少世纪，多少千年以来，这种自由之感曾经是一个推动的力量，产生了最伟大的革命运动。但是关于人本性上是自由的这个概念或知识，乃是人对于他自身的知识，这却并不古老。"〔2〕也就是说以前的人们只"知道"人是自由的，却不"认识"自由。

　　黑格尔的法哲学实际上是关于人的自由何以必然和现实的知识，它里面的若干"三段论"式的一个一个螺旋式上升的圆圈形成的"自由王国"或"法的体系"，实质上是对人的自由获得全面实现和发展的各个历史阶段、环节与存在方式的描述和解释，各圆圈之间过渡和上升的根本的动力或逻辑线索在于人的自由意志，在于人自身永不满足和停息的自由和理性精神。也就是说现实的人和具体的人从不将自己固定静止地停留在某种单一的存在状态或生活方式上，人总是力求获得自身的整体性表现与满足，黑格尔把这称为

---

　　〔1〕　［德］黑格尔：《法哲学原理》，范扬、张企泰译，商务印书馆1961年版，导论第12，13页。
　　〔2〕　［德］黑格尔：《哲学史讲演录》（第1卷），贺麟、王太庆译，商务印书馆1959年版，导言第52页。

朝向自身自由和理性精神的认识和实践之旅。首先人的自由意志体现为单个人的人格，外在地和客观地实现为神圣不可侵犯与剥夺的生命权、生存权以及必需财物的个人所有权，这是个人人格或主体尊严得以存在的物质基础与首要前提，此即人的外在自由或法权领域；同时，人还是一个自我意识的思维主体或道德主体[1]，因而具有主观地自我认识、自我判断、自我决定和自我负责的主体自治权利，此即个人内在自由的道德领域。由于法权和道德都是个人自由的抽象存在或理想状态，它们分别是作为 person（个人）和 subject（主体）的本质性存在，还不是一个现实的、具体的和特殊的人，人的特殊性与普遍性本质处于分裂状态。因为这种概念规定抽掉了人的一切外在的、自然的和个体的、特殊的以及偶然的各种差异性，所以如果将人的这种抽象自由或概念性存在，直接加以实践并贯彻到底，就会走向自由的反面，如强制、暴力、犯罪、邪恶、伪善、专制和独裁等。所以，黑格尔说现实的人的特殊的和具体的自由，必须是在具体生动的伦理生活境遇之中，必须是具有一定的身份、角色、责任和义务的活生生的人，也就是作为家庭、市民社会和国家中的人员的人，才是一个拥有丰富生活内容以及相应权利、责任和义务的人，即作为 man 或 individual 存在。因此家庭—市民社会—国家，就各个人的自然、道德和理性三种根本自由本性及其权利，获得不同程度与方式的实现和释放的三种基本的生活方式。这三种基本生活方式，也就是人的三种基本存在形态，人若是缺失或被固定在其中任何一种生活形态或存在方式，都将成为不自由的，自我的实现和发展都将是不全面的。所以，黑格尔认为法—道德—伦理，以及进一步的具体实现和规定：家庭—市民社会—国家，这整个法的体系才真正构成"实现了的自由王国"，也可称其为"自由—权利的辩证法"实践总体。因为，拥有自由意志的人从来不会满足于任何一种单一的存在方式而止步不前，他全面的自由自主的物质生活和精神生活，总是要不断地寻求自身自然、道德和理性三种根本自由本性及其权利的整体性实现与获得，从而总是不断行走于法、道德、福利，以及生动具体的家庭、市民社会和国家的伦理生活之间。

---

　　[1]　黑格尔认为每个人除了作为原始既定的或自然的单个生命有机体存在以外，更重要的是人拥有不同于动物的高贵之处，即人是自由和理性思维的自我意识主体，这就意味着每个人都是一个自在的道德主体，从而其内心或思想灵魂深处属于不可侵犯和干涉的绝对自由领域。

二、马克思何以从黑格尔的国家哲学转身

黑格尔的自由—权利辩证法为人们提供的是对人类政治社会的概念或本质的解释路径，属于理论的或观念的实践，是一种解释世界或认识世界的深刻理论，可以说他创立了达到当时世界意识形态领域顶峰的国家哲学（至少马克思是这么赞赏和评价的）。黑格尔第一个率先将辩证法作为人类自身认识世界和改造世界的永恒历史运动，亦即人类自由和理性精神不断朝向自身、认知自身、实践自身的日益发展、成熟和完善，也可以说是全人类追求自身肉体、精神和道德等方面全部本质力量获得全面而平等的自由发展和整体性自我获得的永恒历史活动。在某种意义上可以说，辩证法作为人类自身及其社会活动的历史总体，不是属于黑格尔的个人创造与主观设计，黑格尔只是第一个天才地发现并阐释了它。这就意味着马克思的辩证法对于黑格尔而言，不应该是继承连续或颠倒改造的问题，不如说马克思对之产生极大共鸣之后的不满足，因而对辩证法或人类历史重新做出了自己的新发现与新阐释。那么，马克思何以对黑格尔自由—权利辩证法的国家哲学感到不满呢？

可以说，马克思与黑格尔二人对于辩证法的自由和理性精神本质的理解是不谋而合、不约而同的。青年时期的马克思也曾满腔热情地崇拜自由和理性的唯心主义真理，他在其博士论文序言中曾称黑格尔为"巨人般的思想家"，还在其论文献词中写道："……唯有唯心主义才知道那能唤起世界上一切英才的真理；……唯心主义不是幻想，而是真理。"[1]这里也可见马克思信仰和崇拜的唯心主义与人们通常持批评和贬损立场的唯心主义根本不是一回事。马克思的博士论文通过比较德谟克利特自然哲学和伊壁鸠鲁自然哲学的差异，从这两个极端对立的哲学派别——自由派和实证派的对比，发现了一个重要问题："哲学同世界的一种颠倒关系和敌对的分裂"，表现出"哲学的一种外部分裂和二重化。"[2]那么，内在的或自我意识的自由，何以能与经验的、实证的和感性的自由相一致和统一呢？马克思由此为自己提出了一个艰巨的哲学任务，更恰当一点说是马克思一生都在寻求理解和解决的一个伟大

---

〔1〕〔德〕马克思："博士论文献词"，载《马克思恩格斯全集》（第1卷），人民出版社1995年版，第9页。

〔2〕〔德〕马克思："博士论文附注"，载《马克思恩格斯全集》（第1卷），人民出版社1995年版，第77页。

的实践理想：哲学的世界化或世界的哲学化。马克思认为"世界的哲学化同时就是哲学的世界化，哲学的实现同时也就是它的丧失"〔1〕。这里的"哲学"可能是指黑格尔关于人的自由全面实现和发展的国家哲学与历史哲学，马克思正是要寻求如何实践黑格尔所说的作为自由理念的现实化的法和国家哲学，也就是关于如何实现"全人类解放"的实际问题，同时这可能暗含着两个阶段性步骤：第一，"哲学的世界化"，即从作为自由理念现实化的法和国家理念出发，批判考察和分析现存政治社会经济制度何以不合理，何以是"异化"的现实和存在；第二，"世界的哲学化"，亦即现实如何趋向思想，就是从自然的、感性的以及特殊的和具体的人的吃喝住穿等物质权利，以及他们的教育文化信仰等精神和道德的主体权利出发，改造现存世界，最终实现全人类的物质解放和精神解放，即所有人自由本质的现实的和具体的全面发展。

马克思任《莱茵报》编辑期间，可以说是对实现自由和理性的法和国家的试验，尝试迈出"哲学世界化"的第一步，也有人称之为马克思的黑格尔主义者时期。但有一点需要在此简单说明：马克思是不同于费尔巴哈、鲍威尔、施蒂纳等黑格尔主义者的，因为这些人走的是对黑格尔意识哲学的"批判"道路，而马克思走的是对黑格尔国家哲学的"实践"道路。可以说只有马克思才真正发现了黑格尔法和国家哲学的伟大和深刻，同时也发现了黑格尔先进的国家哲学同政治经济落后的普鲁士国家之间的距离，试图用自由和理性的法和国家理念，实现现存的普鲁士法和国家制度的实际变革，期待普鲁士国家能在事实上真正成为所有公民具体自由的现实。

在关于新闻出版自由与书报检查制度的两篇政论文章中，马克思跟黑格尔一样，从人的自由本质出发，指责书报检查制度作为非法的"预防性法律"，它限制了人自由本性的肯定性存在，指出："新闻出版就是人类自由的实现"〔2〕，"新闻出版是个人表达其精神存在的最普遍的方式。它不知道尊

---

〔1〕［德］马克思："博士论文附注"，载《马克思恩格斯全集》（第1卷），人民出版社1995年版，第76页。

〔2〕［德］马克思："关于新闻出版自由和公布省等级会议辩论情况的辩论"，载《马克思恩格斯全集》（第1卷），人民出版社1995年版，第166页。

重个人，它只知道尊重理性"[1]，"新闻出版法就是对新闻出版自由在法律上的认可。它是法，因为它是自由的肯定存在"[2]，而书报检查制度总是"把疾病看作是正常状态，把正常状态即自由看作是疾病"[3]。所以，"书报检查制度和新闻出版法的差别就是任性和自由的差别，就是形式上的法律和真正的法律的差别"[4]。在《关于林木盗窃法的辩论》中，马克思指出"林木盗窃法"是违背人民自由本性规律的习惯法，实际上只是为特权者贵族所有，为林木所有者所有，他们将原本属于国家的公共权利据为己有，将穷人"捡拾枯枝"与"盗窃林木"视为同等程度甚至更严重的盗窃罪行加以惩罚，这是属于法律本身的腐败。马克思因而主张这种本身作为特权贵族们"习惯的不法行为"的习惯法，不过是一剂毒药，必须加以废除。

马克思亲眼目睹了摩泽尔河沿岸地区居民的贫困，认为根本原因在于行政当局管理工作的贫困，在于国家精神的缺乏。"官员指摘私人把自己的私事夸大成国家利益，私人则指责官员把国家利益缩小成自己的私事，即缩小成一种把所有其他的老百姓都排斥在外的利益……在官员看来，只有当局的活动范围才是国家，而处于当局活动范围以外的世界则是国家所支配的对象，它丝毫也不具备国家的思想和判断能力。"[5]马克思发现行政当局官员自身的工作偏离了国家的本质，他们把国家的普遍形式当作一种单独的利益实体孤立起来，而与国家的内容即人民具体利益对立和分离起来，使国家成了无精神的东西，即成了一种脱离人民生活并和人民生活相对立的统治制度和官僚制度。"国家形式，正是作为形式，还与自己的内容相对立，而人民精神在这些形式中也就不像在它自己的形式中那样感到'自在'，它不承认这些形式是自己生命的形式……官僚势力还是太强大，所以过着真正国家生活的并不是

---

〔1〕 ［德］马克思："关于新闻出版自由和公布省等级会议辩论情况的辩论"，载《马克思恩格斯全集》（第1卷），人民出版社1995年版，第196页。

〔2〕 ［德］马克思："关于新闻出版自由和公布省等级会议辩论情况的辩论"，载《马克思恩格斯全集》（第1卷），人民出版社1995年版，第176页。

〔3〕 ［德］马克思："关于新闻出版自由和公布省等级会议辩论情况的辩论"，载《马克思恩格斯全集》（第1卷），人民出版社1995年版，第177页。

〔4〕 ［德］马克思："关于新闻出版自由和公布省等级会议辩论情况的辩论"，载《马克思恩格斯全集》（第1卷），人民出版社1995年版，第179页。

〔5〕 ［德］马克思："摩泽尔河沿岸地区居民对1841年12月24日的内阁指令"，载《马克思恩格斯全集》（第1卷），人民出版社1995年版，第372页。

整个国家，而只是国家的一部分即'政府'。"〔1〕这显然与黑格尔的国家理念是背道而驰的。

马克思从普鲁士国家的书报检查制度、林木盗窃法、摩泽尔河沿岸地区居民的贫困中，看到现存的法和国家偏离了自身的伦理和理性本质，违背人民的自由和理性精神，因而不但不是保障和促进人民幸福自由的物质生活和精神生活，不是人民普遍自由—权利的实现，而是特权者、贵族、行政当局的特殊权利，压抑、强制和阻碍人民自由自主的精神生活和物质生活。马克思这段政治经济现状考察和思想经历，多少让他有种挫败感：先进的法和国家理念未必会实际导致先进的政治经济社会制度，先进的自由理念未必会让广大人民实际享有自由自主的物质生活和精神生活，理念本身无法触动现实的存在。这样，马克思的哲学困惑仍然悬而未决：理念的或意识的自由何以能达到与现实的、实证的或经验的自由统一？马克思不得不继续思索：如果先进的理念或哲学本身不能改变落后的现实，那么现存的不合理的法和国家制度何以改变，广大人民物质生活的贫困何以摆脱？由谁来实现和改变这一切？

马克思《莱茵报》时期的"哲学世界化"实验初步受挫后，他开始吸收借鉴费尔巴哈唯物主义的人本学理论，转向对自然的和感性的个体的人的关注，但这并不意味着他放弃或怀疑黑格尔的自由理念以及人的自由全面实现和发展的"法和国家"理念，相反他仍然要继续完成"哲学世界化"这个艰巨任务，特别是要寻找认识和实践这些先进理念的历史主体。马克思在《〈黑格尔法哲学批判〉导言》中提出："德国唯一实际可能的解放是以宣布人是人的最高本质这个理论为立足点的解放……德国人的解放就是人的解放。这个解放的头脑是哲学，它的心脏是无产阶级。哲学不消灭无产阶级，就不能成为现实；无产阶级不把哲学变成现实，就不可能消灭自身。"〔2〕马克思这里初步发现了"哲学世界化"的主体或跳动的"心脏"，是无产阶级，同时他仍要将"哲学"作为无产阶级的"头脑"或"精神武器"。"哲学"和"无产阶级"之间的"头脑"和"心脏"关系，表明哲学理念如果没有跳动的"心脏"——无产阶级的物质生产和阶级斗争活动——作为主动的实践力量，就

---

〔1〕［德］马克思："摩泽尔河沿岸地区居民对1841年12月24日的内阁指令"，载《马克思恩格斯全集》（第1卷），人民出版社1995年版，第407页。

〔2〕［德］马克思："《黑格尔法哲学批判》导言"，载《马克思恩格斯文集》（第1卷），人民出版社2009年版，第18页。

不可能得到实现或变成现实，同时无产阶级如果不把哲学真理作为"精神武器"或"头脑"，就不能明确自身革命斗争的方向和目标，也不可能消灭自身，即解放自身。马克思由此开始从自由和理性的唯心主义哲学信仰，转向"消灭哲学"和"消灭无产阶级"的实践事业，也就是开始转向对现存国家和社会制度及人们物质生存状况的实践批判和理论阐释。

三、马克思实践批判的核心要素与本质构成：经济生产和阶级斗争

马克思与黑格尔二人的辩证哲学体系，就它们共同充满了对人类自由本质全面发展与解放的实践关怀和政治理想而言，都属于实践哲学，而非简单的唯物与唯心、认识与实践，或思维与存在、存在与意识等僵化的二元区分关系，任何一种单一的哲学原则或思维方式都无法完全概括并适应他们的辩证法哲学体系。黑格尔从人类精神的自由本质出发，创立了自由—权利辩证法的观念批判路径，提出人类应该怎样认识和实践自身自由本质的观念性真理，为人类提供了认识和改造世界的"知"之真理。但是马克思提出："哲学家们只是用不同的方式解释世界，问题在于改变世界。"[1] 这就是说，马克思创立实践哲学是要为人类提供认识和改造世界的"行"之真理，即人们应该怎样真正达到对自身本质地位的自我认识，以及如何才能改变自身生存状况并解放自身的实践真理。

马克思认为人类解放不仅需要现实而具体的物质力量，更需要积极主动地创造和运用这种物质力量的精神主体或历史实践主体。黑格尔虽然根据人类自身自由-权利的精神本质能够合理地解释人类社会历史何以从"一个人是自由的""一部分人是自由的"，发展到最终"所有人都是自由的"，虽然人类始终是创造和实现自身历史的最活跃主体，但是"人类"这个主体太抽象以致太空虚、太无力了。所以马克思指出："在黑格尔那里，历史的绝对精神已经在群众身上有了自己的材料，但只是在哲学中才有了自己相应的表现。"[2] "黑格尔的过错在于……他只是在表面上让绝对精神去创造历史。因为绝对精神只是事后才通过哲学家意识到自身是具有创造力的世界精神，所以，它制

---

〔1〕〔德〕马克思：《关于费尔巴哈的提纲》，载《马克思恩格斯文集》（第 1 卷），人民出版社2009 年版，第 502 页。

〔2〕〔德〕马克思、恩格斯：《神圣家族》，载《马克思恩格斯文集》（第 1 卷），人民出版社2009 年版，第 292 页。

造历史的行动也只是发生在哲学家的意识中、见解中、观念中，只是发生在思辨的想象中。"[1]黑格尔根据自由的现实性原则解释了国家的合理性本质和历史使命，然而，当现存的资本主义国家及其社会经济制度偏离自身合理性本质时，即是出现了国家的异化，从而出现了整个社会存在的异化时，应该怎么办？这种异化是如何以及怎样发生的，根源何在？如何解释个人、社会及国家存在的异化？谁将扭转或消灭这个异化？由谁来改变以及怎样改变现存的诸多不合理社会经济制度？什么样的人或群体能够承担起改造世界的历史使命，社会何以会产生这样一种积极主动的历史实践主体？面对上述问题，黑格尔自由—权利辩证法所说的抽象"个人""主体"或"人类"甚至"民族国家"还不足以成为那个自觉、主动地改造和推翻现存社会的历史实践主体。在这个意义上可以说，黑格尔的自由—权利辩证法虽然正确地提出了问题、解释了问题，并提出了理论的解决路径，但是它不可能实践地解决问题，更不可能提出如何消除现存的不合理弊病、摆脱眼前困境的实践路径。

马克思正是要探索和寻求这样一种解决现实问题、改造现存不合理世界的实践路径，这意味着必须对人类自由本质全面发展与解放的具体物质条件和精神条件，特别是对物质经济生产和阶级斗争活动进行社会历史分析。马克思因此决心从黑格尔自由—权利辩证法的精神和观念批判，转向物质的和实践的政治经济学批判，也就是进一步深入到人类实现自身自由—权利的最根本的具体实践活动——物质的经济生产活动和反对奴役与压迫的阶级斗争，马克思实践哲学的核心要素或本质构成正在于其创立的经济-阶级辩证法。这里，"经济"与"阶级"是两个必须联系起来才能得到适当理解和合理解释的概念。这里"经济"概念，包括"商品""价值""劳动""分工""资本"和"货币"等主要的经济学范畴，不仅仅指向批判的或否定性的资本主义经济，而且在更深更广的意义上，"经济"意味着所有个人自由—权利本质得以全面发展和实现必需的总体性物质基础、手段或自然前提。"阶级"概念并非天生独自地属于上层建筑或政治社会领域，相反它是罩在特殊的资本主义物质生产面纱下面人自身生产的否定性社会存在，即作为仅仅追求资本不断增殖的生产方式的产物与社会投射，反映了物的生产与人的生产之间否定性、

---

〔1〕［德］马克思、恩格斯：《神圣家族》，载《马克思恩格斯文集》（第1卷），人民出版社2009年版，第292页。

对立性的发展阶段。更重要的是，马克思并非主张坚持阶级斗争与阶级对抗，相反"阶级"作为压抑和否定人类普遍平等的自由主体地位的一种警示性社会存在，是应当被批判和被消灭的东西。因此，马克思的"经济"概念，不同于纯粹经济学意义上那种自然、独立和客观的"物"的生产发展规律或经济结构，"阶级"不同于纯粹社会学意义的社会分化、地位分层、职业类别，或纯粹政治学意义上的身份政治、话语政治、文化批判、多元民主、分配正义等，进而马克思辩证法视野下的经济理论和阶级理论，根本区别于各种非辩证的批判性、替代性与拓展性解释，如经济一元论、生产力首要论，阶级中心论、阶级过时论，以及经济基础与上层建筑、生产力与生产关系的相互作用论或矛盾的多元决定论，等等。

马克思以经济和阶级概念为核心的辩证法实践批判，首先反对那种经济决定论的社会发展路径，即以经济利益或物质财富的增长与发展作为一切生产、生活的最终目的，将资本或货币财富的积累当作人的本质和最终目的，从而将现实生活中一切问题的分析研究与决策，都主要归结于经济发展，都试图从经济利益或经济效益中寻找理由与解释。这种"经济目的决定论"的现实运动与发展必然表现为对立两极的生产与再生产，即：一面是物质经济的高度发达与繁荣，一面是整个社会的道德败坏与犯罪；一面是资产阶级的富裕与奢侈，一面是无产阶级的贫困与饥饿；一面是表面的自由、平等、所有权及公平竞争，一面是生产、生活资料所有权与无产者的生存需要、文化教育、精神道德等自由本性及权利的完全分离。这正是马克思深刻批判的那种以资本增殖和货币财富为目的的资本主义生产方式，无产阶级与资产阶级之间严重的不平等关系完全隐没在表面的物的平等交换与个人自由选择的合理化关系后面。马克思反对将资本主义的经济发展规律当作犹如自然必然性规律一样不可改变与否定的永恒"铁律"。实际上，以物代替人的自由本质、或者以手段代替目的，"这种颠倒的过程不过是历史的必然性，不过是从一定的历史出发点或基础出发的生产力发展的必然性，但决不是生产的一种绝对的必然性，倒是一种暂时的必然性，而这一过程的结果和目的是扬弃这个基础本身以及扬弃过程的这种形式"[1]。

---

　　[1]　[德] 马克思：《政治经济学批判（1857-1858年手稿）》，载《马克思恩格斯文集》（第8卷），人民出版社2009年版，第208页。

　　马克思批判那种经济目的决定论的资本主义生产方式，正是为将经济发展或物质财富下降或恢复到它自身相对于人自由本质发展目的而言的基础或手段的应有地位，确立经济基础论的社会历史分析方法，即提高和发展社会生产力，物质经济足够富裕，只在于缩短社会必要劳动时间，消灭剩余劳动，节省更多的自由时间，人们获得物质的和劳动的解放，从而获得精神解放，能够自由自主地发展或释放自己自然和精神方面的本质力量与主观需要。而人们却把马克思的经济基础论曲解成"经济基础"与"上层建筑"之间因果必然性的机械决定论关系或类似"经济本体论"的"经济中心主义"。马克思"经济基础论"的社会发展路径的目标或趋势必然是：消灭阶级差异和阶级对立，消灭贫困与犯罪，消灭对立两极的生产与再生产，从而不再是"在一极是财富的积累，同时在另一极……是荒淫贫困、劳动折磨、受奴役，以及无知、粗野和道德堕落的积累"〔1〕。这时，经济与阶级的辩证发展关系正如："真正的经济——节约——是劳动时间的节约。而这种节约就等于发展生产力……节约劳动时间等于增加自由时间，即增加使个人得到充分发展的时间，而个人的充分发展又作为最大的生产力反作用于劳动生产力。"〔2〕一方面，劳动生产力的提高和物质资料的丰富，不断为人自由本质的全面发展创造客观条件、提供物质手段，另一方面，阶级已经不再是处于对抗关系下的资产阶级和无产阶级，劳动成为所有人的天职和积极追求，亦即人自身自由本质的全面发展和完善，个人才能的充分发挥，进而不断促进社会生产力的提高、物质经济的繁荣。

四、马克思的经济—阶级辩证法：对黑格尔辩证法权理论的实践"解构"

　　黑格尔将人类自由本质获得全面实现和发展的历史，解释或显现为人类争取自身自然、道德和理性三种根本自由本性及相应权利全面实现的自我认识、实践创造和斗争的历史，在现实的法和伦理政治世界中则表现为构建法、道德和民生福利三者相统一的伦理政治秩序。尽管黑格尔的自由—权利辩证法具有较强的历史性和实践性，但是在马克思看来，它只是在精神运动或自

---

　　〔1〕［德］马克思：《资本论》（第 1 卷），载《马克思恩格斯文集》（第 5 卷），人民出版社 2009 年版，第 743~744 页。
　　〔2〕［德］马克思：《政治经济学批判（1857–1858 年手稿）》，载《马克思恩格斯文集》（第 8 卷），人民出版社 2009 年版，第 203 页。

我意识范围内的辩证法，对现实世界或现存不合理社会经济制度的改造来说，只是一种观念的或理论本质的揭示与批判，丝毫不能触动现存的资产阶级统治及其不合理的社会制度。在这个意义上，黑格尔的辩证法仍然是抽象的和神秘的，它对于现存国家和社会只是观念的或理论的批判武器。

马克思认为现存的物质力量需要物质的武器来批判和摧毁，这个物质的武器就是无产阶级的劳动解放或经济解放，就是对抗资产阶级的阶级斗争，就是阶级消亡，就是物的生产与人和生产的有机统一，相互促进。在这个意义上，马克思在《资本论》第二版序言中明确表明他的辩证法与黑格尔不同："我的辩证方法，从根本上来说，不仅和黑格尔的辩证方法不同，而且和它截然相反。"[1]这绝不意味着马克思的辩证法就是对黑格尔辩证法的颠倒或否定，尤其不是人们通常理解的所谓唯物主义对唯心主义的颠倒，物质对精神、或实践对意识的颠倒，等等。马克思在表明自身与黑格尔辩证法根本不同的同时，公开承认自己"是这位伟大思想家的学生"，诚恳地声明自己"在关于价值理论的一章中……甚至卖弄起黑格尔特有的表达方式"[2]。马克思并没有因为批评黑格尔辩证法的神秘性而否定和贬损它，相反对其高度称赞："辩证法在黑格尔手中神秘化了，但这决没有妨碍他第一个全面地有意识地叙述了辩证法的一般运动形式。""因为辩证法在对现存事物的必然灭亡的理解；辩证法对每一种既成的形式都是从不断的运动中，因而也是从它的暂时性方面去理解；辩证法不崇拜任何东西，按其本质来说，它是批判性的和革命的。"[3]而且早在《1844年哲学经济学手稿》中马克思就意识到了黑格尔辩证法的伟大之处："黑格尔的《精神现象学》及其最后成果——辩证法，作为推动原则和创造原则的否定性——的伟大之处首先在于，黑格尔把人的自我产生看作一个过程，把对象化看作非对象化，看作外化和这种外化的扬弃；可见，他抓住了劳动的本质，把对象性的人、现实的因而是真正的人理解为人自己的劳动的结果。人同作为类存在物的自身发生现实的、能动的关系，

---

〔1〕［德］马克思：《资本论》第2版跋，载《马克思恩格斯文集》（第5卷），人民出版社2009年版，第22页。

〔2〕［德］马克思：《资本论》第2版跋，载《马克思恩格斯文集》（第5卷），人民出版社2009年版，第22页。

〔3〕［德］马克思：《资本论》第2版跋，载《马克思恩格斯文集》（第5卷），人民出版社2009年版，第22页。

或者说，人作为现实的类存在物即作为人的存在物的实现，只有通过下述途径才有可能：人确实显示出自己的全部类力量——这又只有通过人的全部活动，只有作为历史的结果才有可能——并且把这些力量当做对象来对待，而这首先又只有通过异化的形式才有可能。"〔1〕马克思因此极力反对当时德国知识界那些自负平庸的模仿者们把黑格尔"当作一条'死狗'"〔2〕，主张正视并认真吸收黑格尔辩证法的真理本质。

马克思正是认识到了黑格尔辩证法的真理性和伟大性，才决心扬弃黑格尔辩证法对于实践改造的神秘性和抽象性，创立物质的和实践的经济—阶级辩证法，以无产阶级活生生的生命、跳动的心脏和流动的血液，以及争取劳动解放或经济解放的革命斗争与历史运动，赋予了辩证法蓬勃的生命活力。正如马克思自己所说："在他（黑格尔）那里，辩证法是倒立着的。必须把它倒过来，以便发现神秘外壳中的合理内核。"〔3〕马克思这里所谓"倒立"，重点并不在于指责黑格尔辩证法的"头足倒立"，即颠倒了物质和精神或实践和意识，根本地在于如何"倒过来"，实现"世界的哲学化"，亦即怎样行动和如何进一步在实践上推进或实现黑格尔的辩证法真理，从而清楚地呈现出他们二人辩证法的"内核"与"外壳"。"外壳"意味着马克思的辩证法和黑格尔一样，从来不是一种先天的、外来的既定方法或规则的机械构造与设计，相反正是人类自身生命的全部本质力量的全面实现与整体性自我获得的历史运动与总体过程。"内核"意味着马克思辩证法较强的物质性和实践性批判，也就是将人类实现自身自由本质全面发展的辩证法，亦即人类自由和理性精神或自由—权利自我认识和实现的历史实践与永恒创造，具体实现或显现为人类物质的和实践的经济生产和阶级斗争、阶级消亡的具体活动与行动。在马克思那里"经济"与"阶级"是二而一的有机关系，实际上也就是人类寻求自身肉体和精神能力及需要的全面发展与全面实现过程，在具体的和特殊的历史阶段，二者往往表现为相互否定、对立和分离，纯粹的物的生产主导

---

〔1〕［德］马克思：《对黑格尔辩证法和整个哲学的批判》，载《马克思恩格斯文集》（第1卷），人民出版社2009年版，第205页。

〔2〕［德］马克思：《资本论》第2版跋，载《马克思恩格斯文集》（第5卷），人民出版社2009年版，第22页。

〔3〕［德］马克思：《资本论》第2版跋，载《马克思恩格斯文集》（第5卷），人民出版社2009年版，第22页。

控制并压抑阻碍着人自身的生产，即阻碍着人们自身肉体和精神能力获得全面而平等的生产与再生产，这正如马克思所说的人的劳动异化。从内在的或本质的观点看来，由于人自身精神或自由意志的实践力或创造力，因而总是要努力挣脱或摆脱自身的异化阶段，朝着与自身自由本质发展相适应和一致的方向前进。这个过程从外在的或现象的观点看来，呈现为经济的生产发展与阶级斗争。

马克思对黑格尔辩证法神秘形式的批判，并不意味着对黑格尔的否定，只不过是要把黑格尔辩证法中神秘的东西显现或实现出来。黑格尔的自由—权利辩证法虽然从人类自身精神本质中发现了法和伦理—政治世界的真理、责任与意义，从人类自身的自由本质出发解释了私法、道德、伦理，及家庭、市民社会和国家等客观精神造物现实存在的合理性本质及其相互关系，尽管它也曾指出历史发展过程中必然存在虚假和错误，存在不平等、贫困与压迫，甚至整个人类存在的异化现象。然而，在马克思看来，人类社会制度及其发展的历史，很难仅仅从人的自由—权利这种抽象关系来概括和解释，还必须通过它实现自身的外在内容或客观的外在现实领域，即物质资料的生产方式及其所造成的生产关系才能得到更具体、更现实的解释。哲学思想如何获得现实性力量或如何改变世界的答案，以及人们自身自由—权利实现的程度与方式，应该到人们当下身处的物质经济发展条件及现实社会制度中去寻求和分析。

因此，与其说马克思的辩证法是对黑格尔的颠倒，不如说是对黑格尔辩证法的实践和现实推进。如果说黑格尔的自由—权利辩证法解释了人类自然—道德—理性、私法—道德—伦理，以及家庭—市民社会—国家，它们之间相互转变、过渡和上升的内在必然性及历史和逻辑的本质关系，用黑格尔自己的话说就是对它们"合乎理性的现实性"以及"现实性的合理性"进行了系统的理论解释和论证；那么马克思的经济—阶级辩证法则要为这些本质构造、本质关系客观的确定性存在及其相互关系，提供一种物质的和实践的解释与论证，揭示人类自由—权利意志背后现实的、客观的和物质的动力，解释现存的国家和社会制度何以是不合理的，何以是必然消亡的，从而必须以物质生产和阶级消亡的斗争来解释各种自由—权利实体与构造何以生成、过渡与消亡。这样，可以说黑格尔的法哲学是对人类政治社会存在和发展的内在合理性本质的批判性阐释和揭示，是人类的"精神（自由意识）现象学"，而马克思的资本论即政治经济学批判，则是对人类政治社会内在本质的外在化、具体化的现象学批判，即对人类社会最基本的经济生产、物质生存条件与其主观的主体意识、自由精神发展的历史和逻辑关系的批判性阐释与揭示。这就是马克思对黑格尔神秘性的"解构"，或者说是对黑格尔辩证法中"神秘"观念的"现象化"。所以，马克思对黑格尔辩证法的所谓"颠倒"，实际上就是对黑格尔"精神现象学"的"本质"或"观念"批判的进一步"现象学"批判与实践"解构"。这意味着，马克思的生产、劳动、商品、价值、资本、货币等经济学概念，正是黑格尔"理性""自由""精神""权利""道德""法"和"国家"等本质性概念的外在实现或实践，即"现象"。如果说黑格尔的自由—权利辩证法是"绝对精神"在政治社会领域中外化自身、证明自身的现象学批判，那么马克思的经济—阶级辩证法则是黑格尔自由—权利辩证法在社会经济领域中实现或显现自身的现象学，具体表现为阶级斗争和劳动解放的历史。

马克思经济—阶级辩证法的社会批判理论，在更深层意义上，是与他主张阶级消亡和解放全人类的思想相适应的。马克思辩证法社会批判视野下的"经济"和"阶级"，既是一种批判性和警戒性社会评判指标，即物质经济发展仅作为追求资本不断增殖的生产方式，因而不断生产和再生产阶级对抗、阶级斗争与贫困堕落；而在物的生产与人的生产辩证发展的更高阶段，则又作为积极肯定的社会发展指标，即物质经济的发展为着所有人平等的生存和发展需要，创造更多的物质财富，节省更多的自由时间，消除阶级剥削或资本增殖的生产劳动，最终达到所有人自身肉体和精神全部本质力量的全面发展和整体性自我获得。也就是物的生产与人的生产达到自在自为的统一。只要人类尚未获得更发达、更富裕的物质生活，更多的自由时间，以及每个个人在肉体、精神和道德等方面全部本质力量得到全面而平等的自由发展、充分发挥，只要这个历史任务没完成，马克思的"经济"和"阶级"概念就永不过时，永远具有鲜活的批判力和解释力。

参考文献

一、英文著作

1. Harry Brod, *Hegel's Philosophy of Politics*: *Idealism*, *Identity*, *and Modernity*, Westview Press, 1992.

2. Z. A. Pelczynski （ed.）, *Hegel's Political Philosophy Problems and Perspectives*, Cambridge at the University Press, 1971.

3. Steven B. Smith, *Hegel's critique of Liberalism*: *Rights in Context*, The University of Chicago Press, 1989.

4. Arbis B. Collins （ed.）, *Hegel On the Modern World*, State University of New York Press, 1995.

5. Z. A. Pelczynski （ed.）, *The State and Civil Society*: *Studies in Hegel's Philosophy*, Cambridge University Press, 1984.

6. Errlo E. Harris, *The Spirit of Hegel*, Humanities Press New Jersey , 1993.

7. Paul Lakeland, *The Politics Salvation*, *The Hegelian Idea of The State*, State University of New York Press, 1984.

8. Tony Burns, *Natural Law and Political Ideology in the Philosophy of Hegel*, Avebery, 1996.

9. John Walker （ed.）, *Thought and Faith in the Philosophy of Hegel*, Kluwer Acdemic Publishers, 1991.

10. Lewis P. Hinchman, *Hegel's Critique of the Enlightenment*, University Presses of Florida , 1984.

11. Shlomo Avineri, *Hegel's Theory of the Modern State*, Cambridge at the University Press, 1972.

12. Stephen Houlgate, *Freedom*, *Truth and History*, London and New York, 1991.

13. AllenW. Wood （ed.）, *Elements of the Philosophy of Right*, Cambridge University Press, 1991.

14. RobertStern （ed.）, *Critical Assessments Vol Ⅳ*: *Hegel's philosophy of nature and philosophy of Spirit*, London and New York, 1993.

15. Wayne Cristaudo, *The Metaphysics of Science and Freedom from Descartes to Kant to Hegel*, Avebury, 1991.

16. Merold Westphal, *Hegel, Freedom and Modernity*, State university of New York Press, 1992.

17. Patrick Riley, *Will and Political Legitimacy*, *A Critical Exposition of Social Contract Theory in Hobbes, Locke, Rousseau, Kant and Hegel*, Harvard university Press, England , 1982.

18. StephenPriest （ed.）, *Hegel's Critical of Kant*, Clarendon Press Oxford, 1987.

19. H. S. Harris, *Hegel's Ladder* Ⅰ : *The Pilgrimage of Reason*, Hackett Publish Company, Cambridge, 1997.

20. H. S. Harris, *Hegel's Ladder* Ⅱ : *The Odyssey of Spirit*. Hackett Publish Company, Inc. Indianapolis/Cambridge, 1997.

21. Eric Weil, *Hegel and the State*, The John's Hopkins University Press, 1998.

22. Paul Franco, *Hegel's Philosophy of Freedom*, Yale University Press New Haven and London, 1999.

23. Alan Patten, *Hegel's Idea of Freedom*, Oxford University Press, 1999.

24. Christopher J. Berry, *Hume, Hegel and Human Nature*, Martinus Nijhoff Publishers The London, 1982.

25. Adriaan T. Peperzak, *Modern Freedom Hegel's Legal, Moral, and Political Philosophy*, Kluwer Academic Publishers , London , 2001.

26. Robert Bruce Ware, *HEGEL Logic of Self-consciousness and the Legacy of Subjective Freedom*, Edinburch University Press, 1999.

27. Dieter Henrich, *Between Kant and Hegel*, David S. Pacini （ed.）, Harvard University Press, 2003.

28. RobertR. Williams （ed.）, *Beyond Liberalism and Communitarianism*: *Studies in Hegel's Philosophy of Right*, State University of New York Press, 2001.

29. Gary K. Browning, *Hegel and the History of Political Philosophy*, First Published

in Great Britain，1999.

30. DavidLamb（ed.），*HEGELvol* I，Ashgate Publishing Company，1998.

31. FrederickC. Beiser（ed.），*The Cambridge Companion to HEGEL*，北京三联书店，2006年。

32. Hegel，*Elements of the Philosophy of Right*，Allen W. Wood（ed），Translated By H. B. Nisbe（剑桥政治思想史原著系列影印本），中国政法大学出版社2003年版。

33. Laurence Dickey and H. B. Nisbet（ed.），*Hegel Political Writings*（剑桥政治思想史原著系列影印本），中国政法大学出版社2003年版。

34. HEGEL，*Lectures on Natural Right and Political Science*，*The First Philosophy of Right*，*Translated by J. MichaelStewart and Peter C. Hodgson*，*University* of California Press，1995.

35. Jussi Kotkavirta（ed.），*Right*，*Morality*，*Ethical Life—Studies in Hegel's Philosophy of Right*，SOPHI Publications of Social and Political Science and Philosophy，University of Jyvaskyla，1997.

36. Mullender，Richard，*Hegel*，*Human Rights and Particularism*，Journal of Law & Society，Dec2003，vol. 30. Issue 4.

37. Robert B. Pippin（ed.），*Hegel on Ethics and Politics*，Cambridge University Press，2004.

38. Joshuad Goldstein，*Hegel Ideas of Good Life—from virtue to freedom early writings and marture political philosophy*，Published by Springer，2006.

39. Marx，*Later Political Writings*，Cambridge University Press，1996.

40. Marx，*Early Political Writings*，Cambridge University Press，1994.

41. Peter Worsley，*Marx and Marxism*，London；New York：Routledge，2002.

42. Sidney Hook，*Marx and the Marxists*；*the ambiguous legacy*，Princeton，N. J.，Van Nostrand，1955.

43. Ajit Jain，Alexander J. Matejko（ed.），*Marx and Marxism*，Praeger，1984.

44. James D. White，*Karl Marx and the Intellectual Origins of Dialectical Materialism*，Macmillan Press Ltd，1996.

45. Louis Dupre，*The Philosophical Foundations of Marxism*，Harcourt，Brace& World，Inc.，1966.

46. TerrellCarver （ ed.）, *The Companion to Marx*, Cambridge University Press, 1991.

47. Harold Mah, *The end of philosophy, the Origin of "Ideology"*: *Karl Marx and the Crisis of the Young Hegelians*, London, University of California Press, 1987.

48. Tom Rockmore, *Marx after Marxism*: *the Philosophy of Karl Marx*, Malden, Blackwell Publishers, 2002.

49. Tom Rockmore, *Before and Hegel*: *A Historical Introduction to Hegel's thought*, *Berkeley and Los Angeles*, University of California Press, 1992.

50. J. N. Findlay, *Hegel*: *A Reexamination*, New York: Oxford University Press, 1958.

51. Ali Rattansi, *Ideology*, *method*, *and Marx* : *essays from Economy and society*, Routledge, 1989.

52. Rudolf Schlesinger, *Marx*, *his time and ours*, Abingdon, Oxon : Routledge, 2010.

53. David Leopold, *The young Karl Marx* : *German philosophy*, *modern politics*, *and human flourishing* , Cambridge University Press, 2009.

54. Peter Worsley, *Marx and Marxism* London ; New York : Routledge, 2002.

55. David M. Walker, *Marx*, *methodology and science* : *Marx's science of politics* .

二、汉译著作

1. ［德］黑格尔：《小逻辑》，贺麟译，商务印书馆 1980 年版。

2. ［德］黑格尔：《逻辑学》，梁志学译，人民出版社 2002 年版。

3. ［德］黑格尔：《精神现象学》（上），贺麟、王玖兴译，商务印书馆 1979 年版。

4. ［德］黑格尔：《精神现象学》（下），贺麟、王玖兴译，商务印书馆 1979 年版。

5. ［德］黑格尔：《精神哲学——哲学全书·第三部分》，杨祖陶译，人民出版社 2006 年版。

6. ［德］黑格尔：《早期著作集》（上卷），贺麟等译，商务印书馆 1997 年版。

7. ［德］黑格尔：《法哲学原理》，范扬、张企泰译，商务印书馆 1961 年版。

8. ［德］黑格尔：《历史哲学》，王造时译，上海书店出版社 2006 年版。

9. ［德］黑格尔：《哲学史讲演录》（第 1 卷），贺麟、王太庆译，商务印书馆 1959 年版。

10. ［德］黑格尔：《哲学史讲演录》（第 2 卷），贺麟、王太庆译，商务印书馆 1960 年版。

11. ［德］黑格尔：《哲学史讲演录》（第 3 卷），贺麟、王太庆译，商务印书馆 1959 年版。

12. ［德］黑格尔：《哲学史讲演录》（第 4 卷），贺麟、王太庆译，商务印书馆 1978 年版。

13. ［德］黑格尔：《黑格尔政治著作选》，薛华译，商务印书馆 1981 年版。

14. ［德］黑格尔：《费希特与谢林哲学体系的差别》，宋祖良、程志民译，商务印书馆1994年版。

15. ［德］黑格尔：《宗教哲学》（上，下），魏庆征译，中国社会出版社，1999年。

16. ［德］黑格尔：《哲学科学全书纲要》，薛华译，上海人民出版社2002年版。

17. ［德］黑格尔：《黑格尔政治著作选》，薛华译，中国法制出版社2008年版。

18. ［德］马克思："黑格尔法哲学批判"，载《马克思恩格斯全集》（第3卷），人民出版社2002年版。

19. ［德］马克思："黑格尔法哲学批判导言"，载《马克思恩格斯文集》（第1卷），人民出版社2009年版。

20. ［德］马克思："论犹太人问题"，载《马克思恩格斯文集》（第1卷），人民出版社2009年版。

21. ［德］马克思：《1844年经济哲学手稿》，载《马克思恩格斯文集》（第1卷），人民出版社2009年版。

22. ［德］马克思、恩格斯：《神圣家族》，载《马克思恩格斯文集》（第1卷），人民出版社2009年版。

23. ［德］马克思：《关于费尔马哈的提纲》，载《马克思恩格斯文集》（第1卷），人民出版社2009年版。

24. ［德］马克思、恩格斯：《德意志意识形态》，载《马克思恩格斯文集》（第1卷），人民出版社2009年版。

25. ［德］马克思：《哲学的贫困》，载《马克思恩格斯文集》（第1卷），人民出版社2009年版。

26. ［德］马克思、恩格斯：《共产党宣言》，载《马克思恩格斯文集》（第1卷），人民出版社2009年版。

27. ［德］马克思："法兰西内战"，载《马克思恩格斯文集》（第3卷），人民出版社2009年版。

28. ［德］马克思："哥达纲领批判"，载《马克思恩格斯文集》（第3卷），人民出版社2009年版。

29. ［德］马克思：《资本论》，载《马克思恩格斯文集》（第5、6、7卷），人民出版社2009年版。

30. 《马克思恩格斯选集》（第1卷），人民出版社1995年版。

31. 《马克思恩格斯选集》（第2卷），人民出版社1995年版。

32. 《马克思恩格斯选集》（第3卷），人民出版社1995年版。

33. 《马克思恩格斯选集》（第4卷），人民出版社1995年版。

34. ［加］查尔斯·泰勒：《黑格尔》，张国清、朱进东译，译林出版社2002年版。

35. ［加］查尔斯·泰勒：《现代性之隐忧》，程炼译，中央编译出版社 2001 年版。

36. ［法］科耶夫：《黑格尔导读》，姜志辉译，译林出版社 2005 年版。

37. ［苏］索考罗夫：《黑格尔哲学》，商务印书馆 1962 年版。

38. ［意］克罗齐：《黑格尔哲学中的活东西和死东西》，商务印书馆 1959 年版。

39. ［苏］阿尔森·古留加：《黑格尔传》，李军译，中共中央党校出版社 2000 年版。

40. ［美］马尔库塞：《理性与革命——黑格尔和社会理论的兴起》，程志民译，重庆出版社 1993 年版。

41. ［美］汤姆·罗克摩尔：《黑格尔：之前和之后》，柯小刚译，北京大学出版社 2005 年版。

42. ［法］路易·阿尔都塞：《黑格尔的幽灵：政治哲学论文集》，唐正东、吴静译，南京大学出版社 2005 年版。

43. ［德］恩斯特·卡西尔：《国家的神话》，范进等译，华夏出版社 1998 年。

44. ［加］查尔斯·泰勒：《黑格尔与现代社会》，徐文瑞等译，联经出版事业公司 1990 年版。

45. ［美］罗伯特·皮平：《黑格尔的观念论——自意识的满足》，陈虎平译，华夏出版社 2006 年版。

46. ［美］大卫·库尔珀：《纯粹现代性批判——黑格尔、海德格尔及其以后》，臧佩洪译，商务印书馆 2004 年版。

47. ［德］里夏德·克朗纳：《论康德与黑格尔》，关子尹编译，同济大学出版社 2004 年版。

48. ［德］克劳斯·杜辛：《黑格尔与哲学史——古代、近代的本体论与辩证法》，王树人译，社会科学出版社 1992 年版。

49. ［德］康德：《实践理性批判》，韩水法译，商务印书馆 1999 年版。

50. ［德］康德：《历史理性批判》，何兆武译，商务印书馆 1990 年版。

51. ［德］康德：《道德形而上学基础》，孙少伟译，九州出版社 2006 年版。

52. ［德］康德：《法的形而上学原理——权利科学》，沈叔平译，商务印书馆 1991 年版。

53. ［英］休谟：《人性论》，关文运译，商务印书馆 1997 年版。

54. ［英］休谟：《道德原则研究》，曾晓平译，商务印书馆 2001 年版。

55. ［法］卢梭：《论人与人之间不平等的起因和基础》，李平沤译，商务印书馆 2007 年版。

56. ［法］卢梭：《社会契约论》，何兆武译，商务印书馆 2003 年版。

57. ［英］洛克：《政府论》（下篇），叶启芳、瞿菊农译，商务印书馆 1964 年版。

58. ［英］霍布斯：《利维坦》，黎思复、黎廷弼译，商务印书馆 1997 年版。

59. ［英］柏克：《法国革命论》，何兆武等译，商务印书馆 1998 年版。

60. ［德］尼采：《尼采死了：尼采文选》，戚仁译，上海三联书店 1997 年版。

61. ［法］托克维尔：《论美国的民主》，董果良译，商务印书馆 1988 年版。

62. ［英］密尔：《论自由》，许宝葵译，商务印书馆 1998 年版。

63. ［英］边沁：《政府片论》，沈叔平等译，商务印书馆 1995 年版。

64. ［美］萨托利：《民主新论》，冯克利、阎克文译，东方出版社 1998 年版。

65. ［德］韦伯：《新教伦理与资本主义精神》，于晓等译，陕西师范大学出版社 2005 年版。

66. ［美］乔治·霍兰·萨拜因：《政治学说史》（上、下），刘山等译，商务印书馆 1986 年版。

67. ［美］列奥·斯特劳斯、约瑟夫·克罗波西主编：《政治哲学史》，李天然等译，河北人民出版社 1998 年版。

68. ［意］萨尔沃·马斯泰罗内：《欧洲政治思想史：从十五世纪到二十世纪》，黄华光译，社会科学出版社 1998 年版。

69. ［美］William Archillad Dunning：《政治学说史》（上，下卷），刘晓伟译，神洲国光社 1931 年版。

70. ［美］约翰·麦克里兰：《西方政治思想史》，彭淮栋译，海南出版社 2003 年。

71. ［英］亚当·斯威夫特：《政治哲学导论》，萧韶译，江苏人民出版社 2006 年版。

72. ［英］杰弗里·托马斯：《政治哲学导论》，顾肃、刘雪梅译，中国人民大学出版社 2006 年版。

73. ［加］威尔·金里卡：《当代政治哲学》，刘莘译，上海三联书店 2006 年版。

74. ［美］梯利：《西方哲学史》，葛力译，商务印书馆 1979 年版。

75. ［德］文德尔班：《哲学史教程》，罗达仁译，商务印书馆 1997 年版。

76. ［英］罗素：《西方哲学史》，马元德译，商务印书馆 2004 年版。

77. ［德］哈贝马斯：《后形而上学思想》，曹卫东、付德根译，译林出版社 2001 年版。

78. ［美］列奥·斯特劳斯：《自然权利与历史》，彭刚译，生活·读书·新知三联书店 2003 年版。

79. ［美］夏皮罗：《政治的道德基础》，姚建华、宋国华译，上海三联书店 2006 年版。

80. ［英］约瑟夫·拉兹：《自由的道德》，孙晓春、曹海军等译，吉林出版社 2006 年版。

81. ［英］卡尔·波普尔：《开放社会及其敌人》（第 2 卷），郑一明等译，中国社会科学出版社 1999 年版。

82. ［英］卡尔·波普尔：《历史主义的贫困》，何林等译，中国社会科学出版社 1998 年版。

83. ［英］L. T. 霍布豪斯：《形而上学的国家论》，汪淑钧译，商务印书馆 1997 年版。

84. ［英］迈克尔·欧克肖特：《政治中的理性主义》，张汝沧译，上海译文出版社 2003

年版。

85. ［英］理查德·贝拉米：《重新思考自由主义》，王萍等译，江苏人民出版社 2005
年版。

86. ［英］以塞亚·伯林：《自由及其背叛》，越国新译，译林出版社 2005 年版。

87. ［英］迈克尔·莱斯诺夫等：《社会契约论》，刘训练等译，江苏人民出版社 2005
年版。

88. ［英］F. A. 哈耶克：《致命的自负——社会主义的谬误》，冯克利、胡晋华译，中国社
会科学出版社 2000 年版。

89. ［英］F. A. 哈耶克：《科学的反革命：理性滥用之研究》，冯克利译，译林出版社 2003
年版。

90. ［法］贡斯当：《古代人的自由与现代人的自由》，阎克文、刘满贵译，上海人民出版
社 2006 年版。

91. ［英］汉普生：《启蒙运动》，李丰斌译，联经出版公司 1984 年版。

92. ［德］卡西尔：《启蒙运动的哲学》，李日章译，联经出版公司 1984 年版。

93. ［英］以赛亚·伯林：《自由四论》，陈晓林译，联经出版公司 1986 年版。

94. ［英］安东尼·阿巴拉斯特：《自由主义的兴衰》，曹海军译，吉林人民出版社 2004
年版。

95. ［俄］加比托娃：《德国浪漫哲学》，王念宁译，中央编译出版社 2007 年版。

96. ［法］保罗·利科：《哲学主要趋向》，李幼蒸、徐奕春译，商务印书馆 2004 年版。

97. ［法］保罗·利科：《历史与真理》，姜志辉译，上海译文出版社 2004 年版。

98. ［美］苏珊·哈克主编；陈波，尚新建副主编：《意义、真理与行动——实用主义经典
文选》，东方出版社 2007 年版。

99. ［美］科佩尔·S. 平森：《德国近现代史——它的历史和文化》，范德一译，商务印书
馆 1987 年版。

100. ［德］国卡尔·艾利希·博恩等：《德意志史：从法国革命到第一次世界大战》（第 3
卷·上册），张载扬等译，商务印书馆 1991 年版。

101. ［美］奥康诺：《批评的西方哲学史》，洪汉鼎等译，桂冠图书出版有限公司 1998
年版。

102. ［美］波林·罗斯洛：《后现代主义与社会科学》，张国清译，上海译文出版社 1998
年版。

103. ［美］大卫·雷·格里芬：《后现代精神》，王成兵译，中央编译出版社 1997 年版。

104. ［美］弗雷德里克·沃特金斯：《西方政治传统——近代自由主义之发展》，李丰斌
译，新星出版社 2006 年版。

105. ［意］洛苏尔多：《黑格尔与现代人的自由》，丁三东等译，吉林出版集团 2008 年版。

106. ［美］唐纳德·坦嫩鲍姆，戴维·舒尔策：《观念的发明者——西方政治哲学导论》，叶颖译，北京大学出版社 2008 年版。

107. ［英］Tudor Jones：《现代政治思想史》，张明贵译，五南图书出版公司 2005 年版。

108. ［英］米勒、波格丹洛主编：《布莱克维尔政治学百科全书》，邓正来译，中国政法大学出版社 2002 年版。

109. ［法］路易·阿尔都塞：《保卫马克思》，顾良译，商务印书馆 2010 年版。

110. ［德］尤尔根·哈贝马斯：《重建历史唯物主义》，郭官义译，社会科学文献出版社 2000 年版。

111. ［美］G．A．科恩：《卡尔·马克思的历史理论———一种辩护》，段忠桥译，高等教育出版社 2008 年版。

112. ［德］卡尔·洛维特：《从黑格尔到尼采：19 世纪思维中的革命性决裂》，李秋零译，生活、读书、新知三联书店 2006 年版。

113. ［匈］卢卡奇：《青年黑格尔》（选译），王玖兴译，商务印书馆 1963 年版。

114. ［德］阿克塞尔·霍耐特：《为承认而斗争》，胡继华译，上海人民出版社 2005 年版。

115. ［美］弗朗西斯·福山：《历史的终结及最后之人》，黄胜强、许铭原译，中国社会科学出版社 2008 年版。

116. 梅林：《保卫马克思主义》，人民出版社 1982 年版。

117. ［法］拉法格：《唯心史观和唯物史观》，王子野译，生活·读书·新知三联书店 1965 年版。

118. ［意］安·拉布里奥拉：《关于历史唯物主义》，杨启潾等译，人民出版社 1984 年版。

119. ［匈］卢卡奇：《历史与阶级意识》，杜章智等译，商务印书馆 1955 年版。

120. ［英］戴维·麦克莱伦：《青年黑格尔派与马克思》，夏威仪等译，商务印书馆 1982 年版。

121. ［法］奥古斯特·科尔纽：《马克思的思想起源》，王瑾译，中国人民大学出版社 1987 年版。

122. ［法］雅克·德里达：《马克思的幽灵——债务国家、哀悼活动和新国际》，何一译，中国人民大学出版社 1999 年版。

123. ［美］莱文：《不同的路径：马克思主义与恩格斯主义中的黑格尔》，臧峰宇译，北京师范大学出版社 2009 年版。

124. ［德］海因里希·格姆科大等：《马克思传》，易廷镇、侯焕良译，人民出版社 2000 年版。

125. ［德］汉娜·阿伦特：《马克思与西方政治思想传统》，孙传利译，江苏人民出版社 2012 年版。

126. ［美］R.G. 佩弗：《马克思主义、道德与社会正义》，吕梁山等译，高等教育出版社

2010 年版。

127. ［英］史蒂文·卢克斯:《马克思主义与道德》，袁聚录译，高等教育出版社 2009 年版。

128. ［美］R. W. 米勒:《分析马克思——道德、权力和历史》，张伟译，高等教育出版社 2009 年版。

129. ［美］伯特尔·奥尔曼:《辩证法的舞蹈——马克思方法的步骤》，田世锭、何霜梅译，高等教育出版社 2006 年版。

三、其他中文著作

130. 凌渝郎:《西洋政治哲学史》，五南图书出版公司 2000 年版。

131. 浦薛凤:《西洋近代政治思潮》，北京大学出版社 2007 年版。

132. 刘遐龄:《当代政治思想史》，五南图书出版公司 1999 年版。

133. 王元化:《读黑格尔》，新星出版社 2006 年版。

134. 中国社会科学院科研局组织编选:《贺麟集》，中国社会科学出版社 2006 年版。

135. 顾准:《顾准文集》，贵州人民出版社 1994 年版。

136. 张世英:《论黑格尔的精神哲学》，上海人民出版社 1986 年版。

137. 薛华:《自由意识的发展》，中国社会科学出版社 1983 年版。

138. 薛华:《黑格尔对历史终点的理解》，中国社会科学出版社 1983 年版。

139. 中国社会科学院哲学研究所西方哲学史研究室编:《国外黑格尔哲学新论》，王玖兴、汝信、王树人统校，中国社会科学出版社 1982 年版。

140. 杨寿堪、甘绍平、严春友编译:《黑格尔之谜——新黑格尔主义者论黑格尔》，北京师范大学出版社 1988 年版。

141. 杨一之:《康德黑格尔哲学讲稿》，商务印书馆 1996 年。

142. 陈也奔编著:《黑格尔:1770-1831 德国哲学家》，海天出版社 1997 年版。

143. 邓晓芒:《邓晓芒讲黑格尔》，北京大学出版社 2006 年版。

144. 邓晓芒:《思辨的张力——黑格尔辩证法新探》，商务印书馆 2008 年版。

145. 徐大同主编:《西方政治思想史——19 世纪至二战》（第 4 卷），天津人民出版社 2005 年版。

146. 张桂琳:《西方政治哲学——从古希腊到当代》，中国政法大学出版社 1999 年版。

147. 丛日云:《西方政治文化传统》，黑龙江人民出版社 2002 年版。

148. 丛日云:《在上帝与恺撒之间——基督教二元政治观与近代自由主义》，生活·读书·新知三联书店 2003 年版。

149. 高全喜:《论相互承认的法权——〈精神现象学〉研究两篇》，北京大学出版社 2004

年版。

150. 李强：《自由主义》，中国社会科学出版社 1998 年版。

151. 陈嘉明：《现代性与后现代性十五讲》，北京大学出版社 2006 年版。

152. 欧阳英：《走进西方政治哲学——历史、模式与解构》，中央编译出版社 2005 年版。

153. 郁建兴：《自由主义批判与自由理论的重建——黑格尔政治哲学及其影响》，学林出版社 2000 年版。

154. 马德普：《普遍主义的贫困：自由主义政治哲学批判》，人民出版社 2005 年版。

155. 俞吾金：《问题域的转换——对马克思和黑格尔关系的当代解读》，人民出版社 2007 年版。

156. 薛华：《黑格尔、哈贝马斯与自由意识》，中国法制出版社 2008 年版。

157. 张澄清：《西方近代哲学的终结——读黑格尔〈精神现象学〉》，社会科学文献出版社 2005 年版。

158. 湖北大学哲学研究所编译：《德国哲学论丛 1999》，中国人民大学出版社 2000 年版。

159. 章忠民：《黑格尔的当代意义》，上海财经大学出版社 2003 年版。

160. 章忠民：《黑格尔理性观研究》，上海财经大学出版社 2004 年版。

161. 韩立新：《巴黎手稿研究——马克思思想的转折点》，北京师范大学出版社 2014 年版。

四、汉文期刊文献

162. 何贵："浅谈哲学与政治的联盟"，载《华中师范大学学报（人文社会科学版）》1982 年第 7 期。

163. 何新："在合理性与现实性性之间——读《黑格尔政治著作选》"，载《读书》1982 年第 5 期。

164. 贺麟："黑格尔的《法哲学原理》"，载《福建论坛（社科教育版）》1983 年第 1 期。

165. 部庭台："评黑格尔《历史哲学》"，载《河北大学学报（哲学社会科学版）》1984 年第 2 期。

166. 薛华："黑格尔的'原'——法哲学"，载《哲学研究》1984 年第 6 期。

167. 邵德门："黑格尔政治法律思想简论"，载《东北师范大学学报（哲学社会科学版）》1985 年第 2 期。

168. 王沪宁："《黑格尔法哲学批判》和马克思主义政治学"，载《政治学研究》1987 年第 5 期。

169. 魏跃敏："黑格尔论实践对理论的依赖性"，载《江淮论坛》1987 年第 2 期。

170. 丛日云："论黑格尔'国家'概念的内涵"，载《辽宁师大学报》1991 年第 6 期。

171. 王岩："论黑格尔的政治哲学"，载《徐州师范大学学报（哲学社会科学版）》1997

年第 2 期。

172. 杨寿堪、严春友："论黑格尔《法哲学原理》中的自由观"，载《北京师范大学学报（社会科学版）》1998 年第 5 期。

173. 王连喜："黑格尔国家观论析"，载《现代哲学》1997 年第 4 期。

174. 郁建兴："黑格尔的国家观"，载《政治学研究》1999 年第 3 期。

175. 郁建兴："黑格尔对自然权利的批判"，载《复旦学报（社科版）》1999 年第 6 期。

176. 郁建兴："黑格尔的自我意识理论与实践哲学基础的真正确立"，载《哲学研究》1999 年第 9 期。

177. 郁建兴："黑格尔伦理实体的自由概念"，载《社会科学战线》2000 年第 3 期。

178. 黄颂："融入并消失——自然法学说在黑格尔政治哲学中的遭遇"，载《荷泽师专学报》2001 年第 1 期。

179. 张桂琳："理性与传统：谁是权利的基础？——伯克政治哲学解读"，载《政治学研究》2002 年第 2 期。

180. 张桂琳："自由主义：基于理性的政治论说"，载《政法论坛》2005 年第 2 期。

181. 欧阳英："在否定中立意重建——论黑格尔政治哲学的发展走向"，载《学术研究》2005 年第 10 期。

182. 李淑梅："体系化哲学的突破与政治哲学研究方向的转变——马克思的《黑格尔法哲学批判》再解读"，载《哲学研究》2005 年第 9 期。

183. 张文喜："列奥·施特劳斯–哲学与政治哲学"，载《哲学研究》2005 年第 5 期。

184. 欧阳英、程晓萱："在否定中立意重建——论黑格尔政治哲学的发展走向"，载《学术研究》2005 年第 10 期。

185. 崔建树："论黑格尔的国家学说及其创新"，载《江淮论坛》2006 年第 3 期。

186. 冯志峰，洪源："黑格尔国家观文献述评"，载《学术论坛》2007 年第 4 期。

187. 钟枢："黑格尔国家观述评"，载《学术界》2007 年第 4 期。

188. 王作印："黑格尔政治哲学及其当代意蕴"，载《当代世界与社会主义》2008 年第 4 期。

189. 赵景来："当代政治哲学若干问题研究述略"，载《马克思主义研究》2007 年第 5 期。

190. 万俊人、李义天："政治哲学研究：历史、现状与未来"，载《马克思主义研究 2008 年第 1 期。

191. 俞吾金："从康德的'理性恨'到黑格尔的'理性的狡计'"，载《哲学研究》2010 年第 8 期。

192. 吴晓明："社会现实的发现：黑格尔与马克思"，载《马克思主义与现实》2008 年第 2 期。

193. 臧峰宇："马克思政治哲学变革之源"，载《理论导刊》2008 年第 2 期。

194. 叶保璨："科耶夫对黑格尔政治哲学解读"，载《今日南国（理论创新版）》2008年第3期。

195. 闫伟杰："黑格尔的国家观探析"，载《理论探索2008年第4期。

196. 徐友渔："政治哲学与形而上学——略论政治思想中的德国传统"，载《云南大学学报（社会科学版）》2008年第1期。

197. 丛日云："论黑格尔的"市民社会"概念"，载《哲学研究》2008年第10期。

198. 张盾：""历史的终结"与历史唯物主义的命运"，载《中国社会科学》2009年第1期。

199. 王凤才："黑格尔法哲学：作为规范的正义理论——霍耐特对黑格尔法哲学的诠释与重构"，载《复旦学报（社会科学版）》2009年第6期。

200. ［德］路德维希·希普、罗亚玲：""为承认而斗争"：从黑格尔到霍耐特"，载《马克思主义与现实》2010年第6期。

201. 阎孟伟："黑格尔自由意志思想的政治哲学内涵"，载《学习与探索》2011年第5期。

202. 汪行福："个人权利与公共自由的和解——现代性视域中的黑格尔法哲学"，载《吉林大学社会科学学报》2011年第1期。

203. 郭大为："黑格尔的"第三条道路"——《法哲学原理》的合理性与现实性"，载《世界哲学》2012年第5期。

204. 王福生："自由、财产权与正义——从洛克、黑格尔到马克思"，载《长白学刊》2012年第1期。

205. 张盾、冷琳琳："论黑格尔逻辑学与其政治哲学的关系"，载《教学与研究》2014年第4期。

206. 罗久："诠释黑格尔法哲学的诸进路——一个批判性的考察"，载《天府新论》2013年第6期。

207. 先刚："试析黑格尔哲学中的"道德"和"伦理"问题"，载《北京大学学报（哲学社会科学版）》2015年第6期。

208. 闫莉："近代西方自由思考的逻辑进路：从笛卡尔到黑格尔"，载《湖南社会科学》2016年第5期。

209. 鄢一美："论所有权的法哲学"，载《哲学研究》2016年第3期。

210. 赵敦华："黑格尔哲学体系的理论意义和现实性"，载《武汉大学学报（人文科学版）》2016年第2期。

211. 潘斌："'为了承认而承认'：重审黑格尔主奴辩证法的神话"，载《社会科学》2017年第11期。

212. 仰海峰："市民社会批判：从黑格尔到马克思"，载《哲学研究》2018年第4期。

213. 陈浩："自然与契约的彼岸——黑格尔"抽象法"中的人格财产权概念"，载《哲学动态》2018 年第 4 期。

214. 田海平："'精神'的精神：现实性理念与实现的伦理——论黑格尔伦理学的两个实践哲学面向"，载《江苏行政学院学报》2018 年第 3 期。

五、博士、硕士学位论文：

215. 丁三东："论黑格尔的自由谱系——对《法哲学原理》的一种解释"，武汉大学 2005 年博士学位论文。

216. 张琼："国家与自由——从《法哲学原理》透视黑格尔国家理论"，吉林大学 2009 年博士学位论文。

217. 李育书："从单个意志到普遍意志——黑格尔法哲学及其意义研究"，复旦大学 2010 年博士学位论文。

218. 吴海燕："黑格尔哲学中的'承认理论'研究"，吉林大学 2011 年博士学位论文。

219. 于永成："市民社会批判与人的自由：从黑格尔到马克思"，吉林大学 2015 年博士学位论文。

220. 罗久："理性、自然与伦理形而上学——黑格尔法哲学思想探源"，复旦大学 2013 年博士学位论文。

221. 李婷："自由·理性·正义——黑格尔刑法思想探析"，西南政法大学 2015 年博士学位论文。

222. 耿爱群："黑格尔国家伦理思想研究"，河南科技大学 2014 年硕士学位论文。

223. 周雪峰："法、人格、自由的内在逻辑结构研究——立基于康德和黑格尔的法哲学"，武汉大学 2011 年博士学位论文。

224. 白旭："辩证法的否定性——从黑格尔到马克思"，吉林大学 2016 年博士学位论文。

225. 陆浩："黑格尔主体间性思想研究"，贵州大学 2017 年博士学位论文。

226. 郭东辉："通往自由的阶梯——黑格尔承认理论研究"，中共中央党校 2017 年博士学位论文。